汽修高手维修实例精选丛书

奔驰宝马奥迪车系
疑难故障
分析与排除

胡 杰 主编

本书主要讲解奔驰、宝马、奥迪汽车发动机系统、底盘系统、电器系统、空调系统、信息娱乐系统等最新故障案例，详细介绍了故障现象、故障诊断及维修方法等。

本书内容全部为真实故障案例，采用图文并茂的编写形式，从实践中来，到实践中去，以帮助汽车维修人员快速排除故障。

本书适用于奔驰、宝马、奥迪汽车维修人员、汽修学院教师及德系车技术爱好者阅读。

图书在版编目（CIP）数据

奔驰宝马奥迪车系疑难故障分析与排除 / 胡杰主编 . —北京：机械工业出版社，2019.11（2021.5 重印）

（汽修高手维修实例精选丛书）

ISBN 978-7-111-65145-1

Ⅰ.①奔⋯ Ⅱ.①胡⋯ Ⅲ.①轿车 – 故障诊断 ②轿车 – 故障修复 Ⅳ.① U469.110.7

中国版本图书馆 CIP 数据核字（2020）第 046911 号

机械工业出版社（北京市百万庄大街 22 号　邮政编码 100037）
策划编辑：齐福江　　责任编辑：齐福江　丁　锋
责任校对：张　力　　封面设计：严娅萍
责任印制：常天培
固安县铭成印刷有限公司印刷
2021 年 5 月第 1 版第 2 次印刷
184mm×260mm · 21 印张 · 499 千字
1 001—1 500 册
标准书号：ISBN 978-7-111-65145-1
定价：88.00 元

电话服务　　　　　　　　　　网络服务
客服电话：010-88361066　　机　工　官　网：www.cmpbook.com
　　　　　010-88379833　　机　工　官　博：weibo.com/cmp1952
　　　　　010-68326294　　金　书　网：www.golden-book.com
封底无防伪标均为盗版　　机工教育服务网：www.cmpedu.com

前　言

随着消费者对汽车的安全性、舒适性和智能化的要求越来越高，汽车技术得到了迅速的发展。与此同时，各系统千奇百怪的故障不断涌现，如果仍按照传统的维修思路将难以应对，给汽车维修人员带来了极大的挑战。

想要完全靠自己钻研技术，要花费很长的时间，尤其是奔驰、宝马、奥迪这些高端车，车上系统比较多，而且用的都是前沿技术，因此我们整合了奔驰、宝马、奥迪新款车型各种疑难杂症解决方案，编写了《奔驰宝马奥迪车系疑难故障分析与排除》这本书。

本书主要讲解奔驰、宝马、奥迪汽车发动机系统、电器系统、空调系统、底盘系统、信息娱乐系统等各种疑难杂症的解决方案，详细描述了故障现象、故障诊断、维修方法，并配有相关图片，基础较差人员也可以轻松看懂书中的内容。

特别提示：书中有些图由于是工作中随手抓拍的，导致插图不够清晰，仅供示意参考，请读者理解。

本书由济南捷锐奥奔宝汽车技术有限公司胡杰主编，顾小冬、鲁学柱、张力争、丁风明任副主编，参加编写的人员还有窦恒胜、孟凡辉、王伟银、韩洋帆、于洪超、魏建金。

由于作者水平有限，不足之处请读者批评指正。电话、微信：18653123791，网址：www.jnjierui.com。

编　者

目录

前言

第一部分　奔驰车系故障案例

第一章　发动机系统故障　2

1. 奔驰 16 款 E 系 W212 车型发动机故障灯亮　2
2. 奔驰 A45 AMG 加油时发动机舱有异响　2
3. 奔驰 C63 AMG M156 发动机故障灯亮　3
4. 奔驰 C180 W204 发动机故障灯亮　4
5. 奔驰 CLS 218 车辆加速无力且有时会熄火　9
6. 奔驰 C 级 W204 发动机抖动严重，无故障码　9
7. 奔驰 GLA 220 车辆无法起动　10
8. 奔驰 GLA260 车辆行驶时突然熄火，再也无法起动　10
9. 奔驰 GLA（117346）发动机故障灯亮　11
10. 奔驰 GLC260（253946）无法起动　12
11. 奔驰 GLE400 发动机故障灯亮　14
12. 奔驰 ML320 W166 冷起动后出现"嘣、嘣"的回火声　16
13. 奔驰 ML-W166 冷起动发动机有异响且故障灯亮　17
14. 奔驰 S500 W221 热车后发动机声音经常会变得很大　18
15. 奔驰 S 级 W222 发动机灯亮，急加速发抖　21
16. 奔驰 W205 C200 行驶中熄火　24
17. 奔驰 W205 C260 车辆无法起动　24
18. 奔驰 W205 140 行驶中突然熄火　26
19. 奔驰 W251 R320 发动机故障灯亮　28

第二章　传动系统故障　29

1. 奔驰 CLA260 踩停车辆后，1s 后车辆趔动一下　29
2. 奔驰 CLS260 发动机故障灯亮，1-3 档升档的时候会有强烈冲击感　30
3. 奔驰 B 级 W246 车辆无法挂档，仪表提示"请勿换档"　30

4. 奔驰 E300L 车辆低速行驶有时会自动回 P 位 ... 31
5. 奔驰 GLE 320 coupe 车辆不能换档 ... 31
6. 奔驰 GLK260 踩停车辆或"HOLD"时，过 3s 后，有类似车辆换档的顿挫感 ... 33
7. 奔驰 R172 急加速车辆换档后连续剧烈抖动 ... 35
8. 奔驰 W205 C180 车辆在车速高于 60km/h 制动时跑偏 ... 35
9. 奔驰 W221 S350 车速到 100km/h 左右时车身振动很厉害 ... 37
10. 迈巴赫 S500 车辆在高转速时有明显冲击 ... 38

第三章　电器系统故障　40

1. 奔驰 B 级 W246 没有 HOLD 功能 ... 40
2. 奔驰 CLK209 两个遥控钥匙都不能起动，中控不工作 ... 42
3. 奔驰 GLA200 在行驶过程中，油箱盖会自动打开 ... 42
4. 奔驰 GLE320 无法熄火，仪表灯全亮 ... 43
5. 奔驰 GLE320（292.362）车辆偶尔出现全车亏电，无法起动 ... 44
6. 奔驰 GLE-W166 新车停车后无法着车，行驶中车内突然断电 ... 48
7. 奔驰 GL-W166 用 KG 起动后车辆无法熄火 ... 49
8. 奔驰 S63 W222 仪表显示"智能前照灯停止运作"，左前照灯不亮 ... 49
9. 奔驰 S 级 W222（S222165）车辆行驶时仪表出现 ESP 报警，停车后车辆无法起动 ... 53
10. 奔驰 S 级 W222 风扇持续高速运转 ... 55
11. 奔驰 S 级 W222 智能互联系统无法拨打电话 ... 58
12. 奔驰 W166 高温天气怠速较高，挂档时有冲击，倒车时轻踩制动踏板前部有共鸣声 ... 58
13. 奔驰 W205 C63 行驶过程中仪表显示限距雷达脏污 ... 59
14. 奔驰 W205 没有倒车影像 ... 59
15. 奔驰 W212 E260（212136 带 code B03）发动机起停功能不起作用 ... 60
16. 奔驰 W251 ABS、ESP 故障灯亮 ... 63
17. 奔驰 W251 R400/251.166 前刮水器在刮水开关关闭的情况下仍工作 ... 64

第四章　其他故障　65

1. 奔驰 A 级 W176 右后或左后玻璃后侧脱离导轨 ... 65
2. 奔驰 GLC W253 低速行驶过颠簸路面，车辆后部有"咯噔、咯噔"响声 ... 66
3. 奔驰 S 级 W222 前照灯内部蒙雾或形成水滴 ... 66
4. 奔驰 W253 打转向底盘有"咯咯"声 ... 67

第二部分 宝马车系故障案例

第五章 发动机系统故障　　70

1. 2010 年 F07 535Li N55 凉车发动机过热报警　　70
2. 2010 年 F02 740Li 发动机抖动，故障灯亮　　71
3. 2011 年 E70 X5 发动机冷却液温度高　　72
4. 2011 年 F02 760Li 怠速抖动　　74
5. 2011 年 F18 523Li VANOS 故障　　76
6. 2012 年 F18 523Li 行驶中锉车　　78
7. 2013 年 E84 X1 加速不正常　　80
8. 2013 年 F18 520Li N20 发动机过热报警　　81

第六章 底盘、电器系统故障　　83

1. 2011 年 F02 730Li 底盘故障报警　　83
2. 2012 年 F18 525Li 间歇性转向系统报警　　85
3. 2013 年 F02 740Li 车辆转向报警　　88
4. 2013 年 F02 740Li 转向时异响　　89
5. 2013 年 F18 525Li 空调不制冷　　90
6. 2013 年 F18 530Li 蓄电池亏电故障　　93
7. 2014 年 F45 218i 显示防止车辆滑动变速器异常　　96
8. 2016 年 F25 X3 仪表无通信　　98

第七章 网络总线故障　　100

一、PT-CAN 故障　　100

1. F15 正常行驶中无法加速，仪表没有任何显示，熄火后车辆无法着车　　100
2. F15 行驶中 CID 显示传动系统及动态稳定系统故障　　101
3. F30 行驶中组合仪表多个故障灯亮起，转速表指示为零，但是发动机运转正常　　101
4. F18 车辆行驶中仪表显示变速器故障，小心驾驶，熄火后车辆不能起动，电动机无反应　　102
5. F18 发动机起动困难，起动后变速器灯亮，有时候仪表指针不工作　　103
6. F02 行驶中 DSC、EMF 以及变速器报警　　103
7. F30 仪表显示发动机舱盖未关闭的同时，还显示其他指针全部回到点火开关关闭的状态，持续 20s 左右后，仪表又像刚着车一样将所有故障灯自检一遍后熄灭　　104
8. F30 行驶时偶尔跳出"变速器故障"的警告提示，故障提示闪一下后又恢复正常　　104

9. F25 行驶中熄火，跳空档，多个故障灯同时报警，无法起动 　　105
10. E70 正常行车过程中，车辆自己从 D 位跳为 N 位。如果车速低的话，还会自动跳为 P 位 　　106
11. F07 有时候不能起动，点火开关开 KL15 可以工作。仪表提示变速器、变速杆、安全气囊等故障 　　106
12. F20 行驶时偶然出现变速器报警 　　107
13. F25 起动困难，起动后无法挂档，仪表也不亮 　　107
14. F15 行驶中跳 N 位，且大量故障灯亮起 　　108
15. F20 KOMBI 警告灯全亮，熄火后故障消失 　　109
16. F3X、F2X KOMBI 多个警告灯亮起，背景照明灯不能工作 　　109
17. F16 发动机及底盘系统报警 　　110
18. F25 行驶中偶尔出现驻车系统等多个故障灯亮起 　　110
19. F02 无法起动，仪表显示制动系统、驻车、变速器报警 　　110
20. G12 行驶中熄火且多个故障灯亮起，偶发性仪表黑屏 　　111
21. F3X 变速器报警，安全带灯亮起 　　112
22. F15 无法起动，仪表黑屏 　　112

二、PT-CAN2 故障　　113
1. F20 放置一晚上之后，着车传动系统报警，变速器过热报警，DSC 报警，且发动机转速上下波动幅度较大，最高能到 5000r/min，车辆抖动厉害 　　113
2. F30 档位自动跳到 P 位，同时变速器和 DSC 报警，车辆无法挂入 D/R 位 　　113
3. F18 挂 P 位时跳 N 位，行驶无力，仪表显示很多故障灯亮起 　　114
4. F25 行驶中传动系统报警 　　114

三、FlexRay 故障　　115
1. F02 行驶中突然亮起多个故障警告灯，转向沉重，但发动机运行正常，不存在抖动或加速不良的现象 　　115
2. F18 行驶中很多故障灯亮起，转向变重 　　116
3. F18 行驶中仪表不停地报警（DSC 失效谨慎驾驶，制动系统，请小心驾驶） 　　117
4. F35 DSC 灯报警，防滑控制系统和转向系统故障，发动机故障灯亮 　　118
5. F02 无法起动，DSC 报警 　　119

四、K-CAN 故障　　120
1. E70 4 个车门便捷登车功能失效，行李舱工作正常 　　120
2. F18 空调系统不出风，工作异常，IHKA 显示屏黑屏 　　120
3. E84 出现"电子装置失效"的信息警告 　　121

五、K-CAN2 故障   122

  1. F3X 仪表中多个警告灯亮起，CID 黑屏，行李舱无法打开，车辆可以正常行驶   122

  2. F02 行驶中刮水器乱刮，同时 CID 黑屏，仪表亮起多个警告灯，重新起动车辆后又正常了   123

  3. F25 行驶中仪表亮 SOS 警告灯   123

  4. F25 有时出现仪表和显示屏黑屏，并且发动机无法起动   124

  5. F18 发动机高速熄火，刮水器乱刮，同时 CID 黑屏，仪表亮起多个故障灯   124

  6. F33 主机无声音，CID 黑屏，座椅无法调节，行李舱无法打开，敞篷无法打开，空调面板无法使用   125

  7. F26 DSC 报警，车载显示器黑屏，行驶过程中转速表指示为 0，但是车速表读数正常   125

  8. F25 遥控失灵，仪表、CID 黑屏，主机也无法使用，多次起动发动机后可以起动，但是仪表仍黑屏   126

  9. F35 显示器黑屏，行李舱打不开，所有后尾灯失效   127

  10. F35 灯光报警，转向灯闪烁很快，主机黑屏且无声音输出，活动天窗，行李舱和两后侧车窗都无法使用   127

  11. F30 CID 黑屏，空调故障，前照灯常亮   128

  12. G12 两前座椅无法调节，天窗故障，行李舱功能异常   129

  13. F18 偶发性 CID 黑屏，主机等控制单元没有通信   130

  14. F18 颠簸路面行驶中 K-CAN2 上面的控制单元偶发性报警   130

  15. F18 DSC 行驶中偶发性报警，且灯光系统警告   131

  16. F49 倒车影像及行李舱举升功能失灵   132

六、K-CAN4 故障   132

  1. F15 空调和音频系统失灵，CID 黑屏   132

  2. F15 空调、音频系统、仪表等失灵   133

  3. F15、F25 SOS 警告，CON、IHKA 等功能受限   134

  4. F15 CID 间歇性黑屏，并伴随 IHKA 失灵   135

七、LIN-BUS 故障   135

  1. F15 行驶中 CID 提示巡航系统故障，接着刮水器乱刮，转向灯不工作，喇叭不响，转向盘上的按钮不可用   135

  2. G12 左后门氛围灯不亮   136

八、KL-15WUP 故障   137

  F56 无法起动，DSC、变速器以及胎压等报警   137

第三部分　奥迪车系故障案例

第八章　发动机系统故障　140

1. 2011 年奥迪 A4L 2.0T 车辆抖动异常，无法起动　140
2. 2011 年奥迪 A4L 有时无法起动　140
3. 2011 年奥迪 Q5 钥匙关闭后，发动机无法熄火，遥控器可以上锁与解锁　143
4. 2012 年奥迪 A3 1.8T 仪表黑屏，起动后马上熄火　146
5. 2012 年奥迪 A6L 2.5 行驶中无规律熄火　147
6. 2012 年奥迪 S6 4.0T 行驶中车辆自动制动　148
7. 2013 年奥迪 A4 2.0T 停放两天后无法起动　149
8. 2013 年奥迪 A6L 2.5 倒车时偶尔会熄火　150
9. 2013 年奥迪 A7 2.5 CVT 车辆偶尔无法起动　151
10. 2013 年奥迪 Q5 2.0T 有时候行驶熄火　153
11. 2014 年奥迪 A4L 2.0T 发电机故障灯报警　155
12. 2014 年奥迪 A4L 2.0T 起停功能不可用　157
13. 2014 年奥迪 A4L 起停功能时间短　159
14. 2014 年奥迪 A4L 行驶中仪表机油压力报警　160
15. 2014 年奥迪 A6L 2.0T 起动后混合动力故障灯长亮　161
16. 2014 年奥迪 A6L 2.0T 有时候无法起动　162
17. 2014 年奥迪 A7 3.0T 车辆起动困难　164
18. 2014 年奥迪 A8L 起动困难　165
19. 2014 年奥迪 Q3 2.0T 发动机抖动，EPC 灯亮，怠速高　167
20. 2014 年奥迪 Q7 3.0T 发动机故障灯报警，定速巡航不工作　167
21. 2015 年奥迪 A3 1.4T 车辆抖动，偶尔熄火　169
22. 2015 年奥迪 A4L 冷车无法起动　169
23. 2015 年奥迪 A6L 2.5 车辆行驶中熄火，熄火后无法再次起动　170
24. 2015 年奥迪 A7 2.5 车辆无法起动　172
25. 2015 年奥迪 Q3 打不着车　173
26. 2015 年奥迪 Q5 2.0T 仪表报警，不易起动　175
27. 2015 年奥迪 Q5 2.0T 打不着车　176
28. 2016 年奥迪 A3 发动机警告灯亮起　178
29. 2016 年奥迪 A4L B9 2.0T 起停功能不可用　178
30. 2016 年奥迪 A4L B9 2.0T 行驶中发动机故障灯报警　180

31. 2016 年奥迪 A4L 车辆无法起动，钥匙插入点火开关无反应 　　181

32. 2016 年奥迪 A6L 2.0T 偶尔无法起动 　　184

33. 2016 年奥迪 A6L 不能起动，无法解锁 　　185

34. 2016 年奥迪 Q7 3.0T 急加速发动机熄火 　　186

35. 2016 年奥迪 Q7 起动熄火，仪表显示燃油液位零 　　186

36. 2017 年奥迪 A4L B9 2.0T 点火开关可以打开，不能起动 　　188

37. 2017 年奥迪 A5 2.0T 起停功能失效 　　190

38. 2017 年奥迪 A6L 仪表显示车辆起动系统故障，车辆无法熄火 　　192

第九章　底盘、传动系统故障　　194

1. 2006 年奥迪 A8 空气悬架故障 　　194

2. 2011 年奥迪 A7 3.0T ESP 灯亮，ABS 灯亮，轮胎灯亮 　　194

3. 2011 年奥迪 Q7 3.0T 空气悬架灯报警 　　195

4. 2011 年奥迪 Q7 3.0 车身高度无法调节 　　197

5. 2012 年奥迪 A6L C7 仪表出现 ABS、侧滑、TPMS、胎压及驻车制动报警 　　198

6. 2012 年奥迪 Q7 3.0T 空气悬架故障灯报警 　　199

7. 2013 年奥迪 A4L 2.0T 防侧滑灯、胎压灯亮 　　201

8. 2013 年奥迪 Q3 0BH 变速器漏油 　　203

9. 2013 年奥迪 Q5 起步延迟 　　204

10. 2014 年奥迪 A3 1.4T 驻车制动指示灯闪烁 　　205

11. 2014 年奥迪 A4L 2.0T 变速器故障灯及档位灯有时报警，车辆钥匙有时无法拔出，无法起动 　　207

12. 2014 年奥迪 A6L 3.0T 有时空气悬架报警 　　208

13. 2014 年奥迪 A6L 行驶转向沉，转向报警 　　210

14. 2014 年奥迪 A8 3.0T 空气悬架报警 　　212

15. 2014 年奥迪 A8L 车辆在行驶过程中胎压报警、驻车制动器报警 　　213

16. 2014 年奥迪 Q3 1.4T ABS 偶尔报警 　　216

17. 2014 年奥迪 Q5 2.0T 变速器无法挂档 　　217

18. 2014 年奥迪 Q5 2.0T 行驶中无法升至 7、8 档 　　217

19. 2014 年奥迪 Q5 2.0T 驻车制动故障灯亮，驻车制动功能不可用 　　219

20. 2014 年奥迪 Q7 3.0T 空气悬架系统报警 　　221

21. 2015 年奥迪 Q7 3.0T 驻车制动报警 　　222

22. 2016 年奥迪 A3 1.4T 左后轮制动不灵敏 　　223

23. 2016 年奥迪 Q3 1.4T ABS 报警 　　224

24. 2016 年奥迪 Q3 ABS 报警　　225

25. 2016 年奥迪 Q3 ABS 报警和轮胎气压监控报警　　225

26. 2017 年奥迪 A4L B9 2.0T 仪表 ESP 报警、转向系统报警、胎压系统报警　　227

27. 2017 年奥迪 Q7 3.0T 行驶中第一脚没制动　　229

28. 2015 年奥迪 Q5 2.0T 防滑灯报警　　229

第十章　车身电器系统故障　　231

1. 2011 年奥迪 Q7 3.0T 车辆起动后无法挂档行驶，仪表有多个故障灯报警　　231

2. 2012 年奥迪 A6L ACC 无法使用　　232

3. 2013 年奥迪 A6L 2.0T 防滑灯偶尔亮　　232

4. 2013 年奥迪 A6L 2.5 灯光报警　　233

5. 2015 年奥迪 A4L 2.0T 舒适 CAN 线故障　　235

6. 2015 年奥迪 A6L 2.5 右侧外后视镜不加热　　237

7. 2015 年奥迪 A8L 气囊灯报警　　241

8. 2016 年奥迪 A4L 2.0T 仪表偶尔显示尾灯灯泡故障　　243

9. 2016 年奥迪 A4L B8 2.0T 漏电故障　　247

10. 2016 年奥迪 A6L 2.5 仪表多个故障灯亮　　252

11. 2016 年奥迪 A6L 2.5 仪表偶发性故障灯报警　　252

12. 2016 年奥迪 Q5 安全气囊灯报警　　255

13. 2016 年奥迪 Q5 亏电无法起动　　255

14. 2017 年奥迪 Q5 2.0T 换道辅助不工作　　257

15. 2017 年奥迪 Q5 2.0T 左侧前照灯高度自动调节功能失效　　258

第十一章　空调系统故障　　260

1. 2010 年奥迪 A6L 开空调左侧出热风，右侧出冷风　　260

2. 2011 年奥迪 A4L 空调不制冷　　261

3. 2011 年奥迪 A6L 空调不制冷　　262

4. 2011 年奥迪 A8 D4 3.0T 空调偶尔不制冷　　263

5. 2011 年奥迪 A8L 空调不制冷　　264

6. 2011 年奥迪 Q7 3.0T 空调不工作　　264

7. 2012 年奥迪 A6L C7 2.0T 将空调制热功率开启到最大，出风口出自然风　　266

8. 2012 年奥迪 A6L C7 3.0T 空调有时不制冷　　268

9. 2013 年奥迪 A6L 2.5 空调制冷效果差　　269

10. 2013 年奥迪 A6L 2.5 中间出风口出冷风　　270

11. 2013 年奥迪 A6L C7 2.0T 空调不制冷　271
12. 2013 年奥迪 R8 空调不制冷　272
13. 2015 年奥迪 A8L 空调不制冷　273
14. 2016 年奥迪 A3 1.4T 空调不制冷　274
15. 2016 年奥迪 A3 1.4T 右侧出风口不制冷　275
16. 2016 年奥迪 A4L B8 2.0T 空调不制冷　275
17. 2016 年奥迪 A6L 3.0T 空调右侧中央出风口不出风　276
18. 2016 年奥迪 A6L 1.8T 冬季暖风温度手动模式调至 26℃时出风口出凉风　278
19. 2016 年奥迪 Q3 空调无暖风　278
20. 2016 年奥迪 Q5 2.0T 开空调无风　280
21. 2016 年奥迪 Q7 3.0T 空调无暖风　281

第十二章　信息娱乐系统故障　282

1. 2012 年奥迪 A8 D4 3.0T MMI 偶尔黑屏　282
2. 2013 年奥迪 A6L 2.0T MMI 黑屏　283
3. 2013 年奥迪 A6L 2.0T 倒车影像不显示　285
4. 2013 年奥迪 Q5 2.0T 组合仪表不工作　287
5. 2014 年奥迪 C7 倒车雷达故障　289
6. 2015 年奥迪 A3 导航不能正常显示　290
7. 2015 年奥迪 A6L 2.0T 行驶中仪表黑屏　292
8. 2015 年奥迪 A6L 2.0T 组合仪表黑屏　293
9. 2016 年奥迪 A4L 2.0T 倒车影像显示暗　295
10. 2016 年奥迪 A6L 车辆行驶到有监控探头的路段时，CD 和收音机没有声音　296
11. 2016 年奥迪 A8L 3.0T 倒车影像花屏　297
12. 2016 年奥迪 Q5 2.0T 泊车辅助系统不工作　299
13. 2016 年奥迪 Q7 3.0T 组合仪表 Audi presense 报警　299
14. 2017 年奥迪 A6L 2.5 仪表板上出现 SOS 功能故障　301
15. 2017 年奥迪 A6L 紧急呼叫功能不可用　301

第十三章　异响故障　303

1. 2008 年奥迪 A6L 4.2 空气悬架在颠簸路面低速行驶时异响　303
2. 2012 年奥迪 Q3 排气管异响　304
3. 2013 年奥迪 A6L 2.5 着车怠速发动机前部异响　305
4. 2013 年奥迪 Q3 2.0T 低速行驶加油过程中有"嗒嗒"响　306

5. 2013年奥迪Q5行驶异响 307
6. 2014年奥迪Q5 2.0T颠簸路面后部异响 308
7. 2015年奥迪A3车辆停机后空调异响 308
8. 2015年奥迪A3在颠簸路面行驶时底盘异响 309
9. 2015年奥迪A4L 2.0T车辆在颠簸路面行驶时左前部有"嘎嘎"的声音 310
10. 2015年奥迪A4L 2.0T路颠时后部异响 310
11. 2015年奥迪A4L 2.0T转弯或在颠簸路行驶时前部"嗒嗒"异响 311
12. 2015年奥迪A4L 2.0T左转向、上坡、下坡或左转向、
   过减速带时左前部有异响 312
13. 2015年奥迪A6L 1.8T颠簸路面左前轮处异响 312
14. 2015年奥迪Q5 2.0T行驶中有时仪表台中央发出"嗒嗒"声 313
15. 2015年奥迪Q5 2.0T起步踩加速踏板前部异响 313
16. 2015年奥迪Q5行驶中有异响 314
17. 2016年奥迪A3 1.4T冷车起步"吱吱"异响 315
18. 2016年奥迪A4L B9 2.0T 70km/h以上速度行驶异响 316
19. 2016年奥迪A4L B9行驶中下部异响 316
20. 2016年奥迪A5 2.0T开空调异响 317
21. 2016年奥迪A6L 2.0T高速异响 318
22. 2016年奥迪A6L空调异响 319

第一部分　奔驰车系故障案例

Mercedes-Benz

第一章　发动机系统故障

1. 奔驰16款E系W212车型发动机故障灯亮

故障现象：前部备用熔丝盒（图1-1）F32配置错误，导致ME存储有车载电网电压过高故障码。

维修方法：更换正确配置的F32。

左图为正确配置的F32，不带前SAM控制插头。

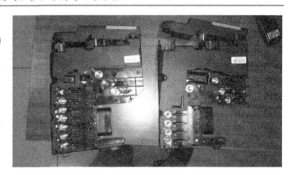

图1-1　前部备用熔丝盒

2. 奔驰A45 AMG加油时发动机舱有异响

故障现象：加油时发动机舱有异响，可以明显看到涡轮增压器上一个弹簧座振动较大，弹簧座不在中心轴上。

故障诊断：拆下增压器上的隔热板（图1-2），发现增压器支架两端都已断裂（图1-3、图1-4）。

维修方法：更换增压器支架。

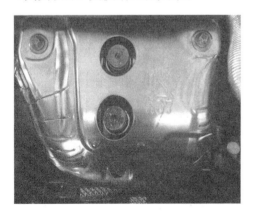

图1-2　增压器正视图

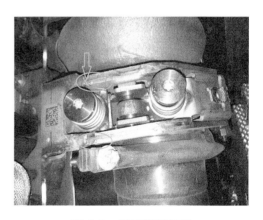

图1-3　增压器侧视图

第一章　发动机系统故障

图 1-4　增压器侧视图

3. 奔驰 C63 AMG M156 发动机故障灯亮

故障现象： 发动机故障灯亮起。发动机右侧二次空气喷射量太低（图 1-5）。

故障诊断： 排气门处的一个或多个二次喷气孔有轻微堵塞。

维修方法： 拆下排气歧管，清理排气门处的二次喷气孔（图 1-6、图 1-7），可以用压缩空气在缸头前段对二次喷射气道加压，用手指感受每个气孔的出气量，对于该车，发现 3 缸的一个气孔相比其他气孔气流偏低。清理后气流一致，故障排除。

工作指令

重新完成气缸盖M156的二次空气钻

故障代码

二次风系统(气缸组1)风量过低。
二次空气系统(气缸组2)的气流过低。

注意！

本作业指导书仅适用于二次空气dil(s)堵塞的情况。
发动机应提起，不得从车辆上拆下。
在进行工作范围前，请调查以下几点:二次注气故障(因果链)-AD07.61-P-4000-15AMG;

二次空气喷射泵- 1000145985。
组合阀-A 156140960, A 156141060。
转换阀- a002 540 70 97。
检查阀门- a002 140 84 60。
二次风系统的所有管路、接头、接线。

图 1-5　故障码

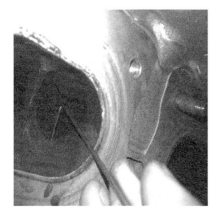
图 1-6　二次喷气孔

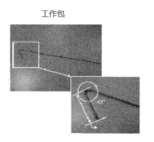
图 1-7　专用工具

4. 奔驰 C180 W204 发动机故障灯亮

故障现象：发动机故障灯亮，故障灯首次亮时，加速不良，会自动熄火。在一修理厂更换空气流量传感器后，发动机故障灯仍亮，加速依然不良，只是不会再自动熄火。

故障诊断：试车发现，该车起动正常，着车后发动机故障灯亮起，原地加速无异常，路试发现加速略微偏差。

有故障码 h0172 混合气（气缸列 1）过浓以及 h0100 空气质量流量传感器 1 存在电气故障存储于 ME 控制单元中（图 1-8）。

0172 混合气（气缸列 1）过浓	已存储
0100 空气质量流量传感器 1 存在电气故障	已存储

图 1-8　故障码

用 XENTRY 查询实际值发现怠速时空气流量传感器、喷油脉宽数据均偏大（图 1-9）。

编号	姓名	实际值	标准值
704	发动机转速	760r/min	700~800r/min
262	空气质量	17.03kg/h	7~16kg/h
253	喷射时长	2.79ms	1.2~3.0ms
173	节气门开度	2.4°	1°~5°
053	点火角度	2.63°	0~20°
817	进气温度	34.5℃	≤ 35.0℃
708	增压调节风门的开度	26.8°	15°~30°
489	再生系统的脉冲负载系数	0.00%	0~100%
019	燃油压力	0.48MPa	0.46~0.74MPa

图 1-9　实际值

拔掉炭罐电磁阀与发动机进气歧管连接的管子（图 1-10）后，空气流量传感器数据进入标准范围，但喷油脉宽偏高（图 1-11）。

图 1-10　拔掉连接管

编号	姓名	实际值	标准值
704	发动机转速	769 1/min	[700 .. 800]
262	空气质量	11.38kg/h	[7.00 .. 16.00]
253	喷射时长	2.34ms	[1.20 .. 3.00]
173	节气门角度	1.8°	[1.0 .. 5.0]
053	点火角度	4.88°	[0.00 .. 20.00]
817	进气温度	27.8°C	≤ 35.0
708	增压调节风门的角度	29.0°	[15.0 .. 30.0]
489	再生系统的脉冲负载系数	0.00%	[0.00 .. 100.00]
019	燃油压力	4.8bar	[4.6 .. 7.4]

图 1-11　实际值

故障可能原因：

（1）Y58/1 净化阀故障。

（2）曲轴箱通风系统故障。

（3）进气系统漏气。

（4）B2/5 空气流量传感器故障。

（5）Z7/36 节点接触电阻过高（图 1-12）。

（6）空气流量传感器前端进气不顺，或流量传感器脏污。

（7）喷油器存在泄漏。

（8）燃油系统油压不正常，或油品有问题。

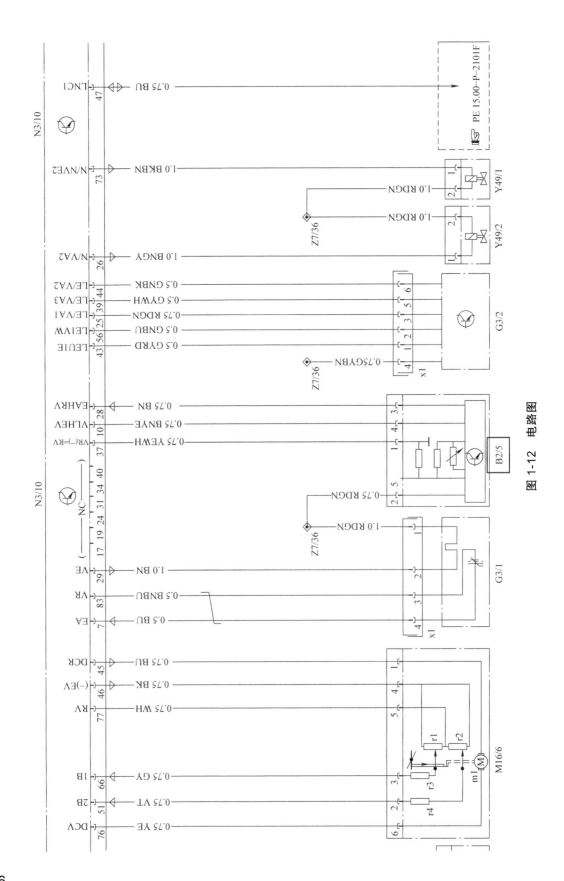

图1-12 电路图

（9）三元催化转化器堵塞。

使用XENTRY查询怠速实际值发现空气流量传感器数据为17.03kg/h（标准值为7.00~16.00kg/h），喷油脉宽数据为2.7ms（标准值为1.2~3ms），均偏大。根据故障及实际数据分析来看，第一反应认为可能是系统存在漏气，进气量大了，造成混合气稀薄，发动机控制单元就会控制往浓的方向调节，喷油脉宽会加大，使混合气过浓，报出过浓的故障。于是从Y58/1净化阀处拔掉连接节气门下游的空气净化管，故意让其多漏气，观察怠速实际值发现空气流量传感器数据为11.33kg/h，已经进入标准范围7.00~16.00kg/h了，但喷油脉宽为2.34ms（标准值为1.2~3ms），偏大，因此认为该故障不是漏气导致的。

为了快速找到故障点，虽然该发动机的空气流量传感器很少坏，但也是有可能的。经测试发现数据还是偏大，而且删除故障码依旧再现。

进入TIPS查找文件发现有相关案例，故障原因为Y58/1净化阀故障，因为该故障为当前存在的，所以直接促动Y58/1，检查动作情况及密封情况，发现动作正常，也无密封问题，至此Y58/1故障也是可以排除的。

根据经验，我们核对该车是最新改款的271KE，而且行驶里程数也不高，曲轴箱通风管路漏气故障和单向阀故障的可能性很小（老款271KE曲轴箱通风管分三段，很容易老化漏气），所以暂时不优先检查它。

接下来我们把方向转向了油路，测得怠速油压为0.39MPa，而且会随着加速有个小幅度的提升，放了少许汽油出来检查发现油品也没有问题，那么喷油器会不会有滴漏现象呢？于是拆开了喷油器进行搭电喷射测试，发现2、4缸喷油器在喷完油后一直都会有潮湿的油迹（图1-13），判定喷油器有轻微渗油。于是就从同款发动机上借了喷油器装好进行测试，故障依旧，问题还是没有解决。

从经验看，混合气过浓的故障在271EVO Z节点比较多，而在271 Z节点很少。需要检查的只差三元催化转化器没有拆检了，但其拆检比较困难，而且暂时发动机温度较高，会不会还有其他可能因素没有彻底检查呢？对着发动机进气系统仔细观察，忽然灵机一动，我们之前拔下了净化管查看数据只是排除了节气门下游故障的可能，那节气门上游机械增压到节气门之间是否有故障呢？接下来我们拔掉二次泵切换阀到节气门上游管路的连接细管（图1-14），观察数据（图1-15）发现拔掉该管后空气流量传感器数据增加到29.88kg/h（标准值为7.00~16.00kg/h）；喷油脉宽增加到3.95ms（标准值为1.2~3ms），拔掉二次喷射到进气增压的管子连接后怠

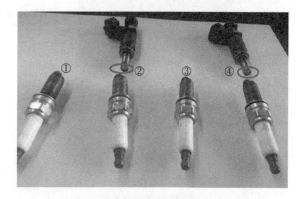

图1-13　喷油器

图1-14　连接细管

速空气流量数据和喷油脉宽数据进一步加大，至此问题点可以锁定在增压后的空气管路到节气门这段存在漏气现象。

怠速时的检测值

实际值

编号	姓名	实际值	标准值
704	发动机转速	758 1/min	[700 .. 800]
262	空气质量	29.88kg/h	[7.00 .. 16.00]
253	喷射时长	3.96ms	[1.20 .. 3.00]
173	节气门角度	2.9°	[1.0 .. 5.0]
053	点火角度	-3.38°	[0.00 .. 20.00]
817	进气温度	27.8° C	≤ 35.0
708	增压调节风门的角度	25.9°	[15.0 .. 30.0]
489	再生系统的脉冲负载系数	0.00%	[0.00 .. 100.00]
019	燃油压力	4.8bar	[4.6 .. 7.4]

停止监控 信息 表格 条形图 线形图

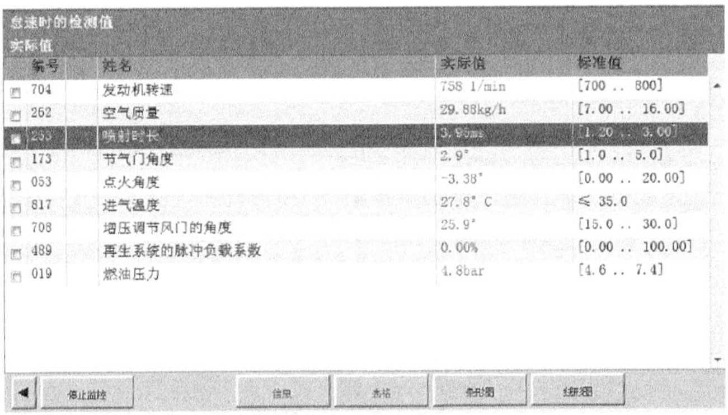

图 1-15　实际值

到现在故障点可以锁定在机械增压器到节气门这一段（图 1-16），接下来就是顺藤摸瓜的过程了。由于靠近节气门这段带波纹管的接头比较好拆，而且波纹橡胶也比较容易损坏，我们就先拆开了该段管子，检查发现波纹管出现一个大的裂口（图 1-17），问题终于找到了。

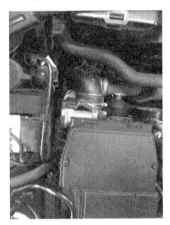

图 1-16　连接管

图 1-17　波纹管

换完波纹管后怠速数据恢复了正常（图 1-18）。

怠速时的检测值

实际值

编号	姓名	实际值	标准值
704	发动机转速	752 1/min	[700 .. 800]
262	空气质量	9.22kg/h	[7.00 .. 16.00]
253	喷射时长	2.03ms	[1.20 .. 3.00]
173	节气门角度	2.1°	[1.0 .. 5.0]
053	点火角度	7.50°	[0.00 .. 20.00]
817	进气温度	32.3° C	≤ 35.0
708	增压调节风门的角度	27.9°	[15.0 .. 30.0]
489	再生系统的脉冲负载系数	11.72%	[0.00 .. 100.00]
019	燃油压力	4.8bar	[4.6 .. 7.4]

开始监控 信息 表格 条形图 线形图

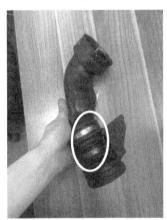

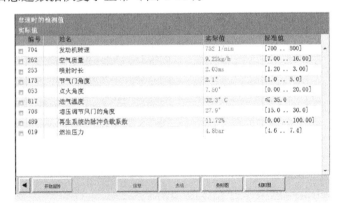

图 1-18　实际值

总结：在检查该故障时把问题想得复杂了，排除漏气的可能原因时思路没有打开，局限在了节气门下游的漏气排除，导致诊断故障绕了弯路。在排除可能原因时，一定要全面地系统化思考问题，要跳出思维定式。

5. 奔驰 CLS 218 车辆加速无力且有时会熄火

故障现象：车辆加速无力且有时会熄火。
故障诊断：左侧油轨管路接口堵塞（图 1-19）。

图 1-19　左侧油轨接口被类似金属的物质堵塞

维修方法：

（1）怠速时，燃油高压为 5MPa 左右，检测一段时间后车辆无法起动，燃油高压为 0.46MPa，流量控制阀开度一直处于 120°，断开流量控制阀插头或油轨压力传感器后，车辆能够起动，但为紧急运行，油压为 0.46MPa；插上流量控制阀插头或油轨压力传感器后车辆立即熄火，无故障码。

（2）对调高压泵、高压泵柱塞，检查凸轮轴、流量控制阀线路、端子，故障依旧，车辆仍然无法起动。

（3）对调左侧油轨，车辆起动正常。检查发现左侧油轨管路接口堵塞。

6. 奔驰 C 级 W204 发动机抖动严重，无故障码

故障现象：发动机型号为 271.860。发动机在原地怠速或者正常行驶踩加速踏板时，发动机抖动严重，无故障码，仔细观察发动机的相关实际值发现 M59（进气歧管涡流节气门电动机）一直为未学习状态，无法完成学习过程。

故障诊断：进气歧管涡流节气门电动机内部摇杆安装错误（图 1-20）。

维修方法：重新安装进气歧管涡流节气门电动机（图 1-21）。

图 1-20　进气歧管涡流节气门电动机安装错误　　图 1-21　进气歧管涡流节气门电动机正确安装

7. 奔驰 GLA 220 车辆无法起动

故障现象：车辆无法起动。
故障诊断：双质量飞轮边缘毛刺脱落吸附在曲轴脉冲磁环上（图 1-22），导致 B70 信号异常，ME 无法甄别对比凸轮轴和曲轴位置信号，导致 ME 不控制喷油和点火。
维修方法：拆装双质量飞轮打磨边缘毛刺（图 1-23），清除曲轴脉冲磁环上的铁屑。

 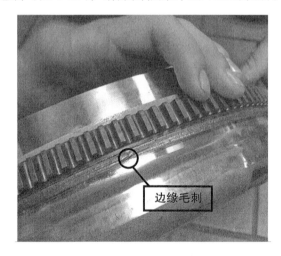

图 1-22　曲轴脉冲磁环　　　　　　　　图 1-23　双质量飞轮

8. 奔驰 GLA260 车辆行驶时突然熄火，再也无法起动

故障现象：故障出现在正常行驶时，发动机突然熄火，重新起动时可以听到起动机工

作，但发动机无法顺利起动。

故障诊断：经检查发现 f214 熔丝熔断。

（1）检查与测量 1。

测量项目：测量 f214 熔丝对地电阻在 56~123.8Ω 之间变化（不正常）。标准值应为 0Ω。

经查询相关电路图，了解到 f214 熔丝为散热器百叶窗、废气风门执行器电动机、ME 供电（87 常电源）。

检查项目：经查询车籍卡，此车未配备散热器百叶窗以及废气风门执行器电动机，所以故障点应在 ME 与 f214 的供电线路上。

（2）检查与测量 2。

经查询相关电路图，f214 线路直通到 ME 上 F 插头的 1/3/5 端子，为 ME 供电（87 常电源），断开 ME 上的 F 和 M 插头后，f214 熔丝对地电阻为 0Ω，证明 f214 输出线路没有短路。

检查项目：短路位置应该在 ME 内部或 ME 输出端。

测量项目：断开 ME 上的 M 插头，f214 的对地电阻仍然是 123.8Ω，证明短路位置在 ME 中，并非其输出部分。

测量 ME 上 F 插头的 1/3/5 端子（来自 f214）与 F 插头的 2/4/6 端子（ME 搭铁）之间的电阻为 123.8Ω（标准值为 0Ω）证明短路存在于 ME 内部，ME 已经损坏。

维修方法：更换 ME。

9. 奔驰 GLA（117346）发动机故障灯亮

故障现象：发动机故障灯亮，燃油泵输出端对地短路或断路（图 1-24）。

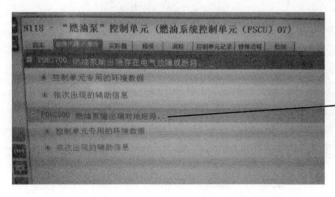

图 1-24　故障码

故障诊断：N118 插头接触不良，搭铁线接地不良。

维修方法：

（1）对 N118 编程，无新软件。

（2）检查 N118 线束插头，有部分接触不良，进行处理，故障频率有所下降。

（3）修理蓄电池负极与车身搭铁线（图 1-25），故障彻底排除。

图 1-25　车身搭铁线

10. 奔驰 GLC260（253946）无法起动

故障现象：GLC 无法起动。

故障诊断：车辆无法起动，起动时有起动机运转声音，但发动机无法正常运转。检查 F102 熔丝（图 1-26），发现熔丝熔断，导致点火线圈无法点火。

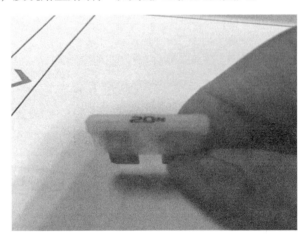

图 1-26　熔丝

维修方法：更换 F102 熔丝后可以起动，踩加速踏板后自动熄火，F102 熔丝又熔断了。检查线路（图 1-27），一缸点火线圈和喷油器的 E8 螺栓有磨线处（图 1-28），处理线束后试车正常。

重点提示：熔丝是镍材质的，注意要使用原厂的。线路按照 WIS 标准维修。喷油导轨 E8 螺栓最好要改进。

第一章 发动机系统故障

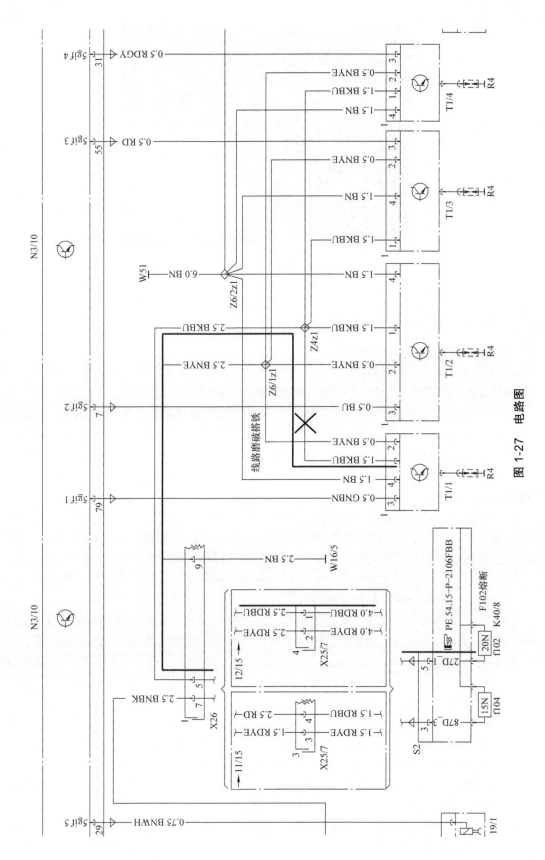

图1-27 电路图

图 1-28　E8 螺栓

11. 奔驰 GLE400 发动机故障灯亮

故障现象：发动机故障灯亮。

故障诊断：GLE400 M276.8 发动机右侧缸盖第二缸排气口有砂眼。

（1）该车客户反映在提车时就出现发动机故障灯亮的现象，曾删除过故障码，目前行驶里程是 365km，又出现发动机故障灯亮的现象。

（2）通过诊断仪诊断，N3/10 存储有 P209600，提示催化转化器后的混合气（气缸列 1）过稀，P219585，提示氧传感器 1（气缸列 1）的信号向"稀"偏移。有一个信号高于允许的极限值。

（3）通过实际值查看，前氧 λ 值右侧为 1.113，左侧为 0.919。后氧电压右侧为 0.094V，左侧为 0.670V（图 1-29）。用万用表测量后氧的电压与 ME 读取的实际值电压相同。判断氧传感器工作正常。同时，发动机右侧确实存在混合气过稀的现象。

（4）通过实际值读取燃油压力，未发现有泄压的现象。

（5）对 ME 进行升级，故障仍然存在。

（6）拆下喷油器和火花塞，检查发现第二缸的喷油器和火花塞头部都很湿（图 1-29）。

（7）通过内窥镜查看，发现第二缸活塞顶部有大量的机油（图 1-29），其他缸都正常。

（8）通过内窥镜查看右侧三元催化转化器，未发现异常。通过机油尺检查发现机油液位低。

（9）测量气缸压力，第二缸压力会偏高些。

（10）拆下进气歧管，检查发现进气歧管内未有机油，油气分离器相关管路未有机油，右侧涡轮增压器进气侧未有机油。检查发现第二缸进气门有很多油，但很干净，其他缸进气门背面均有轻微的积炭。怀疑第二缸进气门油封泄漏或气门导管过小。

（11）在第二缸进气门关闭时，堵住进气口，同时将气枪插入进行吹气，气门导管和油封处未发现有漏气的现象。

（12）拆下排气歧管，检查发现第二缸左侧排气口很干净。同样堵住排气口并将气枪插入排气道内吹气，在缸盖上部的回油道上可见气体吹出（图1-30）。

内窥镜检查发现第二缸活塞顶部有大量机油

第二缸火花塞和喷油器头部很湿

图1-29　氧传感器λ值/二缸活塞/喷油器和火花塞

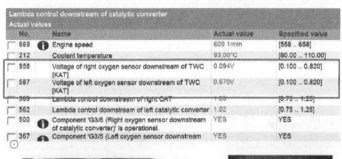

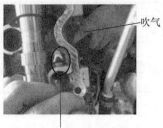
在第二缸排气口检查发现缸盖回油道有气体吹出

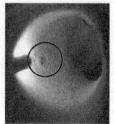
第二缸排气道有砂眼

图1-30　实际值/发动机缸盖

（13）仔细检查发现第二缸排气道有一黑孔（图1-31），用纸胶带贴住后，再用气枪测试，缸盖上未发现气体吹出。

（14）检查确认为第二缸排气道有砂眼导致与缸盖回油道导通，在排气时将机油吸入排气道内。

维修方法：更换发动机总成和右侧三元催化转化器。

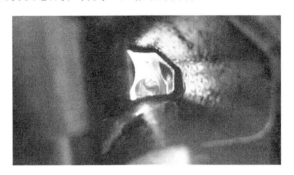

图 1-31 二缸排气道的黑孔

12. 奔驰 ML320 W166 冷起动后出现"嘣、嘣"的回火声

故障现象：型号为 ML 320 4MATIC，发动机型号为 276 821。试车发现冷起动后，发动机进气歧管附近会发出"嘣、嘣"的两声或三声回火声，之后异响就不再出现了；热车起动一切正常；行驶时无任何异常。

故障诊断：快速测试，发动机控制单元无故障码。因为此车为新车，只行驶了 3552km，所以根据进气回火的一般原因（混合气稀或点火过早）分析可能有以下原因：

（1）燃油品质差。
（2）进气歧管漏气。
（3）点火过早。
（4）发动机软件问题。

更换 98# 合格汽油并添加快乐跑，试车，异响仍然存在。

急速时用快速封堵进气口，发动机立即熄火，说明没有进气歧管漏气的情况。

对发动机控制单元进行软件升级，但是故障仍然存在。

通过 TIPS CASE 反馈此案例，DAG 工程师回复此车的发动机软件已包含消除此类异响的程序，要求反馈喷油器的性能参数以便分析，建议将混合气自适应值重置，并路试重新进行自适应学习，但是异响仍然存在。

之后又用带有 addon 5410、5412 的软件升级 ME 软件，仍然没有效果。

通过多次试车，发现冷起动时在排气管尾喉处也可以听到"嘣、嘣"的响声，并且拆下火花塞检查发现火花塞上都有一层积炭，因此综合分析可能是混合气偏浓导致了上述异响。

维修方法：

（1）通过 XENTRY KIT 将 RON 调低到 89，结果没有任何改善。
（2）将混合气自适应值重置，并路试重新进行自适应学习，但是异响仍然存在。
（3）通过 XENTRY KIT 将急速调低，结果没有任何变化。将急速调高，仍然没有变化。

最后尝试加入两瓶快乐跑，并上高速进行长距离的高速行驶，之后放一晚上，第二天早上起动，结果异响消失。连着试了几天，确认异响不再出现，故障排除。

总结：

（1）综合分析故障原因很可能是喷油器轻微堵塞导致喷油量偏多。

（2）发动机舱听到的“嘣、嘣”声不一定是真定意义上的“进气回火”。

13. 奔驰 ML-W166 冷起动发动机有异响且故障灯亮

故障现象：冷起动发动机有异响且故障灯亮。

维修方法：

（1）首次来店检查存在故障码（图 1-32），当时故障未重现，于是对 ME 升级并复位凸轮轴调节器。试车未见故障，交于客户使用。

N3/10 - 内燃机'M276 涡轮增压器'的发动机电子设备'MED177V6LA' [ME（发动机电子设备)]

梅赛德斯－奔驰硬件号	276 901 61 00	梅赛德斯－奔驰软件号	000 904 10 00
梅赛德斯－奔驰软件号	276 902 62 00	梅赛德斯－奔驰软件号	276 903 68 01
诊断标识	02244F	硬件版本	12/14 00
软件状态	12/26 00	软件状态	14/41 00
软件状态	14/42 00	引导程序软件版本	12/26 00
硬件供应商	Bosch	软件供应商	Bosch
软件供应商	Bosch	软件供应商	Bosch
控制单元型号	M276LA_VC16		

故障	文本		状态
P054C00	排气凸轮轴（气缸列2）的位置在冷起动时沿“提前”方向偏离规定值。_		S
	姓名	首次出现	最后一次出现
	每个工作循环的喷射次数	4.00	4.00
	运行模式 [BDE]	65.00	65.00
	研发数据（combust1_u）	145.00	145.00

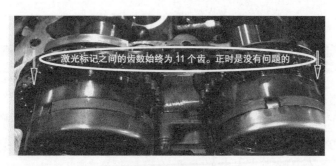

图 1-32　故障码

（2）半个月左右第二次进厂。故障现象和故障码一样。检查正时（图 1-33）、止回阀、机油压力等都正常。引导检查，保修更换了左右侧排气凸轮轴调节器。试车后故障未再现，便再次交车。

图 1-33　检查正时

（3）四五天后，客户再次进厂，故障现象和故障码与之前一样。冷车时能够听到声音异响。将小端盖拆下后，更换了新的止回阀再次试车（包括与试驾车对换了所有的调节器电磁阀，以及排气侧的中央控制阀（调节器紧固螺栓）。继续试车行驶 100 多 km，冷车在车间放置两晚，都未见异常便交车。

（4）之后车辆再次进厂。再一次检查正时系统的时候，发现机油滤清器（图 1-34）内存在细小的铁屑。拆下油底壳发现有很多的黏稠物（图 1-35）。此车是新车，才行驶几千公里，没做过保养以及添加过任何机油添加剂。随后与客户商议分解了发动机，发现第一道曲轴拉伤（图1-36）。因客户不接受维修，最后与厂家沟通，更换了新的发动机总成。

图1-34 油底壳细小的铁屑

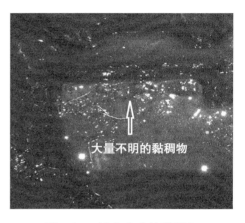

图1-35 油底壳内的黏稠物

图1-36 曲轴拉伤

14. 奔驰S500 W221热车后发动机声音经常会变得很大

故障现象：热车后发动机声音经常会变得很大。

故障诊断：车辆试车10km后发现风扇持续高速运转，此时冷却液温度为96℃，车辆靠边怠速运行10min左右冷却液温度降到85℃，此时风扇还是持续高速运转。用诊断仪测试发动机控制单元，无故障码（图1-37）。

MED17.7 电机电子直喷 17.1			
M数量 2789010100	0版本 10.12.00	SW版本 11.32.00	诊断版本 021C3E
弗兰克·威廉姆斯数量 0009040300 2789022500 2789036200	弗兰克·威廉姆斯数量（数据）		101fw号（起动SW）

图1-37 诊断报告

根据故障现象（冷却液温度正常但风扇持续高速运转）首先查阅风扇电路图（图 1-38）。

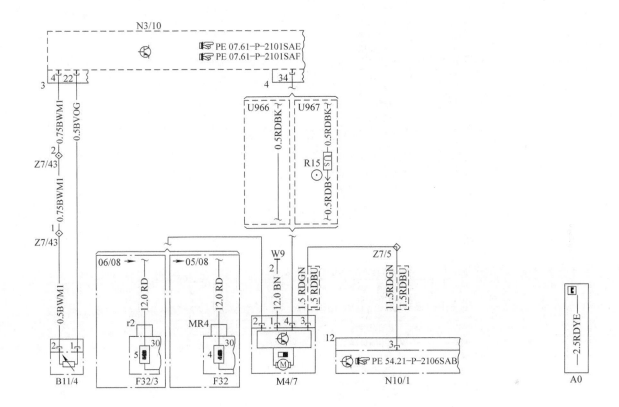

图 1-38　电路图

经分析，可能有以下故障：
（1）M4/7 故障（ME 给它低速运转的信号，可风扇仍高速运转）。
（2）M4/7 的 30、31、87 供电回路故障。
（3）M4/7 到 ME 的控制线路故障引起控制不正常。
进行如下检查：
（1）用诊断仪多次激活风扇，从低速到高速控制都正常，因此判断 30、31、87 供电回路正常。
（2）用诊断仪进入 ME 激活风扇时显示的实际值与风扇的转速能对应，判定 ME 的控制线路正常，同时也判定风扇正常。
综合判定风扇高速运转是 ME 让它高速运转的，因此带上诊断仪路试收集 ME 让风扇高速运转时的传感器数据，根据图 1-39、图 1-40 所示，可以看出空调系统未见异常，根据实际值冷却液温度为 96℃，但 ME 让风扇运转的实际值为 75%（太高）。

控制单元：MED177				
序号	名称	指定值	实际值	单位
489	发动机负载		57	%
007	发动机转速		1320	r/min
019	冷却液温度		96.0	℃
472	冷却液温度传感器		0.6	V
447	信号电压		27.8	℃
020	环境温度		35.3	℃
610	发动机起动时进气温度		102.8	℃
411	发动机温度	80~105	105.0	℃
412	指定值		66.0	℃
466	燃料温度		开/关	
465	空调要求		0	%
410	内部温度（控制装置）	≤110.0	52.5	℃
429	延迟风机开关		不主动	
430	风机执行机构开/关	10~90	75	%
400	调试升温发热元件		100	%
428	空调要求风机容量		0	%

图 1-39　实际值（一）

控制单元：KLA9				
序号	名称	指定值	实际值	单位
022	室内温度		30.9	℃
023	环境温度（计算）		25.6	℃
003	环境温度（原始值）		42.5	℃
024	制冷剂压力	0.0~35.0	1.02	MPa
025	蒸发器传感器		9.1	℃
943	压缩机运转		是/否	
026	交流压缩机部件	0~750	757	mA
001	电流消耗		749	r/min
002	发动机转速	-40.0~127.0	100.0	℃
004	冷却液温度传感器		关/开	
005	要求增加水泵部件		关/开	
006	组件附加水泵状态		关/开	
038	Y19组件（交流系统截止阀）		关/开	
039	A31/1y1 A31/1y2		关/开	
041	后空调制冷剂截止阀		关/开	

图 1-40　实际值（二）

当时我们就怀疑 ME 有故障。对 ME 进行软件升级后再次试车，故障依旧。再次试车时发现变速器油温度能达到 136℃，标准应小于 120℃（图 1-41），但变速器控制单元无故障码，换档正常。同时我们通过试车确认风扇高速运转是变速器油温过高引起的。

Control unit: EGS2			
No.	Name	Actual values	Unit
008	Actual gear	2. gear	
009	Target gear	3. gear	
010	Transmission oil temperature	136	℃

Filename:　　　C:\Program Files\Mercedes-Benz\DAS\bin\..\trees\Pkw\Getriebe\egs2\menues\MNEgs2CV.s
Cell co-ordinate:　27，10

图 1-41　实际值（三）

根据以上情况，变速器油温过高可能的故障原因有：
（1）变速器油外部散热器故障。
（2）变速器油泵故障引起循环不良而产生高温。

进行如下检查：
（1）拆装变速器油管检查发现外部循环正常，检查变速器油散热器表面，未见异常。
（2）拆卸变速器检查发现变矩器很难拿出，分解变速器后发现油泵的泵轮固定齿脱落（图1-42）。

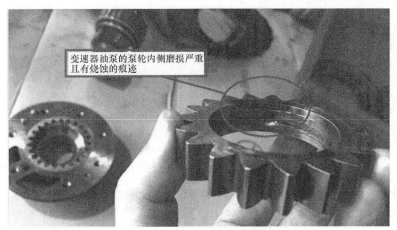

图1-42 油泵泵轮固定齿

综合判定是变速器的泵轮内侧固定齿脱落引起油压不足，之所以没有完全没油压同时换档正常，是因为固定齿脱落卡在变矩器和泵轮内侧之间，变矩器还能带动泵轮运转，但高速运转时会打滑引起变速器油压不足，使变速器油循环不良，变速器油温过高，最终导致风扇高速运转。

总结：该故障中ME、变速器控制单元、空调系统都无故障码，因此刚开始不好入手。对于此次故障，应先了解风扇的转速与哪些信号有关，比如变速器油温，我们就走了很多弯路后才注意到变速器油温为136℃是不正常的，同时变速器油温过高也会引起风扇高速运转，这就是该案例中要和大家分享的重点。

15. 奔驰S级W222发动机灯亮，急加速发抖

故障现象：发动机灯亮，急加速发抖。

故障诊断：存在多个凸轮轴调节电磁阀、凸轮轴位置感应、缺火的故障码，起动后急速运转平稳，急加速后发抖严重。

根据过往经验，M276.8的线束容易与后部支架磨破绝缘层，解开线束包裹层，发现磨损点，修复并删除故障码后，重新进行功能检测，故障现象变成急加速时难提速，提速后收加速踏板转速降至约1200r/min时发抖，没有故障码，路试后发动机灯亮，储存所有凸轮轴调节电磁阀、增压转换阀等故障码（图1-43）。

根据故障码，查询电路图（图1-44），Y49/4-6分属f102和104供电，Y101/1-2、Y130，Y77/1由f101供电，这么看应该不是87M的问题。期间，我们还发现该车的节气门在15接通时不停动作，无法完成节气门极限位置学习，检测节气门所有线路未见异常，借调节气门进行测试，没有改善，清洁ME插头，无效，检查发现相关线束良好，怀疑线束磨损导致ME内部损坏，尝试借调整套防盗部件进行测试，仍不能排除故障，至此，维修工作陷入困局。

+P002300	排气凸轮轴（气缸列2）执行器存在一个电气故障或断路	已存储
+P001300	排气凸轮轴（气缸列1）执行器存在一个电气故障或断路	已存储
+P002000	进气凸轮轴（气缸列2）执行器存在一个电气故障或断路	已存储
+P001000	进气凸轮轴（气缸列1）执行器存在一个电气故障或断路	已存储
+P024500	低压涡轮增压器输出端对地短路	已存储
+P060600	发动机机油泵的气门促动对地短路	已存储
+P00C00	增压空气旁通风门2转换阀输出端存在电气故障	已存储
+P003300	增压空气旁通风门转换阀输出端存在电气故障	已存储
+P000100	流量调节阀存在电气故障或断路	已存储
+P001C12	可变气门升程系统（CAMTRONIC）的调节电磁阀1输出端对正极短路。存在对正极短路	已存储
+P001B11	可变气门升程系统（CAMTRONIC）的调节电磁阀1输出端对正极短路。存在对地短路	已存储
+P209000	排气凸轮轴（气缸列1）执行器对地短路	已存储
+P1D0111	曲轴箱排气阀对地短路。存在对地短路	已存储
+P208800	进气凸轮轴（气缸列1）执行器对地短路	已存储
+P034300	进气凸轮轴（气缸列1）的位置传感器对正极短路	已存储
+P036800	排气凸轮轴（气缸列1）的位置传感器对正极短路	已存储
+P003100	氧传感器1（气缸列1）的加热器输出端对地短路	已存储
+P024511	低压涡轮增压器输出端对地短路。存在对地短路	已存储
+P045800	燃油蒸发排放控制装置净化阀对地短路	已存储
+P25051C	发动机控制单元输入端供电存在电气故障。电压值处于允许范围之外	已存储

图 1-43　故障码

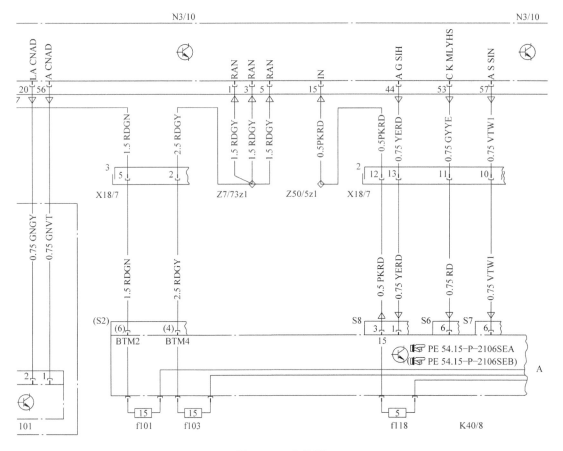

图 1-44　电路图

最后，我们从头梳理维修方案，决定从最基本的检查做起，在测量中发现，供应给 ME 的 87M 与车载电压存在 1V 左右的电压差（图 1-45、图 1-46），再检查 f103 测量点上两端的电压，也存在这样的电压差。拔出熔丝检查，发现熔丝已熔断，再次检查熔丝上游和下游电压，与之前测量结果一样，为了确认这个电压是不是虚电，用试灯测试，结果能点亮试灯（图 1-47）。查询电路图得知，f103 供给 ME 的 1、3、5 端子的 87M 电压，当该熔丝熔断，ME 的 87M 无法供给，结果造成故障。

图 1-45　ME 供电端

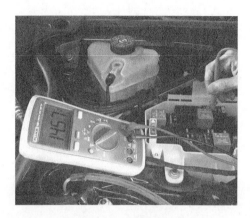

图 1-46　车载电压

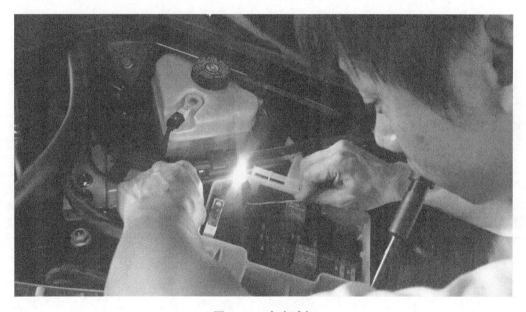

图 1-47　点亮试灯

总结：当面对的故障，故障码无法提供更好的帮助时，应该从最基本的检查开始，确认基础的供电、接地、线路连接等正常，再去查找其他原因。

16. 奔驰 W205 C200 行驶中熄火

故障现象：行驶中熄火。
故障原因：F32 对 K40/5 的 30 供电虚焊接（图 1-48、图 1-49）。
排除方法：维修线路。

出现故障时，N118 无法通信，油泵单元无供电。

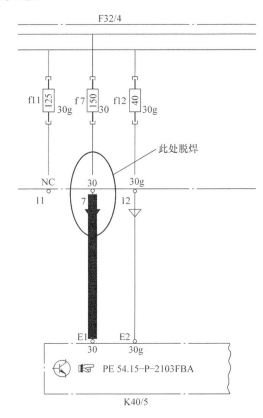

图 1-48　虚焊线路　　　　　图 1-49　电路图

17. 奔驰 W205 C260 车辆无法起动

故障现象：客户投诉车辆无法起动，车辆已是第三次拖到我店。
故障诊断：第一次车辆无法起动，拖到我店后起动车辆正常，测量车辆蓄电池检测为 GOOG BATTARY，检查蓄电池极柱无松动现象，进行快速测试，无故障码，为车辆充电后交车。

第二次是过几天之后，客户早上又再次投诉车辆无法起动，由于客户着急办事，等到中午回到家后起动车辆又能够正常起动。车辆第二次来到我店。对车辆执行快速测试还是无相关故障码，这两次都是车辆放置一晚上早上不能起动。由于是冬天，怀疑起动系统中起动机、R62及相关线路有问题。但是车辆放置了两三天故障也没有再现，所以为车辆互换了起动机和R62，先让客户观察。

第三次是一周后早上下雪，客户又再次抱怨车辆无法起动，于是我们前去现场检查，发现车辆能够正常解锁，车辆仪表也能够正常显示，起动时只是听到起动机处"咔咔"两声，每次都是这样。

再次对车辆进行故障检测，还是无故障码，于是第三次将车辆拖至我店。

维修方法：

（1）查看起动系统相关电路图（图1-50）。首先测量的是起动机30电，在起动时起动机30电压为0V，50信号电压为12.3V，但是很快消失，能听见起动机"咔"的响一声。

（2）测量蓄电池到R62的接线柱30电压为12.4V，正常，由于R62是互换其他车辆的，排除R62，在这时发现把其他车辆的R62插头拔掉的故障现象与此车故障类似。所以查看R62的线路。

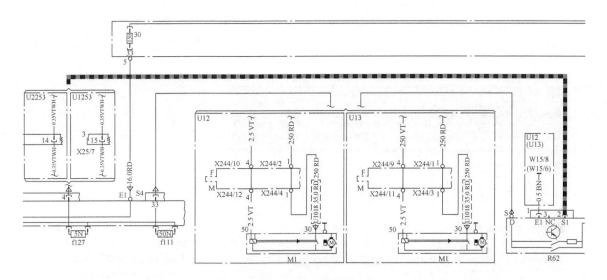

图1-50 电路图

（3）查看K40/8中f127熔丝和f111熔丝正常，起动时测量两个熔丝的电压为12.3V，均正常，但是查看电路图测量R62（2）端子电压为0V，不正常。测量f127到R62（2）端子为断路。测量R62（1）端子搭铁正常。

（4）检查K40/8中S8（4端子）与R62（2）端子电阻为短路，于是重点检查这根导线。查询电路图时发现这根导线通过X25/7，所以拆下左前座椅找到X25/7后测量K40/8 S8（4）端子与X25/7（14）端子电阻为0.5Ω，电阻正常，测量R62（2）端子与X25/7插头14端子电阻，也为0.5Ω，电阻正常。把插头插上之后起动车辆正常。

（5）用手晃动X25/7插头发现车辆有时能够正常起动有时故障再现。确定X25/7插头14端子有问题，于是更换了X25/7（14）端子的插针和插芯。测试车辆不再出现故障。

结果分析：这个故障可能是因为天气较冷导致插针与插芯不能够牢固接合，使车辆的R62供电缺失，起动机30电无法供给，天气暖和或者晃动车辆后，使插针能够接触，车辆又能正常起动。

18. 奔驰 W205 140 行驶中突然熄火

故障现象：行驶中突然熄火。

故障诊断：询问客户得知车辆在市区道路正常行驶中突然熄火，仪表指示灯全部点亮。重新打开点火开关后能正常起动，发动机故障灯亮。

这是客户第二次到店检查行驶中熄火。第一次客户连续两次遇到行驶中突然熄火，因为客户在外面修理厂修理后删除了故障码，来店没有故障码，没有试出故障，未发现异常，我们替换过 87M 继电器。间隔 10 天第二次遇到行驶中熄火，客户不敢开车，拖车到店，要求我们彻底解决问题。

尝试起动车辆，能正常起动，发动机故障灯是亮起状态。初始快速测试结果 ME 中存储了大量故障码。其中故障码 P25051C（发动机控制单元输入端供电存在电气故障。电压值处于允许范围之外）比较特别。无法试出故障现象。

维修方法：通过初始快速测试中发动机控制单元内的故障码（图 1-51）。结合发动机控制单元电路图（图 1-52），分析相关的故障码都与发动机的 87M 供电、87M 传感器和执行器相关。

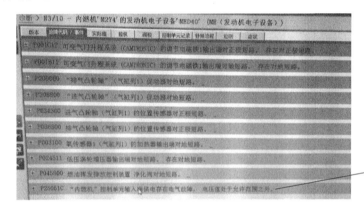

图 1-51 故障码

可能故障原因：

（1）87M 继电器有故障。

（2）发动机控制单元的供电及搭铁有故障。

（3）发动机 87M 供电及其控制线路有故障。

（4）K40/8 有故障。

（5）相关传感器和执行器及相关线束有故障。

（6）发动机控制单元有故障。

检查及测量：

（1）检查 K40/8 中所有 87 供电熔丝 f101、f102、f103、f104，熔丝正常（图 1-53），检查 87M KN 继电器，正常。清理 87M 的线束也未发现异常。

（2）检查发动机控制单元的供电回路，没有发现异常，拆检 K40/8，内部无短路或断路及脱焊等症状。

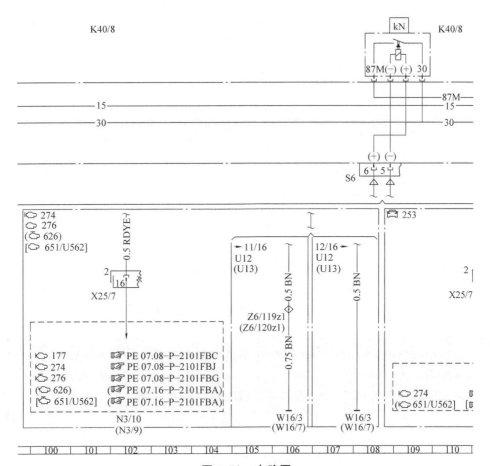

图 1-52 电路图

101	熔丝 101 (K40/8f101)	87M	1.5 红绿	适用于 205.086/087/286/287/386/387/486/487 以外的车型：电路 87/2 套管连接器 (Z7/48z1)	15
			2.5 红绿	适用于车型 205.086/087/286/287/386/387/486/487：电路 87/2 套管连接器 (Z7/48z1)	20
102	熔丝 102 (K40/8f102)	87M	2.5 红蓝	适用于 205.086/087/286/287/386/387/486/487 以外的车型：电路 87/1 套管连接器 (Z7/47z1)	20
				适用于车型 205.086/087/286/287/386/387/486/487：电路 87/1 套管连接器 (Z7/47z1)	25
103	熔丝 103 (K40/8f103)	87M	1.5 红灰	适用于 205.086/087/286/287/386/387/486/487 以外的车型：电路 87/4 套管连接器 (Z7/73z1)	15
			2.5 红灰	适用于车型 205.086/087/286/287/386/387/486/487：电路 87/4 套管连接器 (Z7/73z1)	20
104	熔丝 104 (K40/8f104)	87M	1.5 红黄	适用于 205.086/087/286/287/386/387/486/487 以外的车型：电路 87/3 套管连接器 (Z7/75z1)	15

图 1-53 熔丝说明

模拟测试：

（1）无法重现故障现象。

（2）分别取掉 87M 的熔丝和继电器，故障现象或故障码与初始快速测试的故障码不一致。

（3）在发动机起动的状态下，断开插头 X25/7 的 2 号插头的 16 号端子，获得了我们想要的故障现象以及同初始快速测试相吻合的故障码（图 1-54），尤其是故障码 P25051C。再次检查了发动机控制单元至 KN 继电器的控制线及接地线，无异常。

+P000100	流量调节阀存在电气故障或断路	已存储
+P001C12	可变气门升程系统（CAMTRONIC）的调节电磁阀1输出端对正极短路。存在对正极短路	已存储
+P001B11	可变气门升程系统（CAMTRONIC）的调节电磁阀1输出端对地短路。存在对地短路	已存储
+P209000	排气凸轮轴（气缸列1）执行器对地短路	已存储
+P1D0111	曲轴箱排气阀对地短路。存在对地短路	已存储
+P208800	进气凸轮轴（气缸列1）执行器对地短路	已存储
+P034300	进气凸轮轴（气缸列1）的位置传感器对正极短路	当前
+P036800	排气凸轮轴（气缸列1）的位置传感器对正极短路	当前
+P003100	氧传感器1（气缸列1）的加热器输出端对地短路	已存储
+P024511	低压涡轮增压器输出端对地短路。存在对地短路	已存储
+P045800	燃油蒸发排放控制装置 净化阀对地短路	已存储
+P25051C	发动机控制单元输入端供电存在电气故障。电压值处于允许范围之外	当前

图 1-54　模拟出的故障码

根据模拟的结果，我们判断可能的故障原因有：
（1）发动机至87M继电器的控制线或接地线有断路或偶尔的接触不良。
（2）87M继电器。
（3）发动机控制单元内部控制87M继电器的电路存在偶发故障（接触不良等）。

确定故障点：
（1）我们之前已经替换过87M继电器，排除继电器的可能性。
（2）我们再次检查了ME的F插头的21号端子和K40/8 S6插头的6号端子，端子没有扩张的现象。
（3）排除其他点后，我们判断是发动机控制单元内部控制87M继电器的电路存在偶发故障。

更换了发动机控制单元，至今客户没有再次投诉该问题。

总结：对于一些很难试出故障现象的偶发故障，可以利用模拟故障现象的方法，结合排除法最终找到故障点。

19. 奔驰 W251 R320 发动机故障灯亮

故障现象：发动机故障灯亮。

故障诊断：发动机故障灯亮，故障码报Z7/36供电下游的用电器对地短路；线束在地线上方穿过，位置狭窄，导致线路磨破（图1-55）。

维修方法：修复线束重新固定。

图 1-55　线路损坏位置

第二章 传动系统故障

1. 奔驰 CLA260 踩停车辆后，1s 后车辆矬动一下

故障现象：踩停车辆后，1s 后车辆矬动一下。

故障诊断：

（1）客户反映慢慢踩停车辆后，车子会矬动一下，并听到低沉的"哄"的一声。

（2）路试车辆，车辆行驶一段距离，超过 2 档后，慢慢踩停车辆，车辆停下来后就会矬动一下，并听到低沉、轻轻的一声"哄"响声。矬动和响声都可以被觉察出来。行驶过程中车辆的升档和降档无发现异常。

（3）车辆曾进行过变速器保养。

（4）车辆无加装和改装。

（5）故障一直存在。

（6）无相关的 tips 文件。

（7）快速测试无故障码。可能原因：从 2 档降到 1 档时矬动；双离合器故障；差速器故障。

（8）连接诊断仪外出试车，发现内轴的转速在车辆停下来降到 0 之后，又会突然间跳到 75（这时车辆就会矬动一下），然后转速又降回 0（图 2-1）。

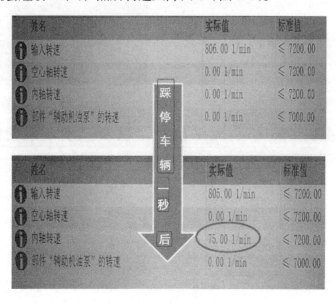

图 2-1 实际值

（9）查看变速器和发动机控制单元，均为最新版本。

（10）放出变速器油检查，未发现异常。

（11）进入调校菜单中，进行"更换离合器之后的调校""拨叉调校"和"更换变速器电脑后的调校"，但故障依旧。

（12）找到相同型号、相同变速器软件版本的车辆进行对比，"测试车辆"没试到有烇动感。

（13）技术部建议更换阀体测试，故障现象依旧。分别在 40℃和 70℃的油温下对变速器进行了"完整的基本调校"，故障现象依旧。

（14）接着更换了 K1/K2 进行测试，但故障依旧。

（15）拆下后传动轴进行测试，故障消除。恢复后，拔下 N45 进行测试，故障消除。分别对调 N45 和 Y68/3 进行测试，故障依旧。对调尾差速器进行测试，故障现象转移。

这款车使用的是适时四驱系统，通常情况下为两驱，特别情况下才会切换到四驱。可能原因是差速器油道堵塞或者内部摩擦片磨损。

维修方法：更换差速器后，该车还是会偶尔烇动一下，对比之前不是很明显，但能觉察到。

2. 奔驰 CLS260 发动机故障灯亮，1-3 档升档的时候会有强烈冲击感

故障现象：发动机故障灯亮，1-3 档升档的时候会有强烈冲击感。

故障诊断：飞轮盘（图 2-2）铸造超差引起 B70 报警。

P033900 曲轴位置传感器 1 存在偶发性故障。

P033904 曲轴位置传感器 1 存在偶发性故障。存在一个内部故障。

维修方法：更换飞轮盘。

图 2-2 飞轮盘

3. 奔驰 B 级 W246 车辆无法挂档，仪表提示"请勿换档"

故障现象：车辆无法挂档，仪表提示"请勿换档"。

型号：B 级 246 270 发动机、7GDCT 变速器。

故障诊断：由于变速器壳体搭铁松动（图 2-3），导致变速器无法通信。

维修方法：重新紧固变速器壳体搭铁后，故障排除。

误区：

（1）该故障车测量 CANH、CANL 电压分别为 3.2V、3.1V，在 X30/21 上拔掉变速器的插接器后，CANH、CANL 电压恢复正常，容易误判为变速器控制单元内部故障。

（2）发动机与变速器外壳连接在一起，但不代表变速器可以通过发动机与车身连接实现搭铁。

变速器外壳搭铁松动

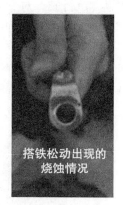
搭铁松动出现的烧蚀情况

图 2-3　变速器搭铁线

4. 奔驰 E300L 车辆低速行驶有时会自动回 P 位

故障现象：行驶里程 45 000km。车辆低速行驶有时会自动回 P 位（车速小于 20km/h）。
故障诊断：转向柱模块内部电气故障。
维修方法：
（1）执行快速测试没有相关故障码。
（2）查看转向柱模块的实际值，结果正常。查看 A80 的实际值，正常，升级 A80 后故障仍然存在。
（3）测量转向柱模块供电和搭铁参数：12.5V（11~15V），0.2Ω（<1Ω）；测量，CAN H 电压为 2.75V，CAN L 电压为 2.28V，结果正常。
（4）检查转向柱模块的线路，没有短路及断路，结果正常。
（5）车辆低速行驶时，分别测量转向柱模块 CAN H 和 CAN L 信号。当故障出现的瞬间，CAN L 的电压降至 0.2V，结果异常。
（6）互换了转向柱模块试车，故障消失。

5. 奔驰 GLE 320 coupe 车辆不能换档

故障现象：车辆不能换档。
故障诊断：仪表显示"请勿换档 去特许服务中心修理"，车辆的确不能换档。
维修方法：更换 Y3/8I1 驻车制动爪电磁阀。
引导监测：
（1）在更换变速器阀体之前，客户抱怨仪表总是提示"请勿换档 去特许服务中心修理",但是能够正常使用。换档没有问题。

（2）根据检测结果更换完变速器阀体之后，故障出现频率更高了，而且变速器不能换档，车辆无法行驶。对变速器阀体检查后并未发现异常。

（3）在检查驻车制动电磁阀阀体的时候发现，在变速器阀体和驻车制动电磁阀阀体连接处，驻车制动电磁阀插头被扩大了（图2-4~图2-7），导致虚接产生此故障。因此可以推测在没有更换变速器阀体之前也经常出现虚接现象，导致仪表报警。在更换过一次之后扩大范围增大导致故障出现频率更高了，且无法正常换档。

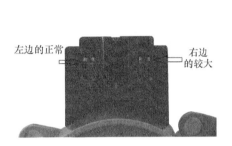

图2-4 不正常的电磁阀

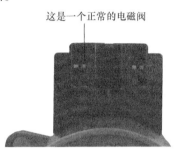

图2-5 正常的电磁阀

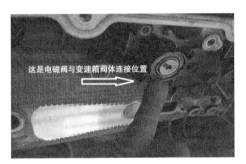

图2-6 电磁阀安装位置

控制单元型号		M276LA_VC16		
Y3/8n4 - 9档变速箱的变速箱控制系统（起动离合器油压传感器（VGS））				-F-
梅赛德斯—奔驰硬件号		000 901 49 00	梅赛德斯—奔驰软件号	000 000 00 00
梅赛德斯—奔驰软件号		000 902 86 33	硬件版本	15/42 00
诊断标识		000908	软件状态	16/12 00
软件状态		13/17 00	引导程序软件版本	13/17 00
软件状态		16/12 00	硬件供应商	Bosch
硬件供应商		Bosch	软件供应商	MB
软件供应商		MB		
控制单元型号		VGSNAG3_000908		
故障	文本			状态
P282214	调压阀9存在电气故障。存在对地短路或断路。			A
	姓名		首次出现	最后一次出现
	输出转速		191.00 1/min	0.00 1/min
	蓄电池电压		13.70V	12.70V
	变速箱油温度		82.00°C	82.00°C
	实际档位		2. Gang	P
	目标档位		2. Gang	P
	涡轮转速		641.00 1/min	0.00 1/min
	用于研发部门的故障停帧数据		32 FF 00 00 00 7B 0D 29 C1 66 55 00 00 FF	2E 65 00 00 00 83 0D 1C C1 66 55 00 00 FF
	频率计数器			5
	总行驶里程		9024km	9024km

图2-7 故障码

6. 奔驰GLK260踩停车辆或"HOLD"时，过3s后，有类似车辆换档的顿挫感

故障现象：踩停车辆或"HOLD"时，过3s后，有类似车辆换档的顿挫感。

故障诊断：

（1）客户反映踩停车辆或"HOLD"时，过3s后，有类似车辆换档的顿挫感。

（2）试车，向前行驶一段短或长的路段后（E和S模式都一样），踩停车辆（或HOLD功能启用时），保持在D位，过大概5s后，变速器会轻轻地顿挫一下。驾驶车辆，车辆升档、降档，加速降档都正常，无顿挫感。倒车测试，未发现异常。

（3）车辆无维修历史。

（4）车辆无加装和改装。

（5）故障一直存在。

（6）无相关的tips文件。

（7）快速测试，无故障码。可能原因：液力变矩器内故障；变速器软件控制故障。

（8）连接诊断仪外出试车看实际值，发现慢慢踩停车辆后，实际值会变成"无动力传输，涡轮转速为0"，过3s后变成"1档位，涡轮转速0"，然后涡轮转速会突然上升到200左右，这时车辆就会蠕动一下。之后又保持在转速为0（图2-8~图2-12）。

实际值

序号	姓名	实际值	标准值
700	选择范围滑阀的位置	D	踩停车辆后的实际值
503	行驶程序	舒适	
992	实际档位	无动力传输	
161	目标档位	1	
457	计算出的档位	未激活	
487	自动变速器油温	79℃	≤120
591	涡轮转速	0r/min	
799	发动机转矩	20N·m	

图2-8　实际值（一）

实际值

序号	姓名	实际值	标准值
700	选择范围滑阀的位置	D	踩停车辆3~4s后，涡轮转速慢慢上升
503	行驶程序	舒适	
992	实际档位	无动力传输	
161	目标档位	1	
457	计算出的档位	未激活	
487	自动变速器油温	79℃	≤120
591	涡轮转速	33r/min	
799	发动机转矩	20N·m	

图2-9　实际值（二）

实际值			
序号	姓名	实际值	标准值
700	选择范围滑阀的位置	D	踩停车辆4~5s，我们发现当涡轮转速达到200r/min时，档位就会变成"1"档，同时，车身≤120就会耸动一下
503	行驶程序	舒适	
992	实际档位	1	
161	目标档位	1	
457	计算出的档位	未激活	
487	自动变速器油温	79℃	
591	涡轮转速	202r/min	
799	发动机转矩	20N·m	

图 2-10　实际值（三）

实际值			
序号	姓名	实际值	标准值
700	选择范围滑阀的位置	D	之后，涡轮转速会慢慢降下来
503	行驶程序	舒适	
992	实际档位	1	
161	目标档位	1	
457	计算出的档位	未激活	
487	自动变速器油温	79℃	≤120
591	涡轮转速	121r/min	
799	发动机转矩	20N·m	

图 2-11　实际值（四）

实际值			
序号	姓名	实际值	标准值
700	选择范围滑阀的位置	D	最后，涡轮转速会变成0
503	行驶程序	舒适	
992	实际档位	1	
161	目标档位	1	
457	计算出的档位	未激活	
487	自动变速器油温	79℃	≤120
591	涡轮转速	0r/min	
799	发动机转矩	19N·m	

图 2-12　实际值（五）

（9）查看变速器和发动机控制单元，均为最新版本。

（10）放出变速器油检查，未发现异常。

（11）对比同款车型，慢踩停车辆后，实际值应该是"无动力输出，涡轮转速为600左右"，不会突然变成1档，涡轮转速也不会为0。

（12）对变矩器锁止离合器进行重新学习，故障依旧。

分析认为，车辆停止后，变速器控制单元错误地促动电磁阀。

维修方法：更换油路板后，故障消除。

7. 奔驰 R172 急加速车辆换档后连续剧烈抖动

发动机：M271EVO。

变速器：722.9。

故障现象： 加速踏板插头上加装的信号变更装置导致急加速车辆换档后连续剧烈抖动。

维修方法：

（1）车辆使用 2 年，行驶里程 5 万 km，询问客户得知未对车辆进行过加装与改装，一直在 4S 店维修，入场快速测试未见相关故障信息，故障在 S 模式下升至 2、3、4 档时均会出现，3 档时最明显。

（2）首先更新了发动机及变速器软件，然后对变速器换档进行调校，清洗节气门与喷油器，更换火花塞、变速器油后故障依旧。在故障出现时读取发动机及变速器数据流未见明显异常。

（3）检查发现发动机气缸压力正常，三元催化转化器未见堵塞。与同类型车辆对换火线圈、节气门、喷油器、高压燃油泵、进气歧管、液力变矩器等后测试，故障依旧。

（4）试车发现故障在低负荷和全负荷时不会出现，在加速踏板踩到一定程度并保持住升档时发动机转速会剧烈波动，检查加速踏板时发现了上面的加装部件（图 2-13），去除该部件后试车正常。

图 2-13　加装部件

8. 奔驰 W205 C180 车辆在车速高于 60km/h 制动时跑偏

型号：C180（205.140）。

故障现象： 在车速 60km/h 以上正常制动时，车辆向左跑偏，且转向盘未出现偏转。

维修方法： 更换左后斜拉杆胶套试车，故障消除。

对车辆制动力进行检测，未发现异常。

四轮定位检查无异常（图 2-14）。

对换前轴制动片、制动盘、制动轮缸、制动盘支架以及更换四轮制动盘片、轮缸、支架及 ESP 泵后问题依然存在。最后发现左后斜拉杆胶套破裂。

如果车辆斜拉杆胶套破裂（图 2-15、图 2-16），车辆在较高速制动时，会出现左后轮推力角变化，或左后轮前束变化，甚至左右轴距不同等现象，从而在踩制动时出现跑偏。

			左前轮	右前轮	左后轮	右后轮
轮胎气压			0.25MPa	0.25MPa	0.25MPa	0.25MPa
胎面花纹深度		外侧	6mm	6mm	6mm	6mm
		中部	6mm	6mm	6mm	6mm
		内侧	6mm	6mm	6mm	6mm
车辆处于水平状态，驾驶准备就绪前轴		左侧	调整前	车型数据		调整后
			+0.80°/+9.9mm ed	1.45°/±1.61°		+0.80°/+9.9mm ed
		右侧	+0.80°/+9.9mm ed	+14.0mm/±10.0mm		+0.80°/+9.9mm ed
球点位置		左侧				
		右侧				
车辆处于水平状态，驾驶准备就绪后轴		左侧	+1.40°/+16.3mm ed	1.57°/±0.99°		1.40°/+16.3mm ed
		右侧	1.50°/+16.3mm ed	+18.0mm/±10.0mm		1.50°/17.3mm ed
带水平控制的控制点						
后轴		左侧	−1°26′	−1°27′/±0°30′		−1°41′
		右侧	−1°41′			−1°39′
		左侧				
		右侧				
	前束	总体	−0.07′*	+0°20′/±0°07′		0°22′
		左侧	0°11′*/D	+0°10′/±0°07′		+0°12′
		右侧	0°04′/D			+0°10′
	几何驱动轴线		+0°08′	0°00′/+0°08′ −0°07′		+0°01′
前轴	外倾角	左侧	−1°29′	0°23′/±0°22′		−0°33′
		右侧	0°27′	−0°21′/±0°22′		−0°31′
	后倾角	左侧	+8°59′	+9°04′/±0°30′		+9°01′
		右侧	+9°00′	+9°01′/±0°30′		8°54′
	转向前展差	左侧	−1°26′	−1°42′/±0°30′		−1°25′
		右侧	−1°26′			−1°28′
	偏移		−0°04′			0°00′
	前束	总体	+0°04′			+0°24′
		总体	+0°04′*	+0°25′/±0°10′		+0°23′
		左侧	0°20′*	+0°12′/±0°05′		+0°12′
		右侧	0°20′*	+0°13′/±0°05′		
	车轮内侧曲线的最大转向角	左侧				
		右侧				

图 2-14　四轮定位数据

图 2-15 斜拉杆

图 2-16 斜拉杆胶套

9. 奔驰 W221 S350 车速到 100km/h 左右时车身振动很厉害

故障现象：客户抱怨车速提高到 100km/h 左右时车身振动很厉害。

排除方法：测量车辆的传动轴倾角发现数据不正确，最后经过检查发现是中间段传动轴胶套错位导致（图 2-17~图 2-22）。

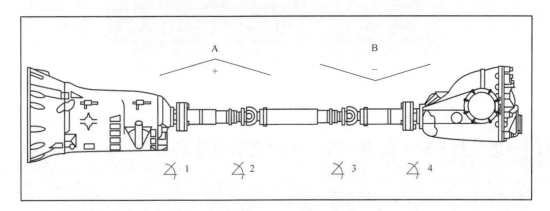

图 2-17 传动结构图

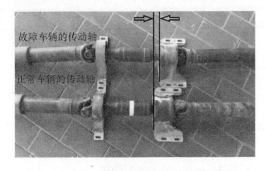

图 2-18 正常和有故障的传动轴对比

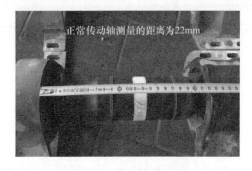

图 2-19 正常的间距

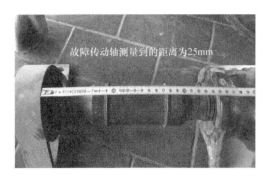

图 2-20 有故障的间距

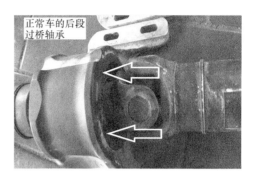

图 2-21 正常车辆过桥轴承

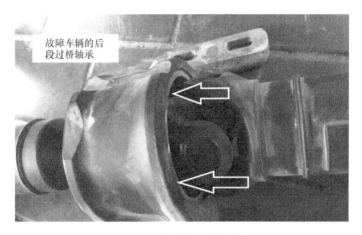

图 2-22 故障车辆过桥轴承

10. 迈巴赫 S500 车辆在高转速时有明显冲击

故障现象：车辆在高转速时有明显冲击。

故障诊断：

（1）试车发现，当迅速操作加速踏板开度超过 40% 或 50% 的时候，车辆有连续的严重的冲击。

（2）当正常行驶时，变速器升档降档很平顺。

（3）怠速和正常行驶时，发动机运行平稳。

（4）发动机灯亮，无其他报警信息。

维修方法：

（1）快速检测，ME 存储故障码 P061116。

（2）故障码引导检查执行喷油器喷油量调整，喷油器号码应与控制单元存储一一对应，执行成功（图 2-23）。

（3）检查发现 ME 和变速器没有新软件，执行 SCN coding，故障依旧。

（4）升级油泵控制单元到最新的软件，故障依旧。

（5）删除故障码试车，故障出现时，检查发现燃油油压、喷油时间、液力变矩器锁止离合器的实际值均正常。只有发动机转速实际值突然变化，实际值变成红色。

（6）试车后故障码 P061116 重新出现。

（7）创建技术报告，技术部建议更换 ME，更换后故障排除。

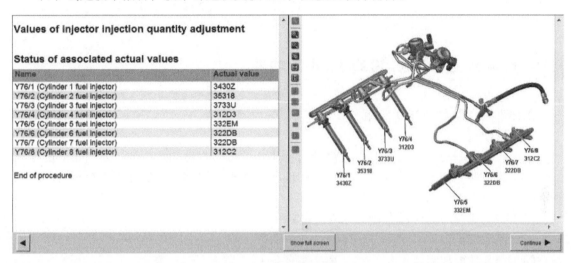

图 2-23　喷油机构

第三章 电器系统故障

1. 奔驰 B 级 W246 没有 HOLD 功能

故障现象：没有 HOLD 功能。
故障诊断：
（1）行驶和制动时未见异常，ECO 能正常工作，试车时制动的感觉、力度完全正常。
（2）来厂驻车制动未试到客户所描述的现象，驻车、解除、挂档踩加速踏板自动解除、车辆在 D 位开门自动跳 P 位都正常。
（3）查询维修历史，没有相关维修及事故维修。
可能的故障原因：
（1）EPS 功能故障。
（2）电子驻车（EFB）功能故障。
（3）电子点火开关（EZS）功能故障。
（4）蓄电池电压或传感器故障。
（5）相关线路故障。
故障检查：
（1）快速测试，N73（EZS）有故障码 P172C13，驻车位置的冗余控制输出端存在断路故障。该故障码可以删除，但行驶一段时间后又会出现；N30/4（ESP）有故障码 C073B00，控制单元 N73 的控制器局域网络（CAN）信息有错误。该故障码有时候会变成 f，行驶踩制动后又变成 F。两个故障码都无法根据故障引导用诊断仪追踪（图 3-1）。
（2）N73（EZS）至 X30/30 至 N30/4（ESP）的 CAN 导线电阻均为 0.2Ω，CAN H 测量值为 2.7V，CAN L 测量值为 2.27V，X30/30 CAN 总线插座电阻为 60Ω 左右，插针无腐蚀和接触不良等情况。
（3）N73（EZS）、N30/4（ESP）、N128（EFB）均无更新软件，并重新设码。
（4）根据 WIS 文档 gf00.19-p-2000iaa 打磨了 W49、W9、W70、W11、W3/7 的车身搭铁。
（5）对蓄电池断电和更换蓄电池。

经过以上步骤后，故障依旧。于是，写了 TIPS 给技术部，和老师商量初步怀疑是 ESP 控制单元故障，但是没把握。后致电给技术支持老师，他提示如果变速器有故障也会停止 HOLD 功能。把实现 HOLD 功能的前提条件打出来重新检查相关的实际值，查看后也没有新进展。和技术支持老师沟通后决定再次梳理思路。

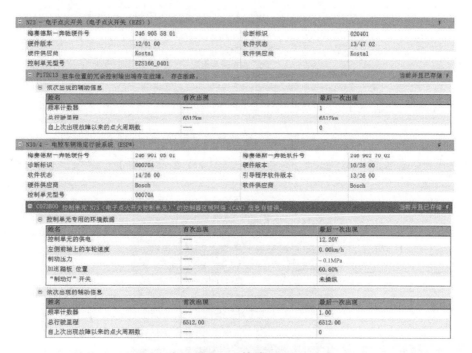

图 3-1 故障码

（6）再次查看 WIS 资料，在变速器电路图 pe27.19-p-2105-97iaa 中发现和以前的电路不同，多了名为 AUX_（+）的一条线，WIS 解释为变速器附加电源。这条线从电子点火开关直接连接到变速器（图 3-2、图 3-3），这是以前没有的。

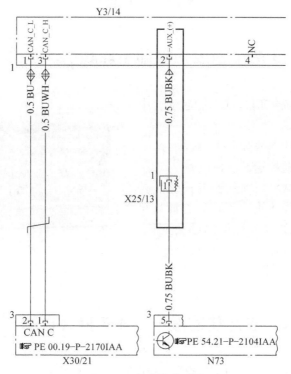

图 3-2 变速器电路图

AUX_L	左侧AUX连接音频信号
AUX_R	右侧AUX连接音频信号
AUX_GND	AUX连接接地线
AUX_(+)	变速器附加电源
BL_M	中央制动灯
BLSL_L	制动灯，尾灯（左侧）
BLSL_R	制动灯，尾灯（右侧）

图 3-3　变速器端子定义

（7）拆开变速器插头发现有一条蓝/黑色线已被老鼠咬断了，修复线路后 HOLD 功能恢复（图 3-4）。

图 3-4　变速器插头

2. 奔驰 CLK209 两个遥控钥匙都不能起动，中控不工作

故障现象：两个遥控钥匙都不能起动，中控不工作。

故障诊断：遥控钥匙故障。

维修方法：更换遥控钥匙。

可以使用 SD SCAN 来判断遥控钥匙是否正常，只要钥匙可以发出进入许可码，而且每次按钥匙之后，钥匙的进入许可码都会变化，就说明钥匙没有什么问题，因为在断开 EIS 的情况下钥匙也可以发码（图 3-5）。

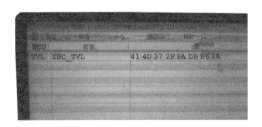

图 3-5　许可码

3. 奔驰 GLA200 在行驶过程中，油箱盖会自动打开

故障现象：行驶过程中，油箱盖会自动打开。

故障诊断：M14/10 内部开关的闭合力不够，在受到振动时断开，从而使 N10 收到错误的信号，使 M14/10 内部电动机工作，造成油箱盖打开（图 3-6）。

维修方法：更换 M14/10。

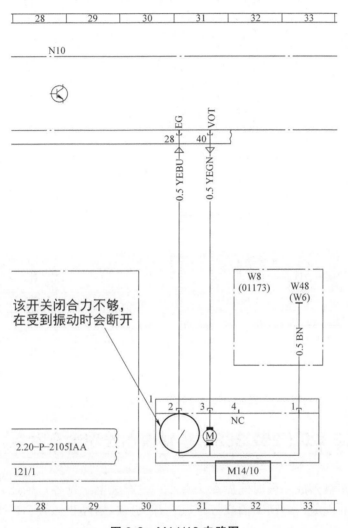

图 3-6　M14/10 电路图

4. 奔驰 GLE320 无法熄火，仪表灯全亮

故障现象：车辆无法熄火，仪表灯全亮。

故障诊断：A89 的电源线与 CAN 线短路（图 3-7）。

维修方法：维修线路。

EIS 中实际值全是 on，断开蓄电池后再接上故障依旧，互换 EIS 后故障有变化（可以用钥匙关闭仪表）。

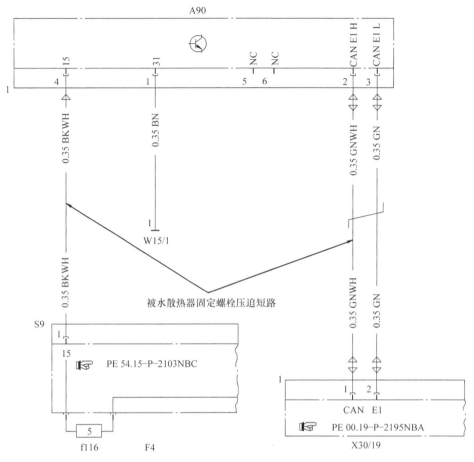

图 3-7 电路图

5. 奔驰 GLE320（292.362）车辆偶尔出现全车亏电，无法起动

故障现象：车辆停放一段时间后无法着车，全车无电。据客户描述，车辆在锁车后曾出现过风扇狂转的现象，解锁车辆或打开点火开关，风扇停止运转，再次锁车 2~3min 后，风扇狂转。

维修方法：更换发动机控制单元。

故障为偶发，到店检查无故障（图 3-8）。

分析电路图，模拟故障现象（图 3-9）。

线路及 87 控制继电器无异常（图 3-10）。

锁车后监测，正常时，87 及 PWM 信号无异常（图 3-11）。

故障出现时，87 控制线有电源，PWM 无信号（图 3-12）。

故障在电路图内的显示如图 3-13 所示。

故障现象出现时，87 继电器被触动（图 3-14）。

第三章 电器系统故障

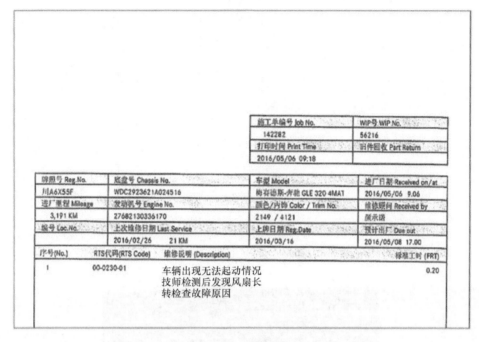

图 3-8 诊断报告

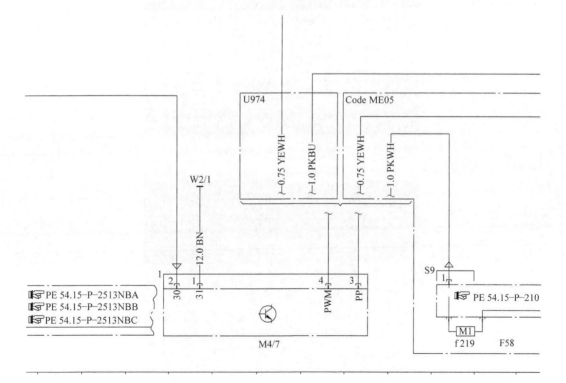

图 3-9 电路图（一）

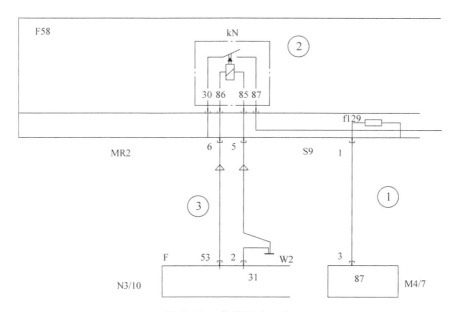

图 3-10　电路图（二）

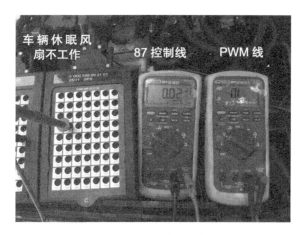

图 3-11　正常时信号

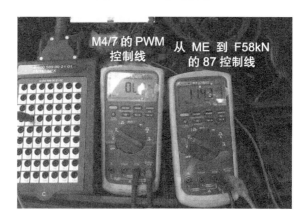

图 3-12　不正常时信号

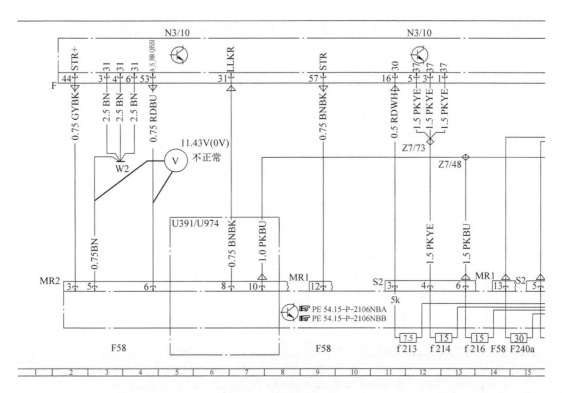

图 3-13 电路图（一）

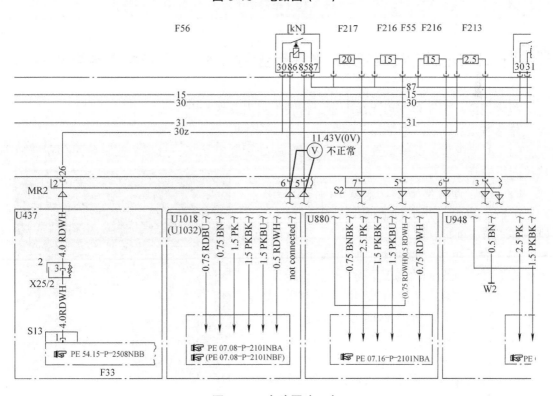

图 3-14 电路图（二）

ME 发出错误信号，激活 87 继电器，但无 PWM 信号输出，进入紧急模式（图 3-15）。

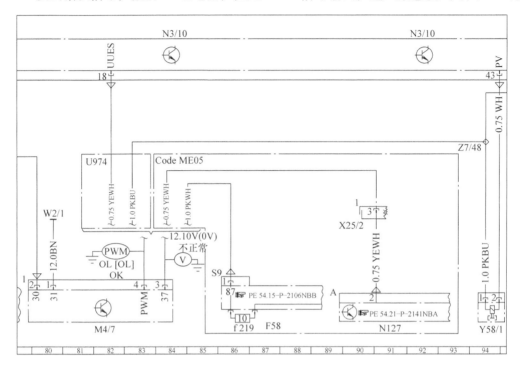

图 3-15　电路图（三）

6. 奔驰 GLE-W166 新车停车后无法着车，行驶中车内突然断电

故障现象：新车停车后无法着车，行驶中车内突然断电。
维修方法：
（1）3 天新车，现场急救诊断时发现车内处于断电状态，且多个控制单元存在故障码，建议回厂检修。

（2）回厂查询 WIS 后，发现车内供电是由 F33 到 F3/2 线路。其中包括插头 X18（位于前排乘客座椅右前地毯下）。

（3）为了重现故障现象，使用试驾车在行驶中拔下 X18 插头，故障现象为车内供电全无，前照灯亮，无法熄火（使用无钥匙起动时），无法挂档，车内所有设备都无法使用，转向失效，仪表各指针都不动。

（4）锁定故障来源，在与客户进行不懈的沟通后，拆下地毯，果不其然，插头处于松动的状态（图 3-16）。处理该插头后故障被排除。

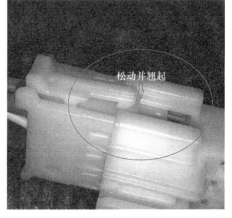

图 3-16　插头

7. 奔驰 GL-W166 用 KG 起动后车辆无法熄火

故障现象：仪表插头上加装的里程更改模块导致 KG 起动后，用 KG 按钮车辆无法熄火，反复按压 KG 按钮许多次才能熄火。

维修方法：

（1）询问客户，车辆未进行过加装和改装，最近未对车辆进行过维修。

（2）快速测试未见相关故障信息，在不起动车辆时起动按钮功能正常。检查 EZS 中 KG 起动按钮的实际值，在故障出现时无变化，换件测试起动按钮后故障依旧。

（3）检查仪表显示车速为 0km/h（小于 10km/h）。断开仪表板电源后测试，故障依旧。尝试断开多个 CAN 网络部件的电源，均无法排除故障。

（4）拆卸仪表板后发现后部有改装部件（图 3-17），去除里程更改模块后功能正常，仪表里程数由 8 万 km 多变更为 10 万 km 多。

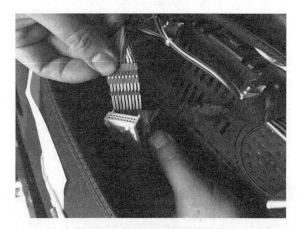

图 3-17　加装部件

8. 奔驰 S63 W222 仪表显示"智能前照灯停止运作"，左前照灯不亮

故障现象：仪表显示"智能前照灯停止运作"，左前照灯不亮。

故障诊断：右前照灯控制单元短路引起熔丝烧熔。

维修方法：

（1）着车，发现左前照灯不亮，右前照灯可以正常亮起（图 3-18）。

图 3-18　前照灯

（2）进行快速测试。左前照灯：LED 促动模块线路开路。右前照灯：线路 30 短路或开路（图 3-19）。

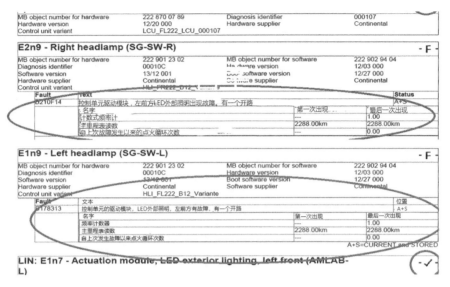

图 3-19 故障码

（3）根据故障码指引（图 3-20），要求先检查 K40/8f108 熔丝供电，f108 未熔断（图 3-21），电压为 12.2V 正常。

图 3-20 故障引导

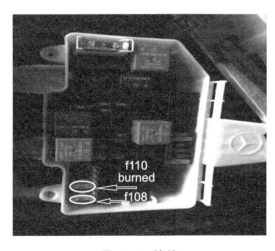

图 3-21 熔丝

(4)车间技工在没有进一步检测的情况下，对调了LED促动模块进行测试，发现故障依旧。

(5)技工拆下左前照灯，对调了左前照灯模块，并对调了左前照灯总成，发现故障依旧。

(6)查看线路图，发现f110熔丝也给前照灯供电，于是检查f110熔丝，发现熔丝熔断（图3-21），测量熔丝搭铁电阻为33.6~67.3kΩ（该处测量电阻不同时间会有所变化），但安装新熔丝后还是熔断（图3-22、图3-23）。

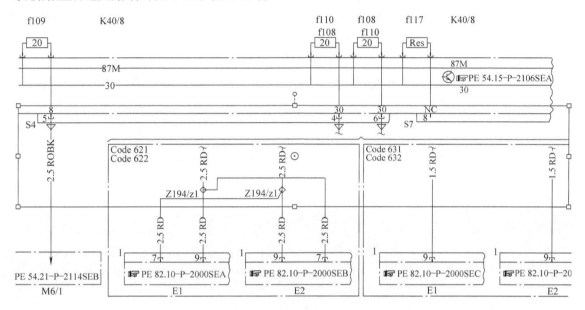

图3-22　电路图（一）

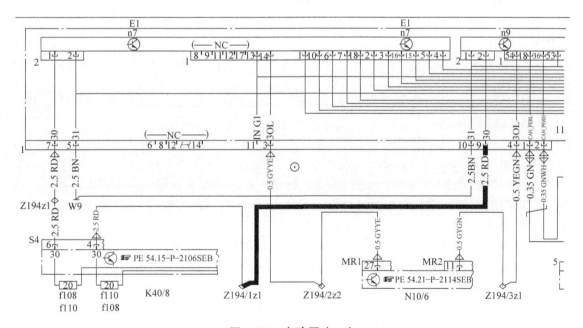

图3-23　电路图（二）

(7)测量另一侧前照灯熔丝f108的搭铁电阻，也是33.6~67.3kΩ。

（8）根据 WIS 线路图，拔掉 E1（左前照灯总成）插头，测量 f110 下游端 E1 Pin9，不导通，测量 f110 E1 Pin7，阻值为 0Ω（难道有断路？还是线路图错了？），测量 E1 Pin9 处的电压却有 12.2V，E1 Pin7 处的电压为 0V。为了证实我们的测量，拔掉 f108 熔丝，测量 f108 下游端 E1 Pin9 的电阻为 0Ω，E1 Pin9 处电压为 0V（图 3-24）。

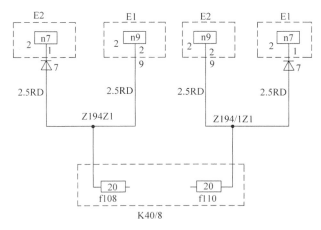

图 3-24　电路图（三）

（9）为了进一步证实线路图出错，拆下右前照灯，并拔下插头进行测量，进一步证实了线路图是错误的（f110 是给 E2 Pin9 及 E1 Pin7 供电的；f108 是给 E2 Pin7 及 E1 Pin9 供电的），同时在拆装的过程中，我们还闻到了一股烧焦味，烧焦味是从右前照灯控制单元发出的。

（10）到此，虽然可以确认 f110 熔丝熔断是由于 E2 PIN9 造成的，但其并没有短路怎么就会烧断熔丝呢？

（11）拆除右前照灯控制单元，测量 Pin2（30 电源线）与壳体的电阻为 2.38MΩ，Pin1（31）的电阻为 0Ω。

分析：

（1）由于在 Xentry 的 guide test 也有误，指引检查 f108 供电（应检查 f110 供电），技工检查无误后，没有进一步到终端进行检查，而是凭经验和感觉直接对调配件进行测试，这造成了时间的浪费和检测的不严谨。由于 f110 和 f108 对两前照灯的 LED 促动模块和前照灯调节控制单元进行交叉供电，也会给人以假象，会先去检查前照灯不亮的那边。

（2）线路图上的 f110 和 f108 熔丝错位，也会给故障分析造成困扰。

（3）为什么熔丝烧熔前照灯及 LED 控制模块还可以导通呢？这是因为每个前照灯控制单元还有一个 30L 电（各控制单元开启状态的信号线）。

（4）在测量电阻过程中有时在 K40/8 处会听到"滴答"一声，电阻值会突降到 1.5kΩ左右，然后又会上升到之前测量的数值（在 f108 或 f110 下游端与车身搭铁，且在两个熔丝全拔的状态下也会），原因不明。

（5）如果从实际值中观察或者促动前照灯（图3-25），其实也会比较容易发现问题，在右侧前照灯供电栏中会发现供电显示为0V，这就要求我们在考虑问题时要全面周全，实际值是个很好的参考信息。

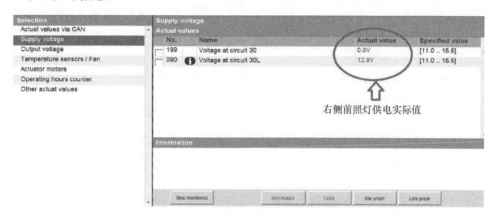

图3-25　实际值

（6）前照灯控制线路板上的两个电阻烧熔（图3-26），有可能是线路板上的承载功率不足或电流过大。

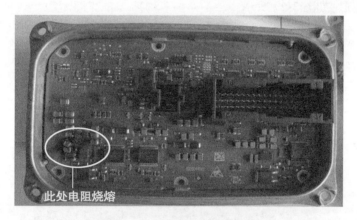

图3-26　前照灯控制线路板

由于在W222车型上，这种现象在我们公司已经多次出现，有些是左前照灯控制单元，有些是右前照灯控制单元"短路"，现将一些规律现分享给大家。

规律：哪边灯亮，哪边的灯控制单元"短路"，且f108或f110熔丝烧断，需要更换前照灯控制单元及熔丝。

9. 奔驰S级W222（S222165）车辆行驶时仪表出现ESP报警，停车后车辆无法起动

故障现象：车辆行驶时仪表出现ESP报警，停车后车辆再也无法起动。

故障诊断：将车辆拖到我店，尝试起动车辆，仪表ESP等许多故障报警，起动机不运转。进行功能检测：

（1）检查车辆无托底事故存在。打开点火开关2档，仪表工作正常，按喇叭开关，喇叭能够正常使用。但是仪表中有ESP等故障存在，并且仪表无档位显示，油表指至0位置不变。

（2）尝试起动车辆，车辆起动机不工作，检查车辆的蓄电池电压为12.4V，正常。

（3）进行快速测试，在许多控制单元中有驱动CAN通信故障为当前故障，并且驱动CAN控制单元均无法被诊断。

（4）查询WIS找到相关网络，发现控制单元N127为驱动CAN的中央网关。其中网络包含A80、N118、N3/10、Y3/8、N89控制单元。

维修方法：

（1）根据WIS电路图测量N127供电线路C插头端子2与4、3与4之间的电压，电压为0V，标准电压为12~14V，不正常。

（2）查询N127的供电熔丝，为F1/3中的f315 10A熔丝，发现熔丝已经烧断，测量N127C插头2端子到F1/3熔丝之间的线路，没有发现短路和搭铁现象，重新安装10A熔丝，测试车辆能够正常起动，但是风扇处于紧急运行模式。

（3）起动车辆后把车开到四柱举升机时，10A熔丝又被烧断，这时重新查看WIS电路图，发现N3/10与N127控制单元共用一个熔丝供电，仔细检查线路，发现N3/10中的F插头有两根线路破损，如图3-27所示。

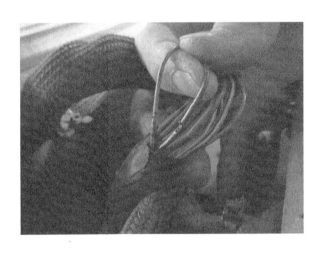

图3-27 破损线路

（4）修理好线路，再次起动车辆之后，10A熔丝不再熔断，重新进行快速测试，驱动CAN控制单元均能被诊断，但是N127存储故障码P048000、U109587、U121A00、U121800，均为当前故障，起动车辆后发动机电子风扇处于紧急模式下运转。

（5）查看电路图发现风扇控制信号为N127控制，于是测量信号线波形并对比其他车辆波形发现信号线波形不正常（图3-28、图3-29），测量N127到风扇之间的控制信号线，没有发现短路搭铁故障，于是更换N127控制单元。

更换N127控制单元后功能正常。

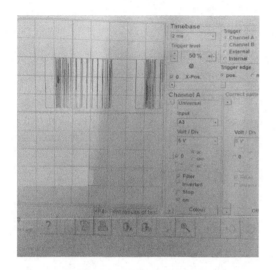

图 3-28　正常车辆波形

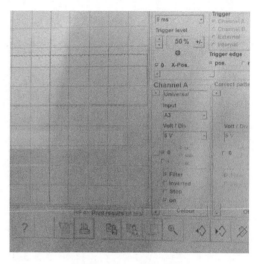

图 3-29　故障波形

10. 奔驰 S 级 W222 风扇持续高速运转

行驶里程：48699km。

故障原因：试车发现只要将点火开关拧到 2 档，不起动发动机，散热器风扇就高速运转，且声音很大，而冷却液温度表只显示 90℃。快速测试结果如图 3-30 所示。

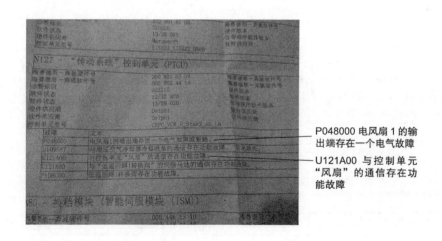

图 3-30　故障码

N127 通过 LINc3 促动 3 个执行部件（图 3-31~图 3-33）。综合分析可能的故障原因为：
（1）LIN 线路故障，比如断路或短路。
（2）3 个执行部件中的某一个，内部电气故障干扰了 LIN 信息传递。
（3）N127 内部故障。

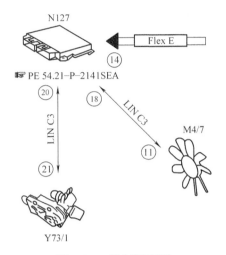

图 3-31 控制原理图

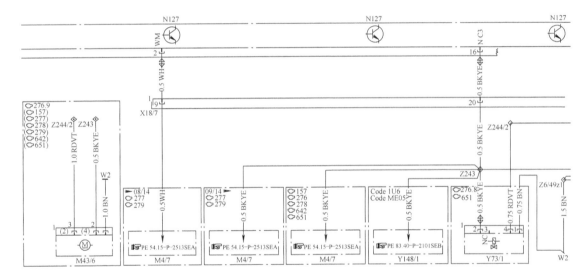

图 3-32 电路图

通过传动系统局域互联网(LIN)(LIN C3)传送的输入因素	通过传动系统局域互联网(LIN)(LIN C3)传送的输出因素
风扇电动机 (M4/7)	风扇电动机 (M4/7)
低温回路循环泵 1 (M43/6)	低温回路循环泵 1 (M43/6)
低温回路转换阀 (Y73/1)	低温回路转换阀 (Y73/1)

图 3-33 电气说明

故障诊断：

（1）用万用表测量散热器风扇电动机 M4/7 插头线束 87C 电压，大于 12V，正常；但 LIN 线路电压只有 1.3V 左右，不正常，正常应为 6~11V。

（2）拔掉 M43/6 和 Y73/1 插头测量 LIN 线路电压，依然是 1.3V，不正常。

（3）拆下 N127，拔下 A 插壳测量 16 端子到电子风扇插头的 LIN 线束电阻为 0.6Ω，正常。

（4）怀疑可能是第三种情况——N127内部故障，但是互换同款车的N127后，故障依旧。

因为从N127到LIN c3结点Z243之间经过插头X18/7，于是决定测量插接器处的LIN线路电压是否正常。X18/7位于左侧A柱下部，当拆掉内饰板准备拔下插头的时候，发现内饰板上有水迹，插针已严重腐蚀（图3-34、图3-35）。

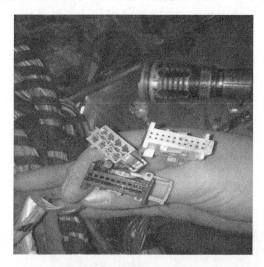

图3-34 插头（一）

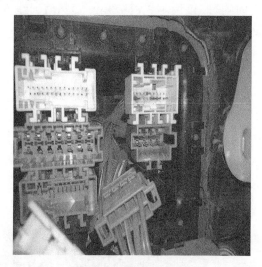

图3-35 插头（二）

检查发现此车更换过前风窗玻璃，但在DMS系统上找不到维修历史，客户表示在修理厂更换过风窗玻璃。

检查发现漏水的原因是更换前风窗玻璃时密封不良（图3-36），导致下雨时，雨水从前风窗玻璃左前角渗入车内，沿着A柱向下流，流入X18/7插头处，导致LIN c3插针（PIN20）腐蚀，与其他线路相互短路，造成信号干扰，最终使部件功能失常，散热器风扇持续高速运转。

维修方法：重新安装前风窗玻璃，处理腐蚀的插头X18/7，故障排除。

图3-36 前风窗玻璃密封不良

11. 奔驰 S 级 W222 智能互联系统无法拨打电话

故障现象：智能互联系统无法工作，拨打电话时无法接通。
维修方法：更换 N123/4 控制单元。

用诊断仪检测无故障码，实际值天线没有信号，备用天线仅在 SOS 按下时起作用。天线的切换由 N123/4 自动控制（图 3-37）。

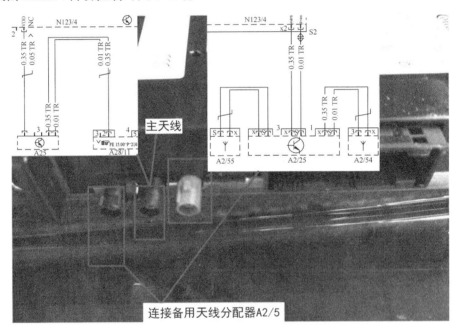

图 3-37　N123/4 插头

12. 奔驰 W166 高温天气怠速较高，挂档时有冲击，倒车时轻踩制动踏板前部有共鸣声

故障现象：高温天气怠速较高，挂档时有冲击，倒车时轻踩制动踏板前部有共鸣声。
故障原因：空调控制单元内参数设置不正确。
维修方法：在空调控制单元修理厂编码中将"怠速转速提高"选项改成"未激活"（图 3-38）。

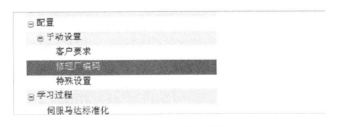

图 3-38　参数设置

13. 奔驰 W205 C63 行驶过程中仪表显示限距雷达脏污

故障现象：行驶过程中仪表显示限距雷达脏污。

故障原因：控制单元 A89 固定螺杆松脱。

维修方法：根据 DAS 提示调整紧固螺杆（图 3-39）。

（1）快速测试：控制单元 A89 有故障码"限距雷达脏污"，故障执行引导测试为清洗探头。

（2）检查探头：没有脏污。

（3）控制单元软件更新：没有新版本。

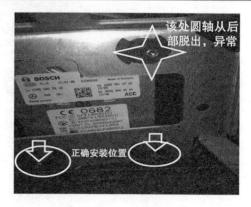

图 3-39 异常螺栓

14. 奔驰 W205 没有倒车影像

故障现象：没有倒车影像。

故障诊断：

（1）检查发现该车加装了原厂倒车影像。

（2）倒车摄像机单元有故障码"LVDS 线路断路"，检查发现视频线被剪断后连接非原厂插头，重新接好后故障依旧。

（3）检查发现 EIS 和 COMAND 内设码都正常。

（4）重新查找 WIS 发现 LVDS 视频线的端子位置是错乱的。

故障原因：视频线的端子顺序错误。

维修方法：按电路图顺序接好后（图 3-40、图 3-41），倒车影像可正常工作。

总结：由于缺少娱乐系统的维修经验，并且没有查询 WIS，维修走了弯路。

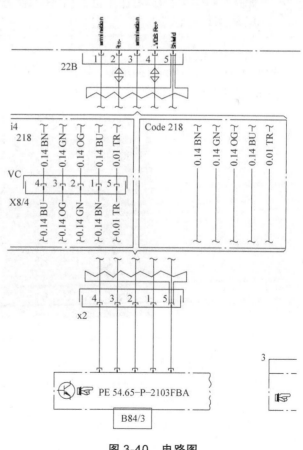

图 3-40 电路图

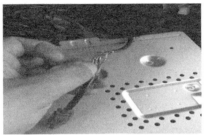

图 3-41 插头

15. 奔驰 W212 E260（212136 带 code B03）发动机起停功能不起作用

故障现象：发动机起停功能不起作用，仪表上 ECO 始终显示黄色。在满足 ECO 相关功能要求后试车，ECO 仍显示黄色（图 3-42）。证实客户抱怨。

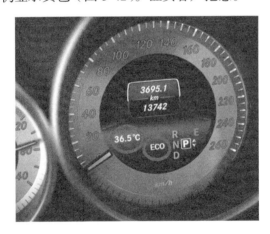

图 3-42 ECO 显示黄色

故障诊断：连接诊断仪，无相关故障码，进入 ME 查看 ECO 起停功能实际值，发现发动机自动起动请求里面，空调显示不正常。尝试关闭空调或者无论怎么调节空调，该实际值一直显示不正常（图 3-43）。

进入空调控制单元，查看实际值，发现选项里面没有 ECO 相关的实际值，不正常（图 3-44）。

对空调控制单元单独进行升级，未发现新软件（图3-45）。

对空调控制单元试运行，过程中需要手动设码，其中一项"ECO起动停止功能"当前显示"未激活"，此车带有code B03，此处应该改为"已激活"（图3-46）。

重新设码后，发现空调实际值选项里面多了一项"发动机停止阻碍原因"（图3-47）。

再次试车，发现ECO实际值空调显示正常。ECO功能也恢复正常（图3-48）。

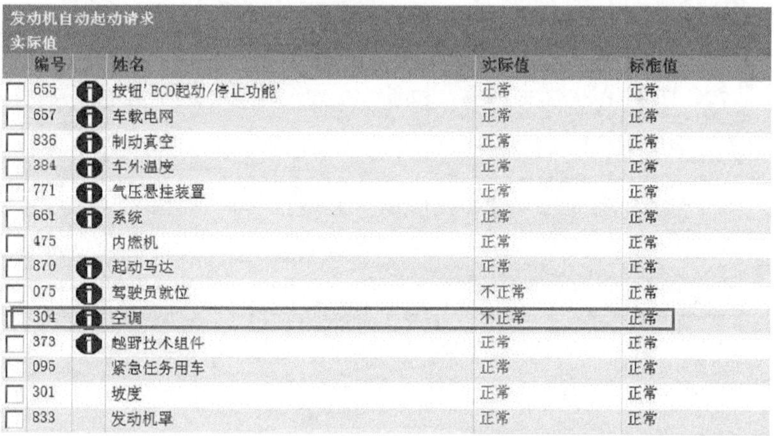

图 3-43　实际值

图 3-44　实际值

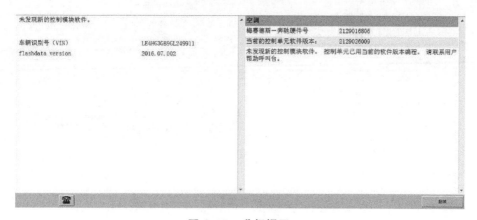

图 3-45　升级提示

编号	姓名	值
000	国家规格	欧洲经济委员会（ECE）
001	当冷却液温度较高时关闭另一冷却液泵	否
002	沙漠国家	否
003	B82（车内湿度/温度传感器）	未激活
004	正温度变化系数（PTC）暖气增强系统	未安装
005	露点传感器	存在
006	B10/38（后排脚坑出风口的出风口温度传感器）	已安装
007	采用智能空调温控系统（Thermotronic）时，新鲜空气/空气内循环风门和冲压空气风门的驱动机构相联接	否
008	在空调运行期间对蒸发器进行干燥	否
009	车顶控制板内的车内温度传感器数值是通过控制器区域网络（CAN）总线发射的。	否
010	特种防护车辆	否
011	发动机自动停止时的鼓风机功率	100%
012	ECO起动/停止功能	未激活
013	A 9/5（电动制冷剂压缩机）	未安装
014	在发动机自动停止时根据车外温度激活空气内循环模式	否
015	发动机停止过程中的空调运行类型	舒适
016	散热器百叶片	不存在
017	延迟切换点，以增大冷却功率	是
018	阳光照射对车内空间温度调节的影响	100%
019	可以在空气内循环模式下进行便捷关闭。	是
020	"空气内循环模式下的便捷关闭"模式	自动
021	A32n1（鼓风机调节器）	模拟输出端
022	在节能模式下运行空调	未激活
023	可能的空气分流设置	7
024	提高最低蒸发器温度	3℃
025	制冷压缩机 皮带滑轮	M271/CNG - 1,409

图 3-46 手动设码

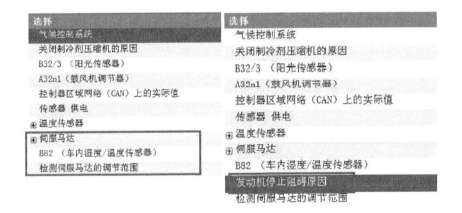

图 3-47 手动设码后

注：左侧为设码前空调控制单元内实际值，右侧为设码后。

发动机停止阻碍原因

实际值

编号	姓名	实际值	标准值
585	车外温度	正常	正常
030	车载电网	正常	正常
258	制动真空	正常	正常
296	按钮'ECO起动/停止功能'	正常	正常
935	紧急任务用车	正常	正常
939	驾驶员就位	不正常	正常
157	油门踏板	正常	正常
812	车速阈值	不正常	正常
948	变速箱	正常	正常
842	空调	正常	正常
853	气压悬挂装置	正常	正常
965	内燃机	正常	正常
455	发动机罩	正常	正常
962	越野技术组件	正常	正常
966	起动马达	正常	正常
073	系统	正常	正常
309	转向角	正常	正常

重新设码后，该实际值恢复正常

图 3-48　实际值

16. 奔驰 W251 ABS、ESP 故障灯亮

故障现象： ABS、ESP 故障灯亮。

维修方法： 由于横摆率传感器安装位置错误导致故障灯亮，严格按 WIS 重新安装传感器并路试匹配后工作恢复正常（图 3-49、图 3-50）。

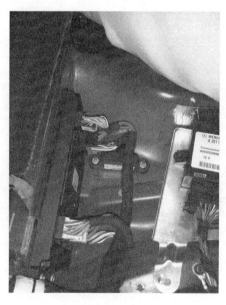

图 3-49　正确安装

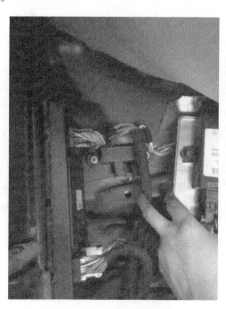

图 3-50　错误安装

17. 奔驰 W251 R400/251.166 前刮水器在刮水开关关闭的情况下仍工作

故障现象：前刮水器在刮水开关关闭的情况下仍工作。

维修方法：更换前刮水电动机，电动机内部损坏。

故障分析：刮水电动机上 4 号端子为电动机到 N10 反馈位置的信号端子，它向 N10 报告电动机当前的位置，停止位时电压为 0V，其他位置电压都在 5V 左右（图 3-51）。

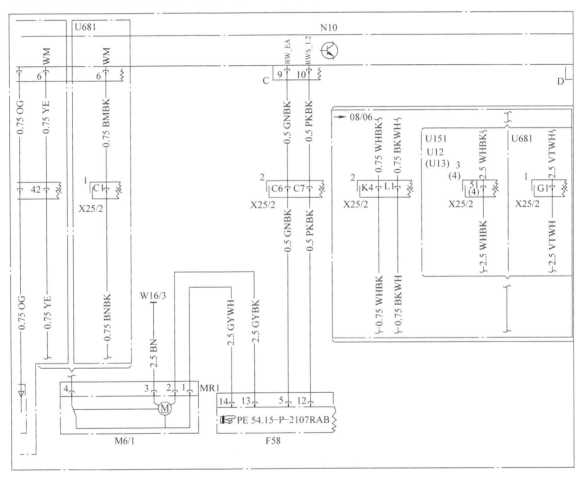

图 3-51　电路图

第四章 其他故障

1. 奔驰 A 级 W176 右后或左后玻璃后侧脱离导轨

故障现象：右后或左后玻璃后侧脱离导轨。

故障原因：集成在右后门三角上的导轨制造工艺及材质因素问题，导致在气候比较热时右后或左后玻璃下降到底后重新上升时后侧玻璃脱离导轨（图4-1），玻璃无法正常关闭。

维修方法：

（1）详细目测故障部件及周围，未发现杂质等其他外在因素导致故障的问题存在。

（2）拆检没有发现部件损坏、变形等故障存在。

（3）与良好同款车型对比，安装位置、尺寸、部件结构无任何差异。

（4）重新安装后在各种不同路况下进行测试，故障无法重现。

图 4-1　玻璃脱离导轨

（5）对集成在右后门三角上的导轨进行加热测试，发现下部导轨比较软。

（6）结合玻璃支撑结构特点（单点中央支撑），以及集成在右后门三角上导轨的制造工艺及材质特点（纯塑料无金属结构），推测在天热时后导轨容易变软，导致支撑力下降。

（7）与仓库新配件进行对比，未发现存在差异之处。

（8）处理方案是，对集成在右后门三角上的导轨外侧进行金属外皮加固（图4-2、图4-3）。长期跟踪结果，故障不再出现。

图 4-2　加固前

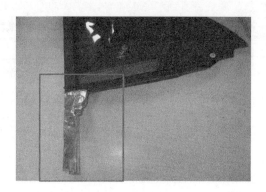

图 4-3　加固后

（9）在接到同类故障投诉时进行测试：只进行调校重新安装交付给客户使用，故障将会重复发生；对外侧进行金属外皮加固，长期跟踪结果，故障不再出现。

2. 奔驰 GLC W253 低速行驶过颠簸路面，车辆后部有"咯噔、咯噔"响声

故障现象：低速行驶过颠簸路面，车辆后部有"咯噔、咯噔"响声。
故障原因：车身焊接处有间隙（图 4-4），在颠簸路面时产生"咯噔、咯噔"声。
维修方法：喷涂空腔防腐蜡（图 4-5）（MA 000 986 72 70/10）。

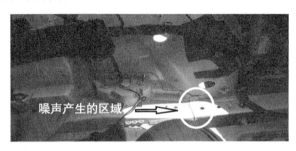

图 4-4　焊接处的间隙

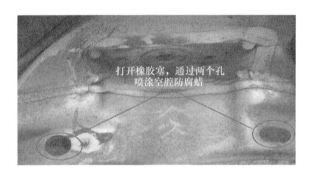

图 4-5　打蜡的孔

3. 奔驰 S 级 W222 前照灯内部蒙雾或形成水滴

故障原因：前照灯内部蒙雾或形成水滴。
维修方法：
（1）依照 Tips 文档 LI82.10-P-061885 采取补救措施："完全去除冷凝水后安装干燥包"。一段时间后水雾现象会再次出现，故障没有解决。
（2）检查发现，当从插头处往前照灯内部吹气，前照灯总成后罩结合处会有漏气现象，（图 4-6）判断为前照灯密封不良（确保前照灯没有受外力或损害的情况下），需要更换前照灯总成。

（3）建议 Tips 增加"检查前照灯密封性"，如果密封良好则安装干燥包；如果发现有泄漏现象，则需更换前照灯总成。

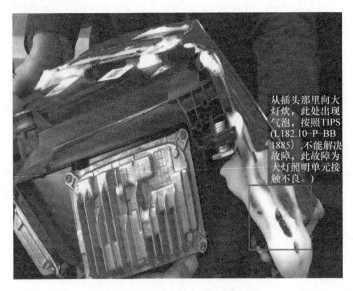

图 4-6　前照灯密封不好的地方

4. 奔驰 W253 打转向底盘有"咯咯"声

故障现象：W253 打转向底盘有"咯咯"声。

故障原因：减振器与下控制臂固定螺栓松动或有应力。

维修方法：将减振器与下控制臂螺栓松开再重新按扭力（95N·m+45°）的力矩固定，异响消除。

注：此异响与更换前部吸能盒异响比较类似，但每次打转向快到底或打转向走在坡道上时只响一两声。

第二部分　宝马车系故障案例

Bavarian Motor Work

第五章　发动机系统故障

1. 2010 年 F07 535Li N55 凉车发动机过热报警

故障现象：客户反映，凉车发动机过热报警。
故障分析及维修方法：
（1）核实客户抱怨：早上着车发动机过热报警。
（2）分析故障：DME、线路、涡轮增压器水泵故障。
（3）隔离故障：
① 首先进行车辆测试，故障码为 h20A502 涡轮增压器冷却水泵控制对地短路。查询相关维修历史，故障是在编程之后出现的且有相关措施，更换过改进型水泵（图 5-1）。

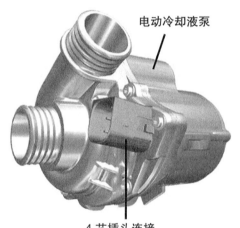

图 5-1　改进型水泵

② 测量导线，增压器水泵至 DME 有三条导线。测量结果无异常（供电 12V，接地正常，1Ω，信号测量波形为一条直线）。
至此，怀疑 DME 故障。
③ 技术部回复，进行水泵元件测试。再次更换水泵，故障依旧。决定更换 DME。
特性线及标准值：对于涡轮增压器水泵不进行转速调节（尽管有脉冲宽度调制设计）。
涡轮增压器水泵有一个 2750r/min 的工作点。此外，水泵不适合持续脉冲运行。
另外，可以通过控制连接将水泵切换到较小功率标准波形。
总结：
电动涡轮增压器水泵在考虑以下参数的情况下接通。

发动机出口处的冷却液温度；

机油温度；

喷射的燃油量。

通过所喷射的燃油量，将计算发动机的热量。发动机熄火后涡轮增压器水泵运转可能持续达30min。为了改善冷却效果，还接通了电动风扇。电动风扇最大延迟运行11min。

2. 2010年F02 740Li 发动机抖动，故障灯亮

故障现象： 客户反映发动机抖动，黄色发动机故障灯亮。

故障原因： 高压油管断开泄漏汽油，导致车辆熄火无法行驶。

故障分析及维修方法： 拖车进店，汽油油位在1/4，车载电压为12.3V，故障码如图5-2所示。

打开发动机舱盖发现有很大汽油味，拆开发动机上部罩发现1缸高压油管裂开，1、2缸喷油器固定支架裂开。检查发现1~6缸喷油器固定支架都装反了，拆出1、2缸喷油器检查，喷油器表面发黑，其他未见异常（图5-3、图5-4）。用探缸镜探缸未见缸内有异常。查看DWH车辆维修记录，在不久前车辆在其他4S店维修过气门室盖垫，估计是更换气门室盖垫时安装有误。

图 5-2 故障码

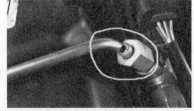

图 5-3 高压油管断开

图 5-4 喷油器安装有误，导致1缸喷油器固定支架断裂、高压油管断裂

更换新的喷油器、喷油器固定支架、损坏的油管，重新检查及安装1~6缸喷油器支架后试车20km无异常。查看发动机运转平稳性数值，1~6缸都在0.13左右浮动（-200~200），工作正常、

无故障码，交车给予客户使用。交车后、第二天客户打电话过来说，同样问题再次出现。外出救援，到达现场后拆开发动机上部盖饰板，发现1缸的喷油器有些松动。拆出检查发现喷油器表面发黑并磨损，喷油器受损，胶圈被烧坏，但不泄漏汽油，拖车回店检查（图5-5、图5-6）。

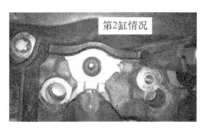 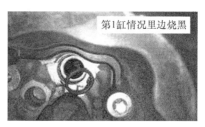

图 5-5　缸盖

第2缸看上去良好。第1缸有磨损、发黑的迹象。

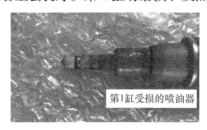 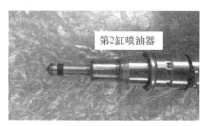

图 5-6　喷油器

第1缸喷油器损坏。第2缸喷油器没有损坏。

检查1缸喷油器与缸盖位置发现间隙过大，经过详细检查发现是由于1缸喷油器座磨损导致的松动。第一次出现该问题也是因喷油器和座间隙过大所致，但是由于间隙较小，当时无法测量这些数据。发动机工作时缸内压力可以达1.5~2.0MPa，微小的间隙也会导致喷油器与缸盖之间产生摩擦。经过一段时间摩擦，间隙越来越大，导致喷油器和缸盖之间高频率撞击、振动，最终导致喷油器支架松动及缸盖上的喷油器座孔直径增大。

缸盖磨损无法修复。更换缸盖和1缸喷油器。为安全起见，更换供油管路、喷油器固定支架、汽油、汽油滤清器，路试约60km，故障不复存在。交车给客户，一个星期后电话反馈客户车辆使用良好。

总结：由于客户在其他4S店维修气门室盖垫时，安装有误，导致喷油器支架固定不住，气缸内的压力压断了喷油器固定支架，油管断裂使车辆熄火；拖回店后、由于我们没有了解清楚气缸盖已经被磨损的情况，导致第三次故障出现。如果能细心、细致地检查每一个小问题，按照ISTA维修说明安装喷油器固定支架就不会出现这些问题。因此这个案例告诉我们，不管做什么都需要细心，避免产生不必要的过失。

3. 2011年 E70 X5 发动机冷却液温度高

故障现象：车辆行驶中发动机冷却液温度过高。

故障分析及维修方法：

（1）基本检查。冷却液管和散热器没有看到明显渗漏现象，冷却液液位正常。

（2）进行 ISID 快测，有以下相关故障码：2E82 DME 电动冷却液泵，关闭；2E81 DME 电动冷却液泵，转速偏差。

（3）制订检测计划（图 5-7）。

（4）检查水泵插头连线，电压和 PWM 信号正常。

（5）用诊断仪激活电子水泵，用手触摸水泵壳体，有工作的振动感。

（6）拆下水泵，转动水泵叶轮，有明显的卡滞感，但水泵的叶轮没有卡滞物。

（7）更换水泵后试车正常。

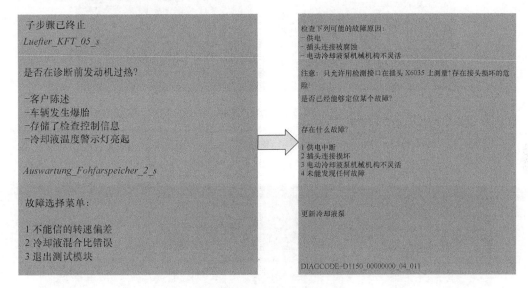

图 5-7　检测计划

水泵内集成的电子装置执行以下两个基本任务：

调节并提供电压和电流，从而使 EC 电动机和水泵运转。

按照发动机管理系统的要求，调节水泵转速并向发动机管理。

系统反馈相关信息，以调节冷却液流量（图 5-8）。

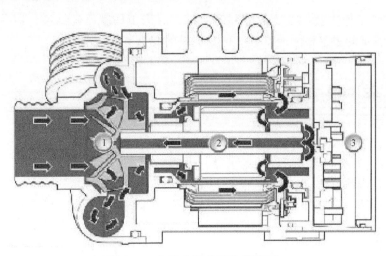

图 5-8　电子水泵的工作原理图
1—液压系统　2—管路密封式电动机　3—电子装置

是什么原因导致水泵卡滞呢？拆下水泵后，发现水泵转子的涂层裂开了，并且与定子滑套摩擦（图5-9）。

图5-9　水泵拆解

（1）分别找了两个电子水泵进行拆解，发现水泵转子的涂层脱落，导致运转产生摩擦甚至卡死，引发发动机冷却液温度过高报警（图5-10）。

图5-10　水泵完全卡死

（2）可能原因是涂层质量问题，或者因为紧靠发动机，长时间高温导致水泵内涂层老化。

总结：日常工作中我们找到故障并解决掉，好像工作就已经结束，但我们很少去问为什么这样？带着疑问去追根溯源，就能得到更好的提高。

4. 2011年F02 760Li怠速抖动

故障现象：客户反映，车速在70km/h以上时踩加速踏板加速，感觉车辆有抖动；车辆起步10km/h以内时踩制动踏板，感觉车辆有抖动。

故障分析及排除方法：

（1）确认故障现象：车辆来店之后，起动发动机，在车里坐着已感觉到抖动，开空调挂倒档行驶时，车辆抖动明显。按照工单上描述的条件进行试车，车辆确实存在抖动，客户反映故障当前存在。

（2）试车的时候给人一种掉缸缺火的感觉。

（3）连接 ISID，有故障码（图 5-11）。

图 5-11 故障码（没有喷射装置被关闭的故障码）

（4）根据此故障码执行燃油低压传感器的检测计划，得到图 5-12 所示结果。燃油低压在 0.5MPa 左右，正常。

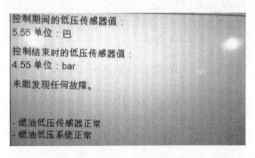

图 5-12 执行检测计划后得到的一个结果

（5）排除引起故障码所示的原因之后，读取发动机数据流，查看各个缸的不平稳值（图 5-13、图 5-14）。

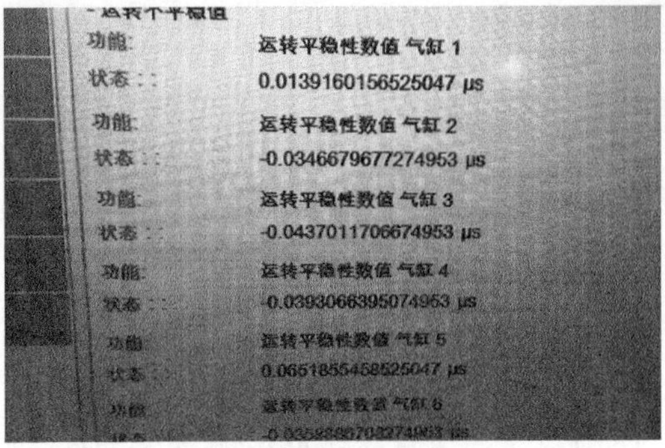

图 5-13　DME 实际值　　　　　　　图 5-14　DME2 实际值

① 从以上气缸不平稳值可看出，7 缸工作不正常，于是拆下 7 缸火花塞查看点火燃烧情况（图 5-15）。

② 可见火花塞中心电极及侧电极已烧黑，说明点火不好，由此又说明此缸点火线圈已损坏。

③ 重新装上 7 缸火花塞及点火线圈，起动发动机，打开空调挂倒档，发动机异常抖动，在此同时断开 7 缸点火线圈插头，发动机依旧抖动，但抖动现象在断开 7 缸点火线圈插头瞬间并未加剧（图 5-16）。

④ 装上新的点火线圈之后，故障消除。

图 5-15　7 缸火花塞

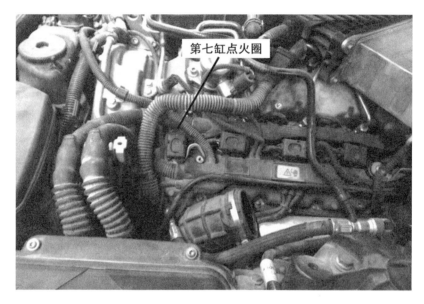

图 5-16　7 缸点火线圈插头

总结：发动机有故障而没有相关故障码时，可读一读发动机数据流。

5. 2011 年 F18 523Li VANOS 故障

故障现象：发动机急加速时，故障灯偶尔亮起，之后功率下降，加速无力、缓慢。

故障分析及排除方法：相关故障码为 130108 VANOS，进气，调节误差，位置未达到。故障码在每次急加速后都会产生（但故障灯不一定亮起）（图 5-17）。

故障分析点为 VANOS 电磁阀、供电线束、VANOS 装置、凸轮轴信号盘、凸轮轴传感器、DME、发动机缸盖、VANOS 电磁阀过滤装置。

根据分析点执行排查：

（1）根据检测计划检查进气 VANOS 供电电压为 13V，检查电磁阀电阻为 7.8Ω，清洗电池阀后测试，故障依旧。

（2）拆装清洗 VANOS 过滤装置，更换 VANOS 装置，对掉进排气凸轮轴信号盘，拆装凸轮轴瓦盖检查矩形环，都无法解决问题。

代码	说明	里程数
S 0398	动力管理，蓄电池状态：蓄电池损坏或老化	111816
130108	VANCS，进气：调节误差，位置未达到	111815
4200A3	电磁阀HIS：断路	111816
421252	DME/DOE接口：(MSA功能状态/发动机停止起动MSA途径/发动机起动1MS	111816
801222	空调压缩机：由T缺失DME/DDE—许用而关闭	111816
C90D/7B	驾驶员侧后部座椅加热装置开关：按钮卡住	111816

图 5-17　相关故障码

（3）重新装复拆装的配件，起动车辆，测量进/排气电磁阀信号波形。
（4）确认进气电磁阀波形有异常（图 5-18）。

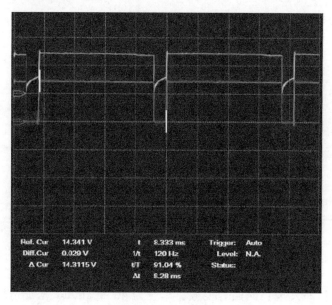

图 5-18　故障波形

绿色通道：进气 VANOS 电磁阀波形。
红色通道：排气 VANOS 电磁阀波形。
当故障码产生后，马上产生该故障波形，进气电磁阀波形不再是完整的矩形波。

对换新的进气 VANOS 电磁阀，连接 DME 插头 X60003 PIN14、PIN56 和电磁阀 X6276 PIN1、PIN2（图 5-19），再次测量波形，波形依旧是不完整的矩形波，确定 DME 内部损坏。估价更换 DME，进行全车编程，试车确认故障排除。

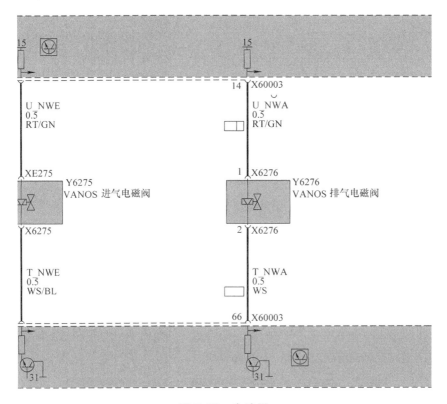

图 5-19　电路图

总结：

（1）排除车辆故障时，应该先从简单的工作开始，而不是盲目地进行配件对换，如此会产生很多不必要的工作时间。

（2）排查故障时，应该用数据去验证故障点（如电压、电流、电阻、波形等）。

（3）测量波形时，可以与同型号的车辆进行对比，进而帮助解决故障。

6. 2012 年 F18 523Li 行驶中挫车

故障现象： 客户描述车辆行驶中挫车，在 40~60km/h 加速时出现。

故障现象非常难重现，路试约 50km 出现 3 次。与客户进行沟通，去客户感觉出现故障频率较高的路段试车发现：路面为上坡，车速为 40~60km/h，松加速踏板减速至 40km/h，再次加速时容易出现。

故障分析及排除方法： 故障产生的原因有变速器及发动机两方面原因。

（1）变速器方面。变速器换档顿挫：可通过离合器自适应值，及路试发良时是否是换档时出现。

变速器锁止离合器接合顿挫：路试时通过读取数据流，发艮时锁止离合器状态。

（2）发动机方面。这应从以下方面考虑。

供油系统：某缸喷油器工作不良，可通过互换及测试喷油器波形检查。

点火系统：某缸的点火线圈、火花塞工作不良。可通过拆下检查外观是否损坏、测量该缸的点火波形、互换部件等方法检查。

（1）首先进行 ISID 检测，无发动机和变速器相关故障码。读取发动机各缸平稳性及其他相关数据流，读取变速器自适应值，均正常。

（2）查看该车保养历史记录，火花塞更换后行驶 3000km。带着 ISID 路试，模拟客户的驾驶风格到特定路段试车希望重现故障，故障可以重现但是频率很低。结合 ISID 数据流及发动机转速，可以排除变速器方面原因引起的顿挫。顿挫不是出现在换档期间，并且与锁止离合器状态无关，手动 3、4、5、6 档时都会出现顿挫情况。结合 8HP 变速器元件工作表，四个档位离合器都参加工作，基本不存在离合器工作不良情况。

（3）这时基本把故障锁定到发动机，结合路试故障现象，故障原因基本锁定为点火系统：某缸存在断火。带着 IMIB 测量出现故障时每个缸的点火波形。当测量到 3 缸时发现点火波形异常：正常气缸的燃烧时间为 6ms，而 3 缸燃烧时间只有 0.2ms，燃烧时间太短，造成该气缸工作不良（图 5-20~图 5-23）。

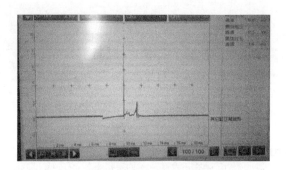

图 5-20　正常波形

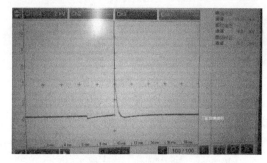

图 5-21　不正常波形

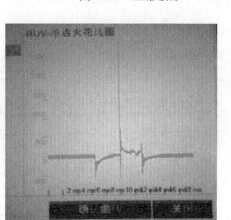

图 5-22　IMIB 储存的标准波形

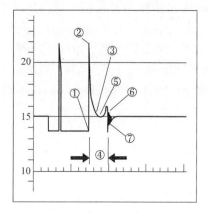

图 5-23　ISTA 中的点火波形说明
1—点火峰值开始　2—点火电压的值　3—火花电压的值
4—火花持续时间　5—火花电压特性曲线
6—示波过程开始　7—示波过程

从波形图可以看出，两图波形明显不同，3 缸燃烧时间太短。

拆下 3 缸点火线圈，外观未发现异常，更换后测量波形正常。

验证故障是否排除：进行快速测试，删除故障码，读取发动机数据，正常，再次路试读取点火波形，正常。

为了验证故障是否排除，多次试车并再次去客户容易出现故障的路段试车，故障没有出现。

交车约一个月时间，客户反馈故障已经排除。

总结：

（1）诊断偶发性故障，多次试车了解症状出现的条件是非常必要的。

（2）熟练应用"五步诊断法"，对快速排除故障是非常有帮助的。

（3）IMIB R2 操作方便，而且存储了一些正确的波形供参考。要充分利用我们的检测设备，这样就会缩短维修时间，从而提高客户满意度（图 5-24）。

图 5-24　IMIB R2

7. 2013 年 E84 X1 加速不正常

故障现象：凉车发动机转速无法提高。

故障分析及排除方法：客户描述凉车不能加速，发动机转速不随加速踏板踩下而提高。接车后现象确实如此，发动机很闷，不能提速。

连接 ICOM 对车辆进行诊断，没有任何相关故障码。因为此车客户买到手后 3 年只行驶了 2000km，所以我们先让客户更换燃油，清洗油路后进行试车，故障依旧，仍然是凉车时不能加速；随后进行调校、编程后试车，故障现象依旧。

读取加速踏板的开度和节气门的开度，都正常，节气门随着加速踏板的踩下而相应打开，检查进气部分没有堵塞，检查三元催化转化器没有堵塞，问题到此似乎没有了思路。能是什么原因呢？如果是电子节气门的故障应该早就存有故障码了，为什么没有呢，那应该不是相关故障。

最后分析此情况像是进气不足引起的发动机提速发闷，于是测量 VVT 电动机的三相供电波形，如图 5-25~图 5-27 所示。测得的驱动波形中其中两相为 12V 的方波，另一相一直是 12V，没有跳动。对比其他正常车型，三相中都有几乎规律的 12V 方波，因此判定为 DME 驱动损坏，更换 DME 后故障消失。

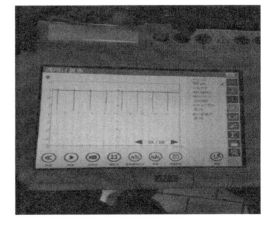

图 5-25　相 1 的驱动波形

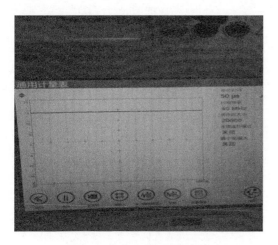
图 5-26 相 3 的驱动波形

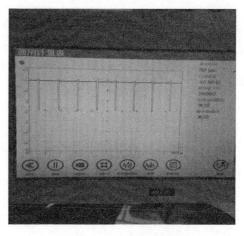
图 5-27 相 2 的驱动波形

总结：

（1）判断问题的类型需要根据现象确定到底属于哪一类原因，如果一开始就草草判断，以后会走很多不必要的弯路。要相信有问题一定有原因。

（2）对于由于各种原因没有与故障现象相关的故障码时，不要过分相信电子系统，认为如果有故障一定会报故障码。

8. 2013 年 F18 520Li N20 发动机过热报警

故障现象：客户抱怨车辆行驶中冷却液温度过高报警。

故障诊断：经确认故障现象为车辆行驶中冷却液温度过高报警。

试车检查发现发动机冷却液不循环，电子扇高速运转。

（1）用 ISID 检查 DME 中存有故障码 CD9010：LIN，信息；电动冷却液泵：缺失。

（2）检查发现水泵的插头导线连接正常。

（3）用 ISID 的部件控制方法控制水泵运行。水泵不工作。

（4）检查水泵其他线路：供电、搭铁和与 DME 连接的 M-LIN 线路和 U-WP15（图 5-28）。

（5）检查水泵 LIN 线路的电压为 9.5V 左右，有波形变化。

（6）其中 U-WP 15（P35）供电显示为 0V。

（7）由此得出可能故障原因为 DME 损坏、水泵损坏，或者由于水泵内部损坏致使 DME 损坏。

① 人为给水泵的控制线供电，水泵不工作。互换同款车水泵，水泵工作，由此判断水泵损坏。

② 对车辆断电，拔掉水泵插头，对控制线进行检查，依然没有电信号输出，怀疑是水泵损坏后造成 DME 损坏。

③ 更换水泵后故障排除。

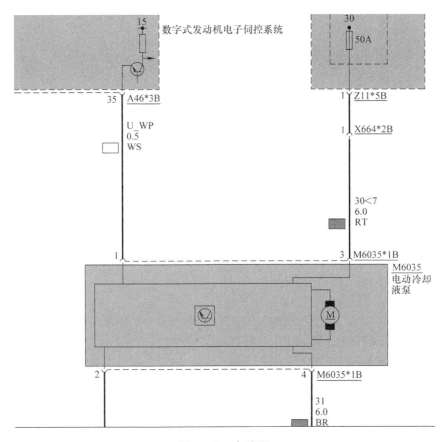

图 5-28　电路图

第六章 底盘、电器系统故障

1. 2011年F02 730Li底盘故障报警

故障现象：客户反映车辆在行驶过程中中央信息显示器（CID）报警：底盘故障。

故障分析及排除方法：经试车当前不存在故障，且车身高度正常。连接诊断仪诊断存有故障码：480DB3，右后调节时间升高，频率为18次，当前不存在故障；480D37，调节时间升高，频率为11次，当前存在故障。

F02空气悬架由图6-1所示部件组成。

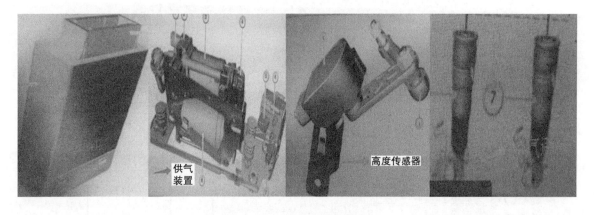

图6-1 空气悬架组成部件

（1）根据图6-1可以得出电子高度控制模块（EHC）通过接收左右高度传感器的信号，从而控制供气装置，使左右空气减振器达到相应的高度。

（2）供气装置的功能通过控制压缩机和电磁阀实现，EHC控制这些功能。

（3）此供气装置一共有3个插头（图6-2、图6-3）。

① 电动机的两线插头通过一个继电器为电动机供电，EHC控制继电器，直至达到规定的标准高度为止。通过一个事件模型监控压缩机温度（保存在EHC中）。

② 带两个电磁阀的两位两通阀为3线插头，由EHC控制，这两个电磁阀共用一根搭铁线。

③ 放气阀也为两线插头，由EHC控制。

④ 另外，在供气装置中还有一个机械安全阀，它的作用是当3线的进气阀与2线的排气阀全部位于打开位置时，能使系统中保留一定的压力。

图 6-2 打气泵

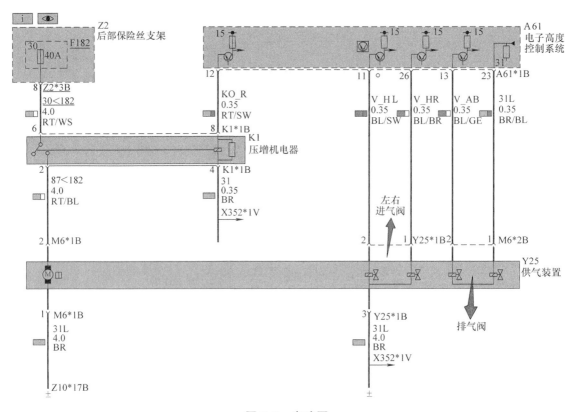

图 6-3 电路图

由于存在右后调节时间升高的故障码，但是当前不存在故障，且车身高度正常，于是怀疑车辆是否存在慢漏气。将车辆放置一夜后发现右后车身下陷。拆下右后空气减振器放入水中加压发现其在慢漏气，因此判断为右后空气减振器损坏。更换空气减振器，对其进行高度匹配，放置一夜后车身高度正常，于是交车。

3 天后车辆再次来店，客户还是反映 CID 报警底盘故障，当前故障现象不存在。连接诊断仪诊断存有故障码 480D37，调节时间升高，频率为 2 次，当前不存在故障。因为这次车辆来店只报警调节时间升高，没有区分左边或右边，且车身高度正常。于是暂时不怀疑车辆存在漏气现象。

咨询客户该车是在停车一段时间后报警还是在行驶中报警，客户告之以前在行驶中和停车后均报警。换完空气减振器后两次都在行驶中报警，客户还告之在换空气减振器前车辆曾同时坐进 10 人。于是怀疑是否由于车辆在坐进 10 人后，严重超载从而使压缩机性能不正常。

怀疑供气装置的供气能力不足，从而使车辆报警。于是对车辆进行加载，在车辆后座与行李舱坐上 5 人，多次试车，车辆均可以达到正常的高度。判断供气装置正常。

检查发现供气装置上的插头无松动，线路无破损。本着从易到难的原则，拔下压缩机继电器，发现继电器外观有部分发黑，撬开继电器的外壳发现触点烧蚀。更换烧蚀的继电器后，多次试车故障排除（图 6-4）。

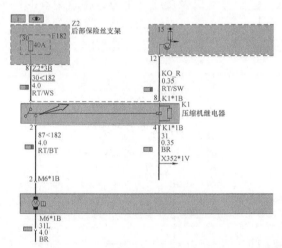

图 6-4 继电器及电路图

原来车辆报警调节时间是根据继电器的闭合时间来计算的，因为继电器的触点烧蚀，使压缩机的工作电流不够，这样需要长时间接通继电器使压缩机的工作时间延长，从而使车辆报警。

总结：更换继电器后试车正常，交于客户后回访，故障没有再次出现。对于行驶里程数高的车辆，在查修更换空气减振器时，建议一起更换继电器，不要导致不必要的重复维修。

2. 2012 年 F18 525Li 间歇性转向系统报警

故障现象：客户反映车辆行驶时，或自动起停（MSA）起动时转向系统报警，一个月出现两三次。

故障分析及排除方法： 车辆故障属于偶发性故障，车辆进厂总共有 5 次。

第一次进厂是 2014 年 1 月 14 日。使用 ISID 读取故障码"4823FC 低电压"。根据 PUMA 编号 53491241，对车辆进行编程设码，试车未现异常，交车。

第二次进厂是 2014 年 3 月 27 日。客户反映相同问题，使用 ISID 读取故障码与上次相同。我们根据 53491241-01，发送 PUMAcase，技术部要求更换转向机，更换转向机后，试车未现异常，交车。

第三次进厂是 2014 年 10 月 16 日。客户反映相同问题，读取故障码和开始一样。本车从 PDI 开始就有"DME 起动变压器控制断路"故障码，故怀疑车辆是 DC/DC 变换器故障导致，于是更换 DC/DC 变换器，试车未现异常，交车。

第四次进厂是 2014 年 12 月 4 日。客户在维修其他问题时同样反映了此问题。同样对车辆 EPS 进行编程，试车未见异常，于是交车。

第五次进厂是 2015 年 1 月 13 日。客户反映相同问题进厂，读取故障码同前几次一样为"4823FC 低电压"。对于此车的故障，在回厂时，已经测试多次，从未试出此车的故障现象，故需要我们经过目检、分析、模拟、测试来解决此问题。下面是详细的解决步骤：

此车连续进厂 5 次，已更换转向机、DC/DC 变换器，且已对车辆进行编程多次，故障依旧。

检查车辆的供电熔丝。熔丝 F400（125A）位于发动机舱接线柱下方，检查熔丝的供电，及两端的螺栓连接处（图 6-5）。

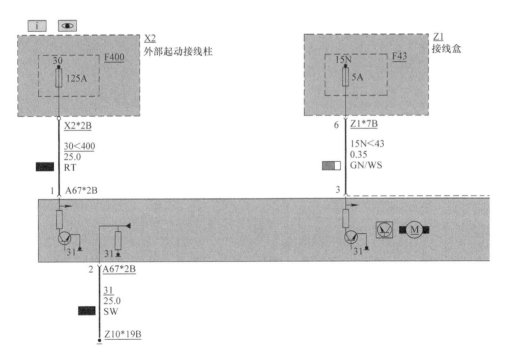

图 6-5 电路图

如图 6-6 所示，熔丝 F400（125A）工作时电压为 B+，正常。

使用示波器测量。当起动发动机后，快速转向，测量熔丝处和 EPS 插头处的电压变化。

如图 6-7 所示,电压的变化趋势一样,且不存在电压降。由于是偶发性故障,现在故障现象不存在,不能精确判断此故障点。

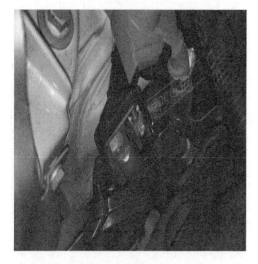

图 6-6　熔丝 F400

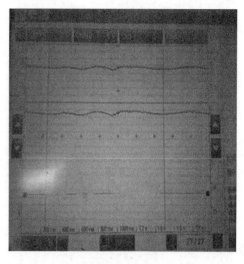

图 6-7　波形

检查熔丝的固定螺栓。螺栓上有一层深色的氧化物,怀疑为氧化物导致接触电阻,从而造成电压降,使用锉刀处理。检查 EPS 的搭铁点,未见异常(图 6-8)。

车辆起动时测量 F43 熔丝。熔丝由 15N 供电。当起动时,对比蓄电池电压和位于 EPS 插头处的 15N 供电电压的波形。经过测量发现波形变化趋势一样,变化的电压值也基本一样,无大差异(图 6-9)。

图 6-8　螺栓

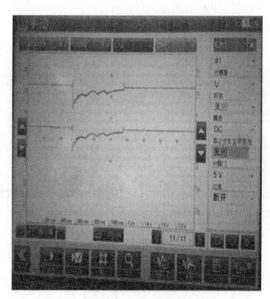

图 6-9　波形

检查车辆 F400 熔丝的 EPS 供电线。供电线由车辆的起动接线柱供电,通过 150A 熔丝,然后经过车辆的防火墙,至 EPS 插头。检查发现此线束被空调管路挤压变形,怀疑由此导致车辆线束的电压降，造成车辆报警（图 6-10）。

经过检查发现车辆 EPS 供电线路其他位置及搭铁线均正常，仔细检查被空调管挤压处，发现线束内部已有铜锈露出，故判断为此 EPS 供电线损坏。更换车辆的 EPS 供电线束后，试车未现异常。将车辆交于客户，客户至今未回厂检查，故障被彻底解决（图 6-11）。

图 6-10　EPS 供电线

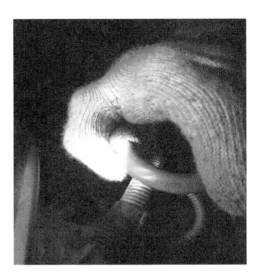

图 6-11　EPS 供电线

总结：通过此车故障的查找与排除，我们联想到，其实很多的偶发性故障都是一些故障点很简单的故障。我们不能将一个重复进厂车辆的故障点想得很复杂，以后对于排除此种故障，可以仔细观察，不放过任何一个可能引发故障的位置，这样就能高效地解决问题，减少重复入厂次数，以提高一次修复率与客户满意度。

3. 2013 年 F02 740Li 车辆转向报警

故障现象：客户反映车辆转向系统报警。

车间试车多次在车辆着车时出现仪表、CID 转向系统报警。厂区试车未见有转向沉及驾驶异常现象。

故障分析：由于在 7 系 F02 车辆上出现转向报警多为后轮转向及 24V 转向系统出现故障，开始以为是这两个系统故障导致，但查询配置很快排除了这个判断。此车为单独前轮转向且不带 24V 转向系统。进行 ISID 测试发现存在故障码 "482D09 SVTECO 伺服阀门：正极／负极导线和总线端 30 之间短路"，且故障为当前持续存在。这个故障码很明显为线路之间有短路或是互短现象，或是对正极短路，也有可能是模块内部有问题。

进行隔离排查故障，依据思路进行问题点的排查。

12—1 端子、13—2 端子通路测量及短路测量正常（图 6-12），检测插头 Y15*1B 及 X219*1B，正常，检测 SVT 模块插头及壳体，均未见有腐蚀、进水及外观损坏现象。

进行电磁阀的电阻测量，为 8Ω（正常为 5~12Ω）。

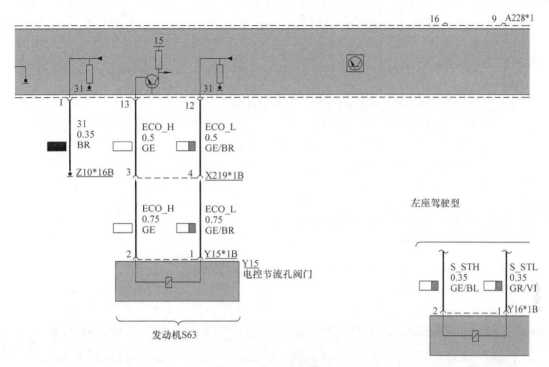

图 6-12　电路图

排除故障：线路上没有短路、断路现象。难道是模块内部短路吗？于是为了验证是不是模块内部问题，我们脱开了原车的电磁阀控制线束，找了两根线束跨接在模块与 ECO 阀门之间，试车发现，当着车时车辆依旧转向系统报警。

最终验证为转向助力系统（SVT）模块内部故障，依据检测计划提示进行更换。

更换编程后试车多次，故障不再出现，然后交车，3 日后通过回访告知故障现象没有再出现。

总结：往往我们看到故障短路、断路多为线束故障，此故障告诉我们模块内部也有可能出现此类故障而迷惑大家。

4. 2013 年 F02 740Li 转向时异响

故障现象：车辆在行驶中转向有"咯噔、咯噔"异响。

故障分析及排除方法：路试车辆，在行驶中车速为 15km/h 时转向（左右）可听见右前"咯噔、咯噔"异响，客户反映的故障存在。

在平路行驶中转向异响来自底盘旋转部件，举升车辆检查底盘部件没有发现摩擦、松动等异常。找一个安静的地方路试，踩加速踏板匀速行驶，向左向右转向均有异响。在松开加速踏板后异响消失，再踩加速踏板异响再现。根据此情况分析异响来自传动部件，在转矩输出时异响出现，且异响部位来自右前。此车辆是 4 驱，分析异响可能来自右前半轴。

怎么才能验证故障部位？安装新的半轴验证？可是半轴不是易损件，库房不备货。换别的车辆的？在厂车辆没有这款车辆。仔细分析传动系统，前轮驱动力是分动器传输的，可以断开来确认，拔掉分动器供电熔丝后试车异响消失。依据异响部位在右前、是传动部件且在转向时出现可以确定右前半轴外侧球笼在动力输出转向时发出"咯噔、咯噔"异响。订货更换后路试异响排除。

总结：

（1）在维修车辆异响时要仔细路试，并确定异响部位。
（2）异响出现时记录下当时的车辆工况，比如车速、发动机转速、路况等。
（3）确定异响在什么情况下可以消失，来判断可能异响的部件。
（4）确定异响部件时，不要随意互换配件，要多分析部件工作原理。

5. 2013 年 F18 525Li 空调不制冷

故障现象： 客户反映空调不制冷，燃油表偶尔不准确。

故障分析及排除方法： 经试车检查，确认客户反映的故障现象当前存在。起动发动机并打开空调系统 AC 按钮，电子风扇不运转，同时空调压缩机电磁离合器不吸合。说明空调压缩机不工作，空调系统因此没有任何制冷效果。进行快速测试，读取相关故障码（图 6-13）。

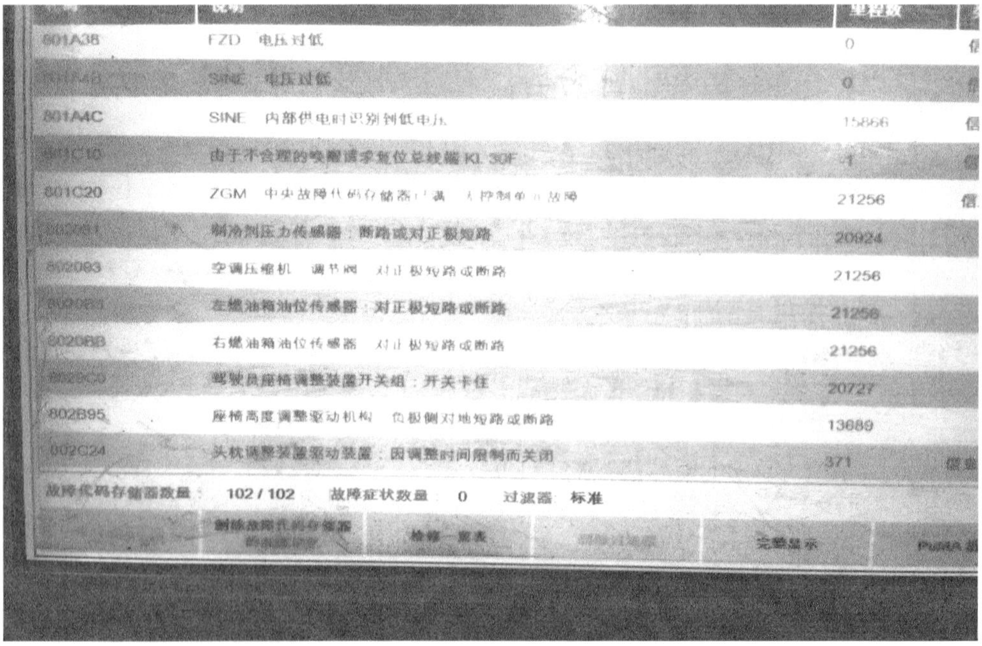

图 6-13　故障码

从车辆存储的 102 个故障码中，我们可以看到关于空调系统的故障码有 802093（空调压缩机调节阀，对正极短路或断路）和 802081（制冷剂压力传感器，断路或对正极短路）。

空调压缩机不工作，最常见有下列几种原因：

- 空调压缩机本身有机械和电气故障。

- 控制单元 JBE 和 IHKA 有故障。
- JBE 与空调压缩机之间导线线路有故障。
- 室外温度传感器、蒸发器温度传感器和制冷剂压力传感器等关键性传感器有故障，或者是这些传感器给控制单元输入了一个不可信的错误信号。
- 空调管道系统里面完全没有制冷剂和冷冻油。

（1）连接适配器 612390，用 IMIB 在压缩机 Y1*1B 插头处测量电磁离合器 pin3 与其壳体之间的电阻，约为 4.4Ω，在标准值 2.5~15Ω 之间；同时，测量调节阀 pin1 与 pin2 之间的电阻值，为 11Ω 左右，调节阀电阻值也正常。

（2）测量压缩机 pin3 和 pin1 的电压，约为 0.1V，而标准电压值为车载网络电压 14V 左右（图 6-14）。

（3）综上所述，说明压缩机本身应该没有电气故障，很有可能是压缩机供电有故障。

（4）由于前面已经分析过制冷剂压力传感器有故障也会造成压缩机不工作，且该车辆存在相关故障码，于是测量该传感器。

（5）连接适配器 616044，在传感器插头 B7*1B 处测量到传感器 pin3 的参考电压，约为 4.9V；pin1 对地电压约为 0.02V；pin2 信号电压约为 10.5V，而标准信号电压为 0.4~4.5V。

（6）测量 B7*1B 处三个端子之间相互电阻，电阻均为无穷大，没有发现相互短路的情况。

（7）综上所述，我们不难得出，该传感器信号电压超出工作范围，信号线 pin2 有对正极短路的故障（图 6-15）。

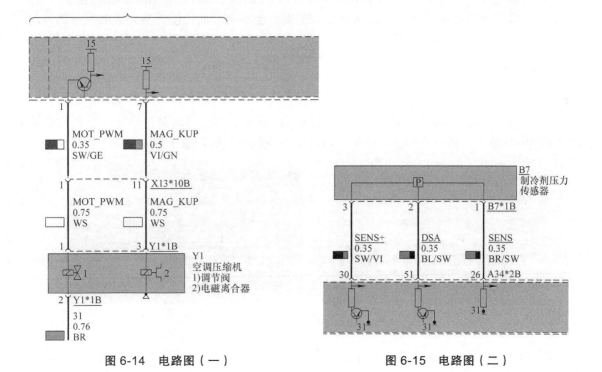

图 6-14　电路图（一）　　　　　　　　图 6-15　电路图（二）

（8）拆卸前排乘客侧脚部空间饰板和杂物箱。发现 Z1 接线盒上加装有非原装倒车摄像机的供电线路，将其线路拆除（图 6-16）。

（9）检查 JBE 与空调压缩机和制冷剂压力传感器之间的线路，正常。

（10）连接适配器 630410，在 JBE 处测得 A34*2B 插头上 pin51 传感器输出信号电压也为 10.4V 左右。这说明 JBE 内部短路。

（11）打开 JBE 外壳，发现该处有严重烧蚀现象（图 6-17）。那么是什么地方短路，导致 JBE 损坏呢？

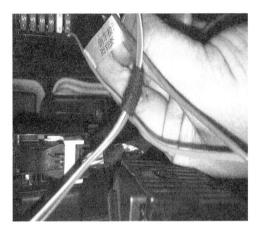

图 6-16　加装线路

图 6-17　JBE 烧蚀部分

（12）前面我们已经排除了空调压缩机和制冷剂压力传感器所有线路短路的可能。

（13）难道我们忽略了什么？该从何处入手呢？会不会和油位传感器有关联呢？而且故障码里面也有关于油位传感器的。

（14）客户不仅反映了空调不制冷的故障现象，还反映了一个燃油油位不准的故障现象。

（15）于是，我们打开燃油箱维修盖板，准备检查和测量燃油箱油位传感器电阻。拆卸燃油泵和油位传感器，果然有收获，发现燃油箱维修盖板内部燃油泵正极导线金属接头处有严重烧蚀现象，右侧油位传感器其中一根线束有绝缘破损的现象（图 6-18）。

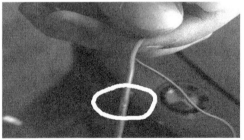

图 6-18　线束破裂

燃油箱维修盖板内部裸露的金属正极（燃油泵供电）导线，将右侧燃油箱油位传感器线束绝缘层磨破，两条线路互短，约 12V 的燃油泵供电电压直接烧坏 JBE 内部电路板，从而导致 A34*2B 插头部分功能失效，JBE 接收到了制冷剂压力传感器发出错误的 10.5V 信号电压。为了保护空调系统，不让空调压缩机工作，空调系统不制冷。更换损坏的 JBE 和右侧燃油箱油位传感器，并对燃油箱维修盖板内侧裸露的金属接头进行包扎处理。试车，故障排除，空调制冷功能恢复正常，燃油箱油位功能恢复正常。

总结：
- 确认故障现象：客户反映了几个故障现象，它们之间有没有联系，会不会是同一个故障点引起的？我们是否能够重现故障现象？这是我们检修工作的第一步，也是最重要的前提。
- 快速测试，分析故障码：分清哪些是主要的，哪些是次要的，要能够对故障码进行分类和总结。这一步也很重要，要找到突破口。
- 测量：测量是最基础的，也是最可信的，必须要有相关数据做支撑。一定要注意细节，反复测量，把自己的测量值和标准值进行对比，找到故障点。
- 排除干扰：当我们遇到改装与加装时，不要怕麻烦，不要轻易把责任推到改装者的头上。
- 分享：及时总结并及时分享，做一名快乐的修理工。

6. 2013 年 F18 530Li 蓄电池亏电故障

故障现象： 此车救援进厂，CID 显示蓄电池过度放电，车辆无法起动，蓄电池严重亏电。

故障分析及排除方法：

（1）进行 ISTA 快速测试，存储有"蓄电池过度放电""休眠电流过高"等故障码，无其他当前存在的故障码。

（2）使用 IMIB 与 100A 的电流钳测量车辆休眠电流，30min 后休眠电流为 0.79A，休眠电流过高（图 6-19）。

（3）车辆休眠后，单独测量后部主电源线（后部 Z3 配电盒输出），一条为 JBE 供电的电源线休眠电流为 0.23A，一条为起动机供电的电源线休眠电流为 0.53A，其他供电线正常。

（4）考虑到起动机主电源线上的负载电器比较少且放电过大，因此先对起动机供电线路进行检查，此电源线分别为起动机、发电机和转向机供电。

图 6-19 用电流钳测量车辆休眠电流

① 车辆休眠时，再次使用电流钳和 IMIB 分别对发电机、起动机、转向机的电源输入端进行测量。当测量到转向机时，休眠电流为 0.53A。靠近转向机时，能够听到内部工作的声音，此时放电的用电器已找到。

② 转向机共五条线：电动机供电线与搭铁线，两条 FLARY 总线，一条 15N 供电线。当车辆休眠后测量转向机上的 15N 仍然有电，此线由 JBE 供电。检查 JBE 上熔丝时，发现 JBE 内所有由 15N 供电的熔丝，此时都存在电源电压（图 6-20）。

③ 查看电路图，15N 总线端的继电器由 CAS 控制。

隔离故障：
- 休眠时，拔下转向机 15N 供电熔丝 F43（5A），这时其他 15N 上的熔丝仍然有电，此时可以排除转向机损坏。

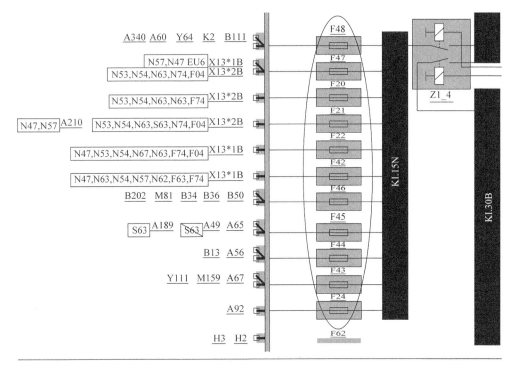

图 6-20　休眠时 JBE 内所有由 15N 供电的熔丝都存在电源电压

- 休眠时，测量 CAS 控制前部配电器 15N 继电器的控制线，测量结果 CAS 未控制继电器，正常。
- 休眠时，分别拔下所有 15N 上的熔丝，当拔到 F48（5A）熔丝时，故障消失。其他 15N 上的熔丝也正常了，不再有电源电压，此时可以排除内部继电器粘连（如内部继电器粘连，就算拔掉所有熔丝，插接 15N 熔丝的端子上仍然会有电）。

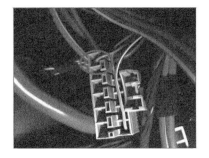

图 6-21　与 F48 熔丝直接相连的插头

重点：断掉与 F48 熔丝直接相连的插头，测量插头上电源线，此时电源线上存在电源电压（图 6-21）。

F48 熔丝下的用电器，根据车辆配置，包括如下用电器（图 6-22）。

A340：车辆声效发生器；
A60：自动防眩目后视镜；
Y64：发动机支座电磁阀；
K2：二次空气喷射泵；

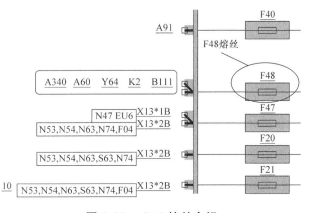

图 6-22　F48 熔丝介绍

B111：发动机排气加热。

F48 熔丝详细电路图和二次空气喷射继电器如图 6-23 和图 6-24 所示。

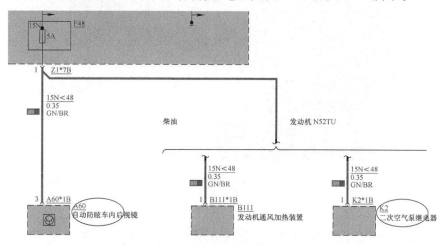

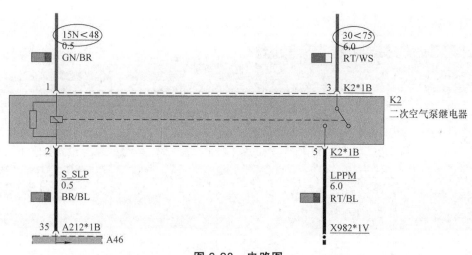

图 6-23　电路图

1—F48 熔丝　2—防眩目后视镜　3—二次空气喷射继电器

查看二次空气喷射继电器的电路图，发现此继电器上同时存在 15N 和 30 总线端。重点放在检查二次空气喷射继电器上。

拆下右前轮罩发现故障位置（图 6-24）。

故障点为二次空气喷射继电器进水腐蚀，导致 KL15N 与 KL30 相连，引起休眠电流故障。

总结：此故障为二次空气喷射继电器进水导致的休眠电流故障，继电器损坏后导致继电器内部的 KL30 与 KL15N 相连。当车辆休眠后，KL30 上电压通过继电器上的 KL15N 供电线返回到 F48 熔丝上，随后导致与 F48 熔丝相连的其他 15N 供电熔丝都存在电压，致使其他用电器工作。休眠电流故障出现，ISTA 无法准确报出用电设备故障时，就需要我们借助相应的测量设备、诊断设备，细心查看电路图。做好每步的分析，有利于我们快速有效地排除故障。

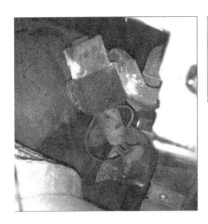

图 6-24　二次空气喷射继电器

7. 2014 年 F45 218i 显示防止车辆滑动变速器异常

故障现象：客户反映车辆不管挂什么档位都提示防止车辆滑动，即使拉上驻车制动也是如此（图 6-25）。

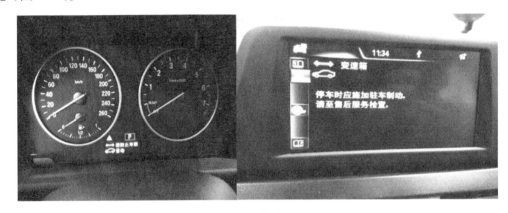

图 6-25　故障提示

验证故障现象：正如客户反映的情况，但是这种现象只是偶尔才能测试出来。

将变速杆挂入 P 位，熄火之后仪表和显示屏会显示故障现象，但无法推动车辆。此种现象偶尔出现，且无规律。

分析故障：
- 变速杆故障。
- 换档拉索故障。
- 电子变速器控制模块故障。
- 软件故障。

由故障码可知先从变速杆入手（图 6-26）。

带着疑问，为何实际在 P 位而且变速杆也显示 P 位还会提示防止车辆滑动？

根据故障码生成检测计划，读取档位位置在 P 位，根据检测计划提示踩下制动踏板切换档位，变速杆无故障，此时故障现象是不存在的。当故障现象出现时，读取档位位置则不在 P 位（图 6-27）。

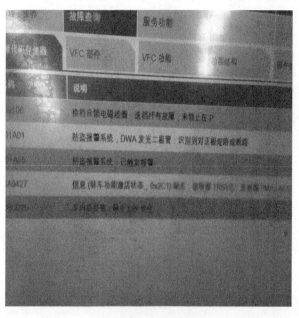

图 6-26　故障码

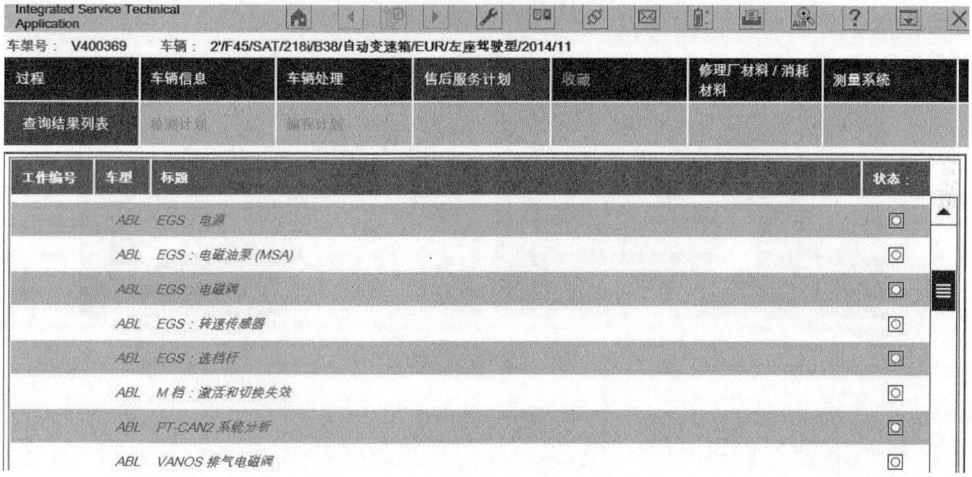

图 6-27　检测计划

由图 6-28 可知，档位传感器在变速器模块里，变速杆通过一根拉索来改变档位。档位显示灯通过变速杆控制，而实际档位输入是变速器模块里的变速杆位置传感器。是什么影响输入信号偶尔有故障呢？传感器本身？变速杆？还是拉索？

此时一个不起眼的东西映入眼帘，就是图 6-29 所示的佛珠。带着上面的疑问，首先对简单的拉索进行检查，在故障现象出现和不出现时分别观察变速器模块的拉索。当挂入 P 位也就是变速杆推到最前端时，佛珠阻止拉索移动，从而改变拉索长度。故障出现时，将佛珠取出则故障消失，佛珠装上则故障再现。

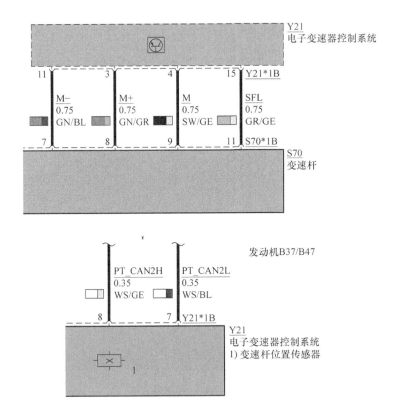

图 6-28 电路图

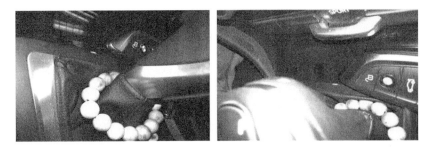

图 6-29 佛珠引起的故障

总结：

（1）遇到故障现象偶尔出现，一定要将故障现象验证出。

（2）结合故障现象反复验证自己的怀疑。

（3）排故时一定要按照 5 步诊断法执行，方可快速有效地解决问题。

（4）诊断技师不但要具备较强的诊断技能，还需要具备一双寻找"蛛丝马迹"的慧眼。

8. 2016 年 F25 X3 仪表无通信

故障现象：客户反映新车 PDI 检查仪表无通信，且组合仪表时间不显示，CID 中无法设置时间，已核实客户抱怨。

功能检查	车间 PDI 检查仪表无通信，且 CID 中无法设置时间
故障灯、故障码、检查控制信息	S0386 仪表无通信故障码及相对时间故障码等
维修历史	无

分析问题：

序号	可能原因	理由
1	仪表故障	内部故障导致
2	供电、接地故障	会导致无通信
3	网络 PTCAN 故障	会导致无通信
4	Most 通信故障	会导致无通信
5	软件故障等	仪表死机、软件漏洞

隔离问题：

序号	项目	检测排除
1	供电、接地故障	基于现象观察，基本可判定供电及搭铁线路应为正常，仪表只是时间不可设置，其他正作正常
2	网络 PTCAN 故障	同上。如为网络故障，尤其是 PTCAN 故障，依据理论及以往经验会出现大量报警信息，暂且排除
3	仪表故障	通过与技术部联系更换仪表，更换后故障依然存在（在此注意一定要拆下配件查看零件号，此车存在年款差异）。更换仪表后，仪表显示变成 200km 左右的里程，在每次开关点火开关后里程加 5km
4	软件故障等	更换仪表后编程。由于仪表无通信无法进行编程
5	Most 通信故障	检查仪表测 Most 通信，发现 Most 插头侧有光输出，但感觉光强不高，故检查 Most 光的发出端，检查 HUH 主机侧

维修方法：图 6-30 为故障原因。其维修方法如下：

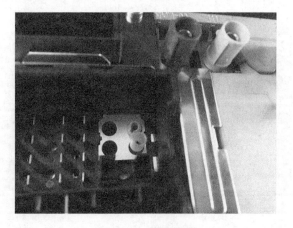

图 6-30　故障原因

根本原因	由于主机侧的 Most 发出端口变形损坏，造成光强不够，从而导致主机没有通信，时间无法设置
维修方案	维修主机 Most 接口侧，更换组合仪表后时间设置成功，功能正常（但组合仪表中里程数变化较大，为 314km）
总结	对此故障进行维修还是存在瑕疵。在检查 Most 时只注重检查有没有光，而忽略了光强，造成检查走了弯路

第七章 网络总线故障

一、PT-CAN 故障

1. F15 正常行驶中无法加速,仪表没有任何显示,熄火后车辆无法着车

故障诊断:通过 ISTA 诊断发现除了 DME,其他 PT-CAN 控制单元没有任何通信。

故障位置:通往 ETKP 的线束在座椅下方受到挤压,PT-CAN Low 对地短路(图 7-1、图 7-2)。

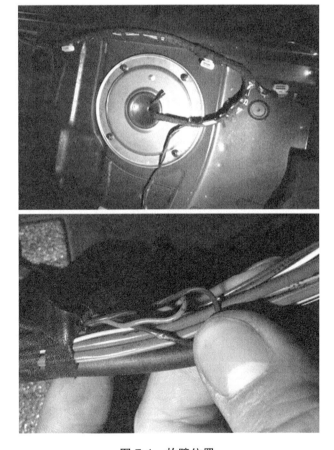

图 7-1 故障位置

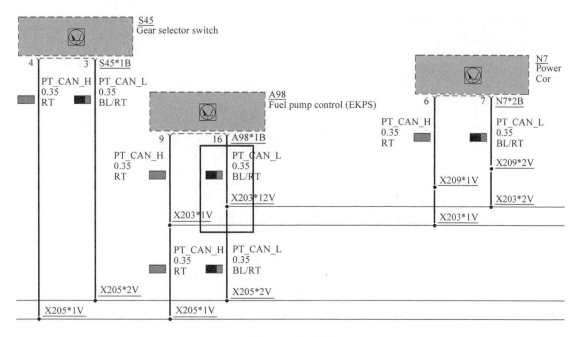

图 7-2 电路图

2. F15 行驶中 CID 显示传动系统及动态稳定系统故障

故障诊断：通过 ISTA/D 诊断发现很多 PT-CAN 通信的故障码。

故障位置：驾驶人座椅下部 PT-CAN 节点上有金属丝搓破节点胶套，导致行驶中间隙性搭铁（图 7-3）。

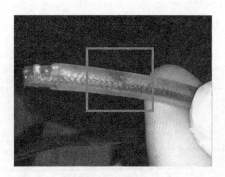

图 7-3 故障原因

3. F30 行驶中组合仪表多个故障灯亮起，转速表指示为零，但是发动机运转正常

故障诊断：通过 ISTA/D 诊断发现存储多个 PT-CAN 通信的故障码。

故障位置：通过 DME 的线束没有正确固定在线束夹上，导致 PT-CAN Low 线束与车身磨损搭铁引起故障（图 7-4）。

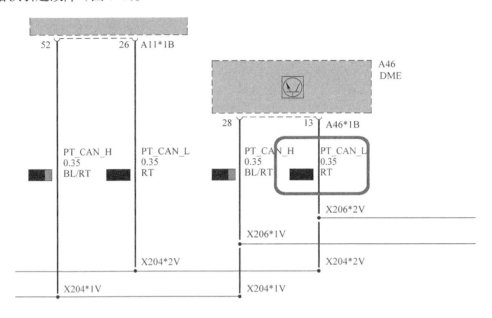

图 7-4　电路图

4. F18 车辆行驶中仪表显示变速器故障，小心驾驶，熄火后车辆不能起动，电动机无反应

故障诊断：通过 ISTA/D 诊断发现有些 PT-CAN 控制单元可识别到。
故障位置：通过行李控制单元的 PT-CAN 线束在行李舱右侧被毛刺损坏，导致 PT-CAN Low 对地短路引发故障（图 7-5）。

图 7-5　故障位置

5. F18 发动机起动困难，起动后变速器灯亮，有时候仪表指针不工作

故障诊断： 通过 ISTA/D 诊断发现有些 PT-CAN 控制单元可识别到。
故障位置： 组合仪表后部的 PT-CAN 线束被仪表台骨架损坏（图 7-6）。

图 7-6　故障位置

6. F02 行驶中 DSC、EMF 以及变速器报警

故障诊断： 通过 ISTA/D 诊断发现许多 PT-CAN 通信的故障码。
故障位置： 总线节点 X8570 以及 X8571 的线束之间有虚接，导致 PT-CAN 报警（图 7-7）。

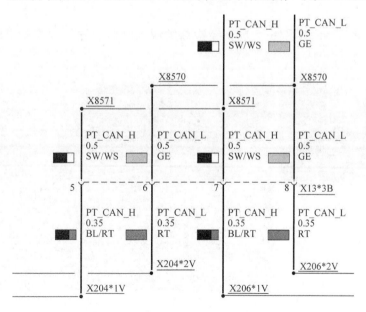

图 7-7　电路图

7. F30 仪表显示发动机舱盖未关闭的同时，还显示其他指针全部回到点火开关关闭的状态，持续 20s 左右后，仪表又像刚着车一样将所有故障灯自检一遍后熄灭

故障诊断： 通过 ISTA/D 诊断发现存储多个 PT-CAN 通信的故障码。

故障位置： 发动机舱的右后部，插头 "X13.2B" 附近，PT-CAN 线束碰到车身上螺栓搭铁（图 7-8）。

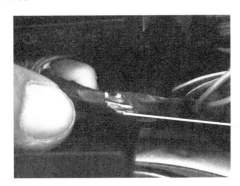

图 7-8 故障位置

8. F30 行驶时偶尔跳出"变速器故障"的警告提示，故障提示闪一下后又恢复正常

故障诊断： 通过 ISTA/D 诊断发现有很多信息缺失的故障，还有一个 EGS PT-CAN 通信故障。

故障位置： PT-CAN H 和 L 互短。经检查发现 X13 到变速器线束处 PT-CAN 线路故障（图 7-9）。

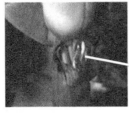
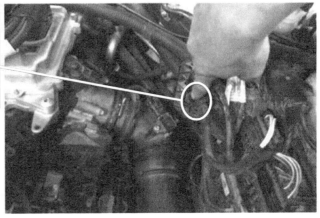

图 7-9 故障位置

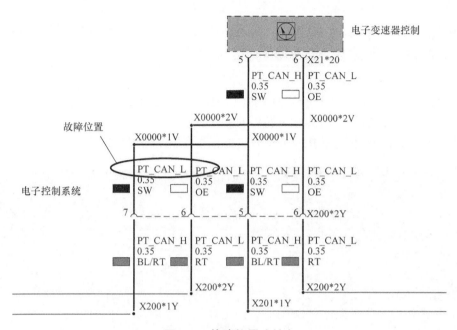

图 7-9 故障位置（续）

9. F25 行驶中熄火，跳空档，多个故障灯同时报警，无法起动

故障诊断：通过 ISTA/D 诊断发现系统中存储了多个总线通信故障（PT-CAN、K-CAN2）。

故障位置：EKPS 模块处，PT-CAN 总线被油箱检查口压住，导致 PT-CAN 总线对车身短路，通过维修 PT-CAN 总线，故障得到排除（图 7-10）。

图 7-10 故障位置

10. E70 正常行车过程中,车辆自己从 D 位跳为 N 位。如果车速低的话,还会自动跳为 P 位

故障诊断:通过 ISTA/D 诊断发现存有 003BD1、006DE6、00CD80、003BE1、00A558 等大量关于 EMF/EGS/DME/DSC 之间通信的故障码。

故障位置:DME 线束里面 PT-CAN 节点处存在断裂的现象(图 7-11)。

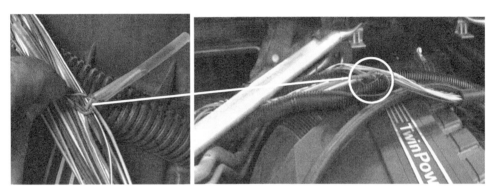

图 7-11 故障位置

11. F07 有时候不能起动,点火开关开 KL15 可以工作。仪表提示变速器、变速杆、安全气囊等故障

故障诊断:存储大量 PT-CAN 与 KOMBI 故障码。

故障位置:在左侧 B 柱检查发现 PT-CAN 线束节点故障(图 7-12)。

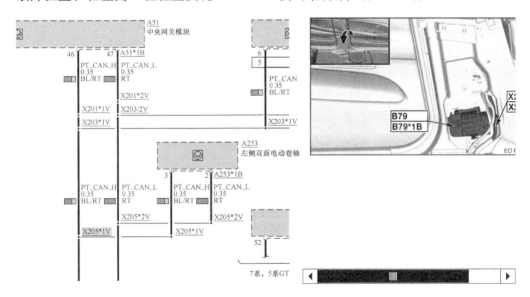

图 7-12 电路图

12. F20 行驶时偶然出现变速器报警

故障诊断：E0840A 选档按钮（GWS）、动力传动系统控制器局域网络（PT CAN）通信故障。

故障位置：DME 的 PT-CAN 线束与塑料保护套相互摩擦，导致 PT-CAN 线束绝缘层破皮（图 7-13）。

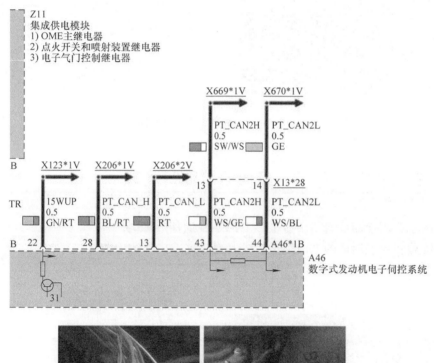

图 7-13　电路图及故障位置

13. F25 起动困难，起动后无法挂档，仪表也不亮

故障诊断：用诊断仪诊断，很多 PT-CAN 上的控制单元无法通信，如 E11465 KOMBI、PT-CAN 通信故障（错误被动）。

故障位置：仪表后面的线束由于布向不正确，造成线束被压住（图 7-14）。

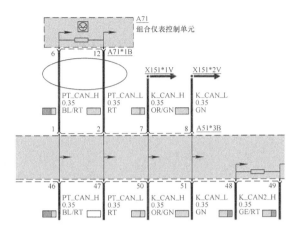

图 7-14 故障位置及电路图

14. F15 行驶中跳 N 位，且大量故障灯亮起

故障诊断：用诊断仪诊断，有很多 PT-CAN 通信故障码。
故障位置：仪表后面的 PT-CAN L 线束绝缘皮破损导致（图 7-15）。

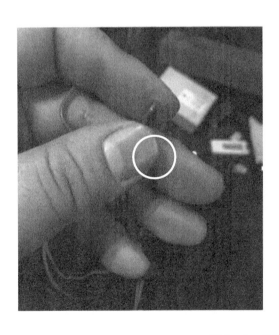
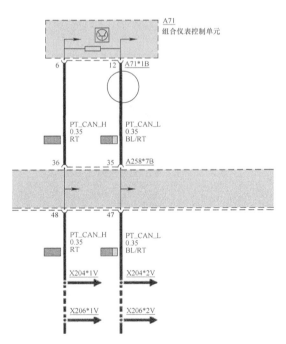

图 7-15 故障位置及电路图

15. F20 KOMBI 警告灯全亮，熄火后故障消失

故障诊断： 用诊断仪诊断，有很多 PT-CAN 通信故障码。

故障位置： DME 处 PT-CAN 线束与 DME 外壳相互摩擦导致 CAN-H 破皮对地短路（图 7-16）。

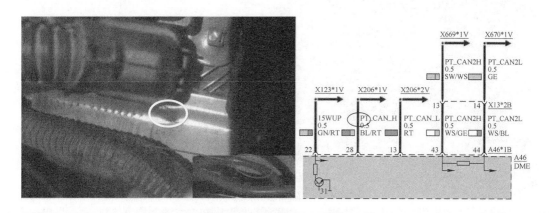

图 7-16　故障位置及电路图

16. F3X、F2X KOMBI 多个警告灯亮起，背景照明灯不能工作

故障诊断： 用诊断仪诊断，存在 PT-CAN 通信的故障码。

故障位置： PT-CAN 线束在仪表后部的铁支架处被锋利的边缘损坏，修复线束后故障排除（图 7-17）。

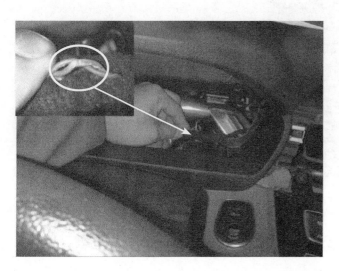 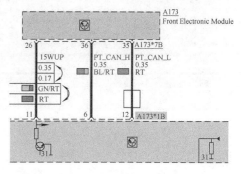

图 7-17　故障位置及电路图

17. F16 发动机及底盘系统报警

故障诊断：用诊断仪诊断，存在很多 PT-CAN 通信的故障码。
故障位置：EMF 处的 PT-CAN 线束磨破导致搭铁（图 7-18）。

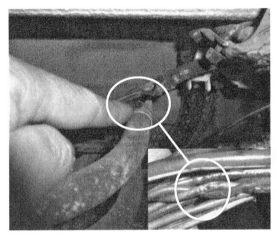
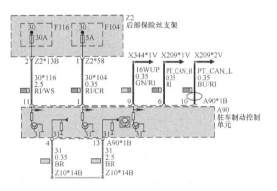

图 7-18　故障位置及电路图

18. F25 行驶中偶尔出现驻车系统等多个故障灯亮起

故障诊断：用诊断仪诊断，存在很多 PT-CAN 通信的故障码。
故障位置：发动机室 DME 线束的外壳接口部位，PT-CAN 总线磨损（图 7-19）。

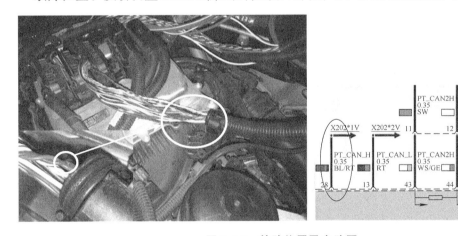

图 7-19　故障位置及电路图

19. F02 无法起动，仪表显示制动系统、驻车、变速器报警

故障诊断：用诊断仪诊断，PT-CAN 通信故障。

故障位置：EMF 附近的 PT-CAN 线束磨损（图 7-20）。

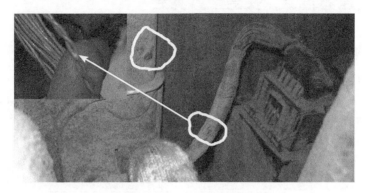

图 7-20　故障位置

20. G12 行驶中熄火且多个故障灯亮起，偶发性仪表黑屏

故障诊断：通过 ISTA 诊断发现多个 PT-CAN 通信故障码。
故障位置：驾驶人座椅下部 BDC A258*8B 48# 端子与 CAN R5*1B 12# 端子间 PT-CAN H 瞬间对地短路导致（图 7-21）。

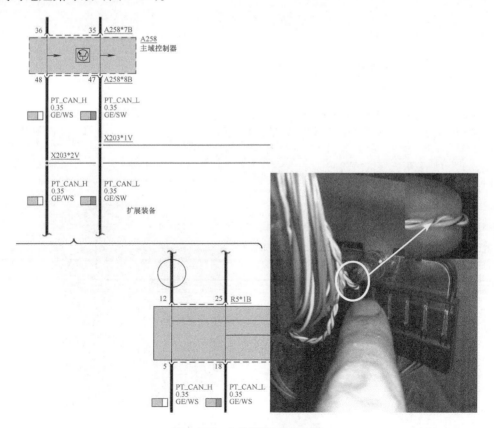

图 7-21　电路图及故障位置

21. F3X 变速器报警，安全带灯亮起

故障诊断：通过 ISTA 诊断发现多个 PT-CAN 控制单元通信故障码。
故障位置：位于变速器插头内的 X8090*2V 节点断路（图 7-22）。

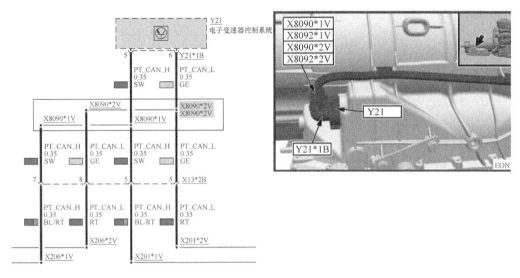

图 7-22 电路图

22. F15 无法起动，仪表黑屏

故障诊断：通过 ISTA 诊断发现多个 PT-CAN 控制单元通信故障码。
故障位置：左侧电动安全带的 PT-CAN H 线路与左 B 柱搭在一起被磨破（图 7-23）。

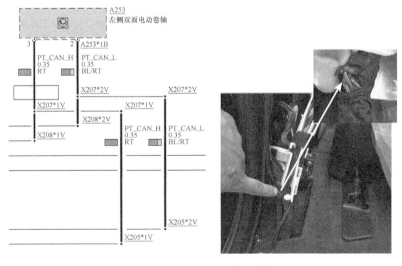

图 7-23 电路图及故障位置

二、PT-CAN2 故障

1. F20 放置一晚上之后，着车传动系统报警，变速器过热报警，DSC 报警，且发动机转速上下波动幅度较大，最高能到 5000r/min，车辆抖动厉害

故障诊断：通过 ISTA/D 诊断发现很多 PT-CAN2 控制单元通信的故障码。

故障位置：PT-CAN2 节点 X182*2V 虚接，导致 PT-CAN2 通信问题（图 7-24）。

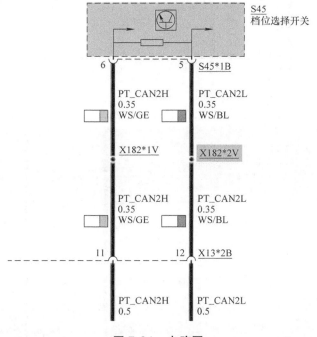

图 7-24　电路图

2. F30 档位自动跳到 P 位，同时变速器和 DSC 报警，车辆无法挂入 D/R 位

故障诊断：通过 ISTA/D 诊断发现很多信息发射和接收错误的故障码。

故障位置：发动机舱内的 PT-CAN2 线束磨损（图 7-25）。

图 7-25　故障位置

3. F18 挂 P 位时跳 N 位，行驶无力，仪表显示很多故障灯亮起

故障诊断：通过 ISTA/D 诊断发现有 PT-CAN2 控制单元通信的故障码。

故障位置：变速杆上 PT-CAN2-H 对地短路，被中央通道压住与底部壳体短路（图 7-26）。

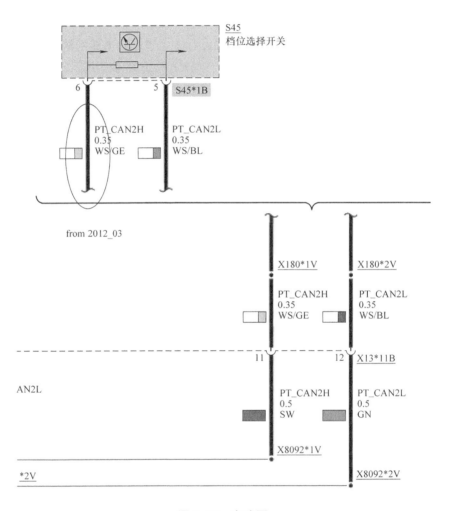

图 7-26　电路图

4. F25 行驶中传动系统报警

故障诊断：通过 ISTA/D 诊断，DME、EGS、GWS 有 PT-CAN2 控制单元通信的故障码。

故障位置：DME 插头中 PT-CAN2 线束端子中的毛刺导致两条总线短路（图 7-27）。

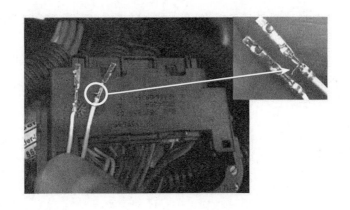

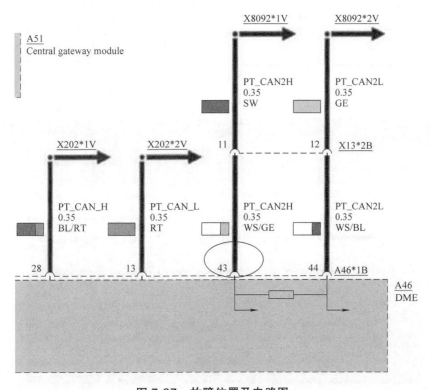

图 7-27　故障位置及电路图

三、FlexRay 故障

1. **F02 行驶中突然亮起多个故障警告灯，转向沉重，但发动机运行正常，不存在抖动或加速不良的现象**

故障诊断：通过 ISTA/D 诊断发现 DME 在故障出现的时候无通信，ICM 和 DSC 控制单元中存储多个关于 DME 信号缺失的故障码。在 ZGM 中存储故障码 CD042F，ZGM 路径 0 上的线路故障。

故障位置：FEM 插头 A173*8B 的 13 号端子与 DME 插头 A46*1B 的 48 号端子之间的 Flexray 线束破皮，导致行驶中间歇性对地短路（图 7-28）。

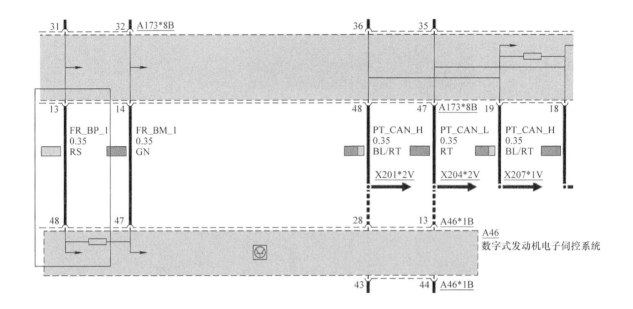

图 7-28　电路图及故障提示

2. F18 行驶中很多故障灯亮起，转向变重

故障诊断：通过 ISTA/D 诊断发现车辆存在多个通信丢失的故障码，特别是所有 KCAN2 控制单元存在总线关闭的故障码。

故障位置：ZGW 至 DSC 控制单元的 Flexray 线束磨损引起 Flexray 通信故障（图 7-29）。

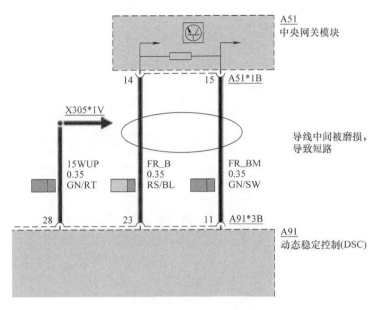

图 7-29　电路图

3. F18 行驶中仪表不停地报警（DSC 失效谨慎驾驶，制动系统，请小心驾驶）

故障诊断：通过 ISTA/D 诊断发现 DME Flexray 通信故障，ZGM，Flexray 线路故障，很多发射器、接收器故障。

故障位置：FR-BM-2（ZGM 33# 端子 >DME 47# 端子）

晃动时，线路时通时不通，电阻在 0.2~1000Ω 变化。

发动机 DME 线束套筒内发现一绿色导线 FR-BM-2 故障，修复后问题解决（图 7-30）。

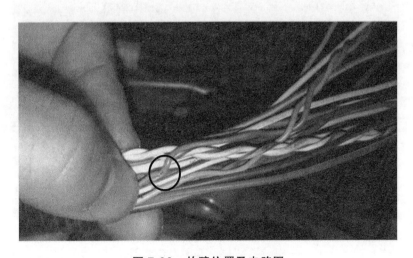

图 7-30　故障位置及电路图

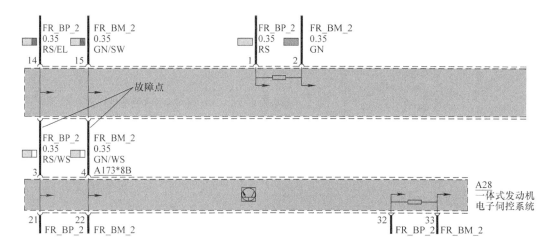

图 7-30 故障位置及电路图（续）

4. F35 DSC 灯报警，防滑控制系统和转向系统故障，发动机故障灯亮

故障诊断： 通过 ISTA/D 诊断发现很多 PT-CAN2 控制单元通信的故障码。

故障位置： FEM 到 DME 的 Flexray 线束离发动机太近，线束外套过热且与 Flexray 线束相互磨损，引起导线间歇性中断（图 7-31）。

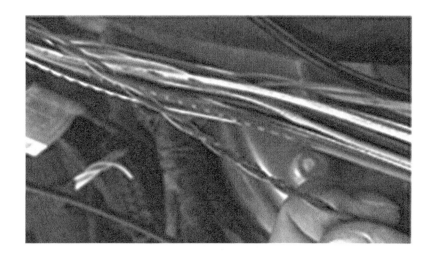

图 7-31 故障位置及电路图

第七章 网络总线故障

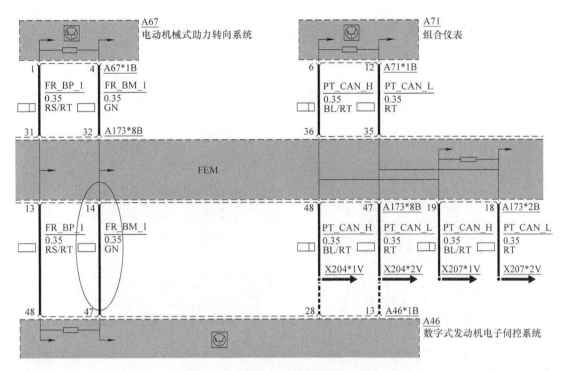

图 7-31 故障位置及电路图（续）

5. F02 无法起动，DSC 报警

故障诊断：通过 ISTA/D 诊断故障为 S0392，无法与下列装置通信：发动机电子系统，及一些未接收到 EDME 信号的故障。

故障位置：BDC 后部线束中的 Flexray 线断路（图 7-32）。

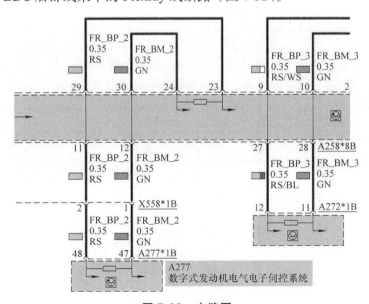

图 7-32 电路图

四、K-CAN 故障

1. E70 4 个车门便捷登车功能失效,行李舱工作正常

故障诊断：通过 ISTA 诊断发现很多控制单元存储 K-CAN 的故障码。
故障位置：K-CAN 总线节点 X15006/X15005 处 K-CAN 线路断开（图 7-33）。

图 7-33　故障位置

2. F18 空调系统不出风,工作异常,IHKA 显示屏黑屏

故障诊断：通过 ISTA/D 诊断发现很多 KCAN 控制单元通信的故障码。
故障位置：KCAN 节点 X154*1V 内部虚接,导致 KCAN 通信故障（图 7-34）。

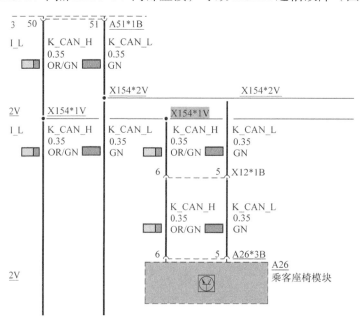

图 7-34　电路图

3. E84出现"电子装置失效"的信息警告

故障诊断： 通过ISTA/D诊断发现很多K-CAN控制单元通信的故障码。

故障位置： 驾驶人侧座椅模块K-CAN导线与座椅金属骨架磨破导致间歇性短路（图7-35）。

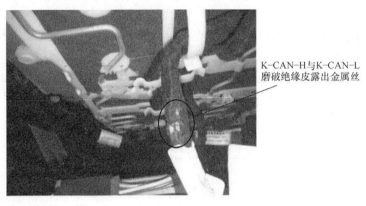

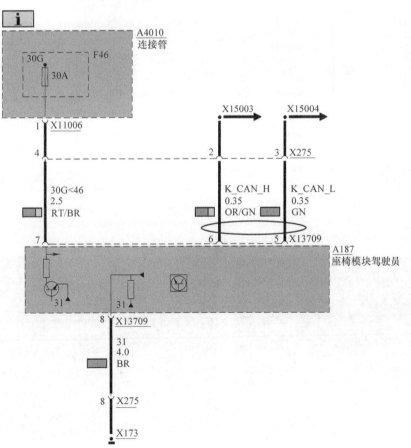

图7-35 故障位置及电路图

五、K-CAN2 故障

1. F3X 仪表中多个警告灯亮起，CID 黑屏，行李舱无法打开，车辆可以正常行驶

故障诊断：通过 ISTA 诊断发现无法读取车辆任务，诊断无法进行。拍打驾驶人座椅后 CID 亮起，车辆可以诊断，发现所有 K-CAN2 控制单元无法通信。

故障位置：去往驾驶人座椅模块的 KCAN2 线束在驾驶人座椅下方磨损接地短路（图 7-36、图 7-37）。

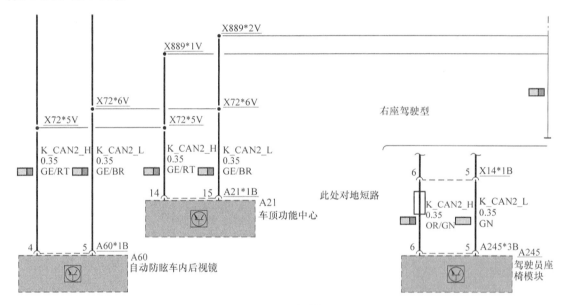

图 7-36 电路图

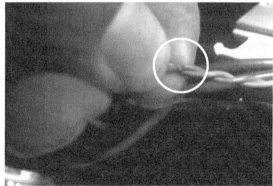

图 7-37 故障位置

2. F02 行驶中刮水器乱刮，同时 CID 黑屏，仪表亮起多个警告灯，重新起动车辆后又正常了

故障诊断：通过 ISTA/D 诊断发现车辆存在多个通信丢失的故障码，特别是所有 KCAN2 控制单元存在总线关闭的故障码。

故障位置：JBE 控制单元后部的 KCAN2 总线被挤压导致损坏（图 7-38）。

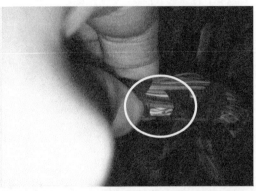

图 7-38　故障位置

3. F25 行驶中仪表亮 SOS 警告灯

故障诊断：通过 ISTA/D 诊断发现 TCB 控制单元无通信。检查 TCB 控制单元供电发现熔丝已烧掉。安装新的熔丝后也烧掉，推断线路有短路现象。

故障位置：按照电路图排查 TCB 供电线束，发现在马鞍下方线束被挤压导致短路。此位置也容易出现 KCAN2 线束被挤压损坏的可能性（图 7-39）。

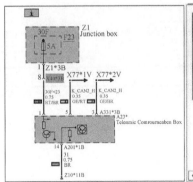
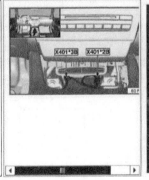
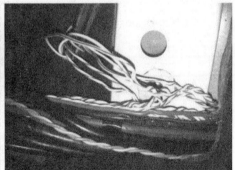

图 7-39　电路图及故障位置

4. F25 有时出现仪表和显示屏黑屏，并且发动机无法起动

故障诊断：通过 ISTA/D 诊断发现车辆存在多个通信丢失的故障码，特别是所有 KCAN2 控制单元存在总线关闭的故障码。

故障位置：TCB 控制单元插头 A231*1B 至 KCAN2 总线节点 X77*1V 和 2V 之间的线束被金属支架磨损导致对地短路（图 7-40）。

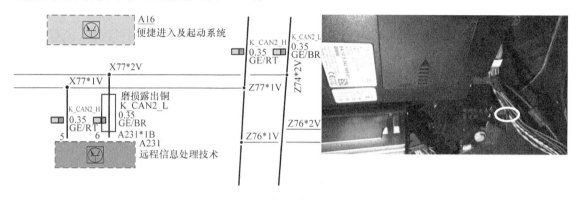

图 7-40 电路图及故障位置

5. F18 发动机高速熄火，刮水器乱刮，同时 CID 黑屏，仪表亮起多个故障灯

故障诊断：通过 ISTA/D 诊断发现很多 K-CAN2 的故障码。

故障位置：KCAN2 线束摩擦到 JBE 配电盒支架，导致车辆报警（从线束插头 X188*1B Pin 22 至 JBE 插头 A34*2B Pin1）（图 7-41）。

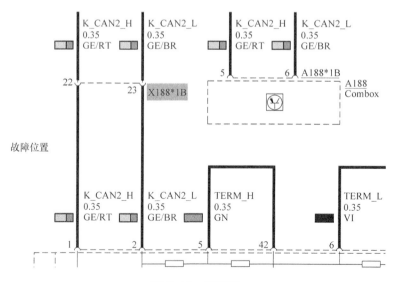

图 7-41 电路图

6. F33 主机无声音，CID 黑屏，座椅无法调节，行李舱无法打开，敞篷无法打开，空调面板无法使用

故障诊断：K-CAN2 通信故障，控制单元中 K-CAN2 FEM 通信正常，其他均无通信。

故障位置：驾驶人座椅下面的铁锤造成 K-CAN2 线路断掉，很多模块无法通信（图 7-42）。

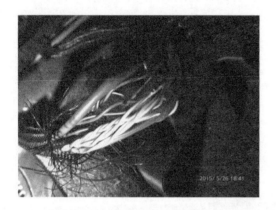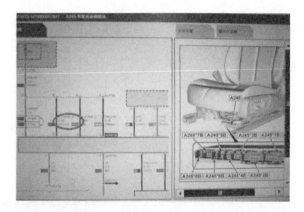

图 7-42　故障位置及电路图

7. F26 DSC 报警，车载显示器黑屏，行驶过程中转速表指示为 0，但是车速表读数正常

故障诊断：通过 ISTA/D 诊断发现很多 K-CAN2 通信故障，以及 Flexray 信息缺失等。

故障位置：后排中央马鞍处经过的一条 K-CAN2 线束受到挤压破损（图 7-43）。

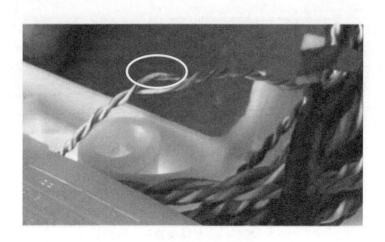

图 7-43　故障位置及电路图

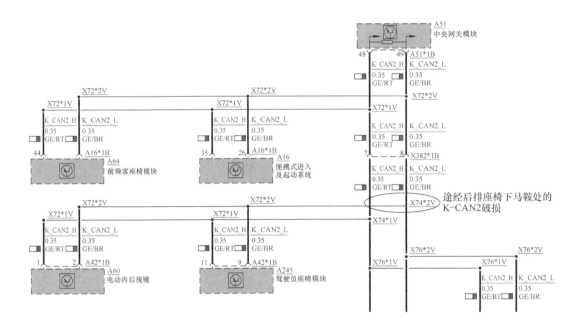

图 7-43 故障位置及电路图（续）

8. F25 遥控失灵，仪表、CID 黑屏，主机也无法使用，多次起动发动机后可以起动，但是仪表仍黑屏

故障诊断：通过 ISTA/D 诊断发现很多 K-CAN2 的故障码。

故障位置：拆下车内前部地毯检查 K-CAN2 节点，发现主机的节点 CAN L 绝缘套被铜丝刺穿，铜丝搭铁造成 K-CAN2 短路出现以上故障。

对 K-CAN2 节点绝缘套重新维修后多次试车，未出现故障报警（图 7-44）。

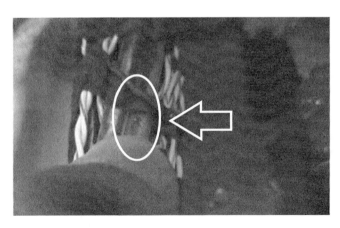

图 7-44 故障位置及电路图

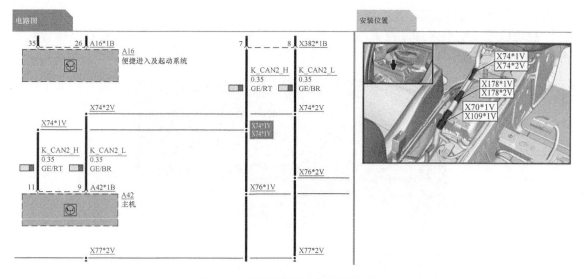

图 7-44 故障位置及电路图（续）

9. F35 显示器黑屏，行李舱打不开，所有后尾灯失效

故障诊断：通过 ISTA/D 诊断发现 ZGM K-CAN2 通信故障以及 K-CAN2 上的所有模块无通信。

故障位置：K-CAN2 在 FZD 处与电动机外部接触，导致破损（图 7-45）。

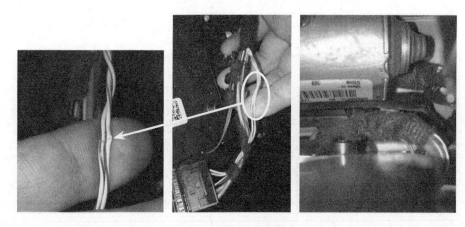

图 7-45 故障位置

10. F35 灯光报警，转向灯闪烁很快，主机黑屏且无声音输出，活动天窗，行李舱和两后侧车窗都无法使用

故障诊断：K-CAN2 通信故障，用诊断仪检测存在 IHKA、REM、HUB、ZGM、FZD、

CON、K-CAN2 通信故障。

故障位置：前乘客侧座椅下部线束磨破，因为线束走向，磨损部位刚好在座椅骨架比较锋利的部位（图 7-46）。

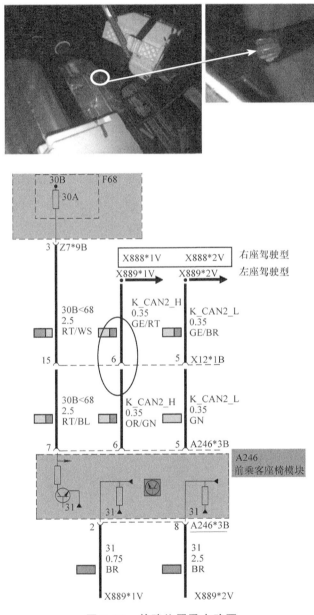

图 7-46　故障位置及电路图

11. F30 CID 黑屏，空调故障，前照灯常亮

故障诊断：K-CAN 2 总线故障，K-CAN 2 总线上的控制单元都无法通信。

故障位置：K-CAN L 到 FZD 的线路被右侧化妆镜固定螺栓压到，导致绝缘皮破损对地短路（图 7-47）。

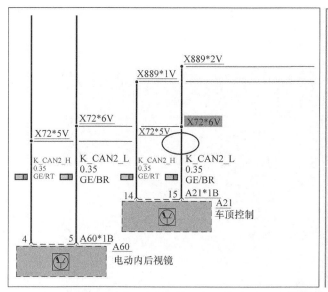

图 7-47　电路图

12. G12 两前座椅无法调节，天窗故障，行李舱功能异常

故障诊断：K-CAN 2 总线故障，HKFM、FZD、SM-FA、SM-FB 无法通信。

故障位置：K-CAN 2 终端电阻内部断路，导致 CAN L 线束断路不能通信（图 7-48）。

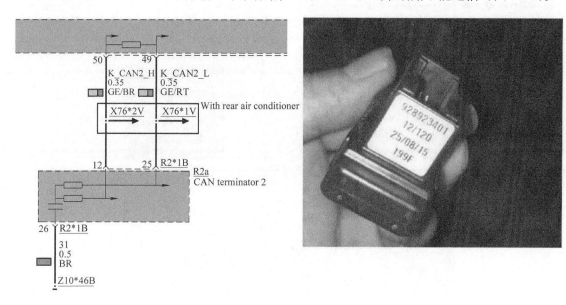

图 7-48　电路图及故障模块

13. F18 偶发性 CID 黑屏，主机等控制单元没有通信

故障诊断：K-CAN 2 总线故障。
故障位置：K-CAN 2 线束在蒸发箱上面的布线被固定支架边缘磨破（图 7-49）。

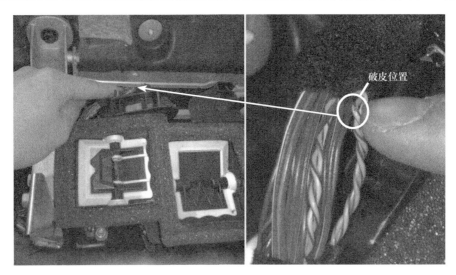

图 7-49　故障位置

14. F18 颠簸路面行驶中 K-CAN2 上面的控制单元偶发性报警

故障诊断：K-CAN 2 总线故障。
故障位置：左侧 C 柱饰板位置的线束内部有一根棕色的线破损，并且在破损的位置 K-CAN2 线也被挤压变形（图 7-50）。

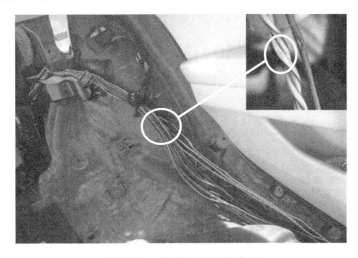

图 7-50　故障位置及电路图

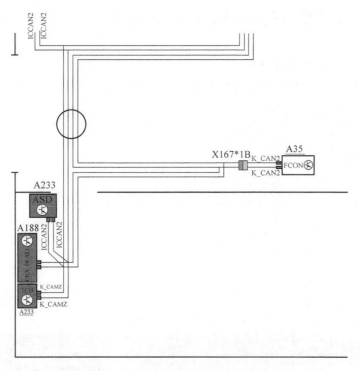

图 7-50 故障位置及电路图（续）

15. F18 DSC 行驶中偶发性报警，且灯光系统警告

故障诊断：K-CAN 2 总线故障。

故障位置：K-CAN2 的线束在驾驶人左脚踏板地毯下方位置间歇性对地短路（图 7-51）。

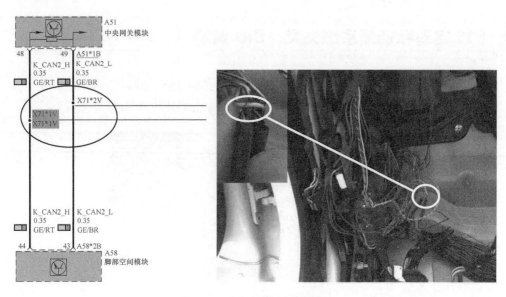

图 7-51 电路图及故障位置

16. F49 倒车影像及行李舱举升功能失灵

故障诊断：K-CAN 2 总线故障。
故障位置：K-CAN2 的线束在驾驶人座椅后方盖板里的线路破损互短（图 7-52）。

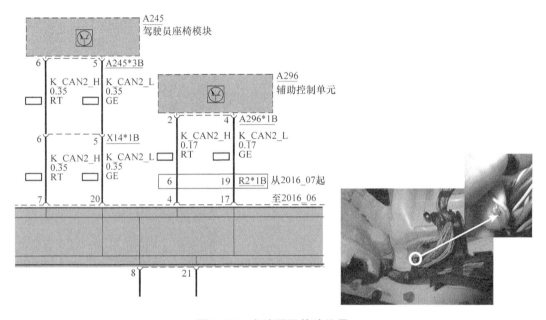

图 7-52　电路图及故障位置

六、K-CAN4 故障

1. F15 空调和音频系统失灵，CID 黑屏

故障诊断：用诊断仪诊断，IHKA、CON 等控制单元通信故障。
故障位置：布线错误导致 GWS 下面的 K-CAN 4 线束被压破（图 7-53）。

图 7-53　故障位置及电路图

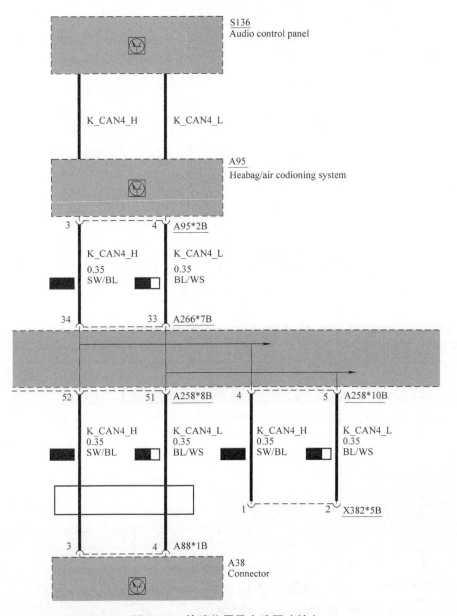

图 7-53 故障位置及电路图（续）

2. F15 空调、音频系统、仪表等失灵

故障诊断：用诊断仪诊断，IHKA、CON、KOMBI 主机等控制单元有通信故障。

故障位置：测量 K-CAN 4 波形异常。单独测量总线线路时，发现从 R4 到 BDC 的 CAN-L 线路断路。重新拆装 X382*5B 总线的 pin 端子后，故障排除。怀疑 pin 端子接触不良（图 7-54）。

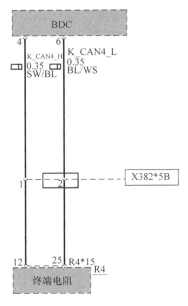

图 7-54 电路图

3. F15、F25 SOS 警告，CON、IHKA 等功能受限

故障诊断：CON、TBX、TCB、IHKA 等控制单元间歇性不能通信。

故障位置：TCB 内部故障导致 K-CAN 4 波形受到干扰。更换 TCB 模块后问题解决（图 7-55）。

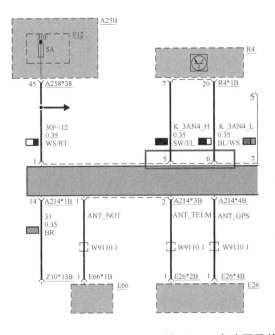
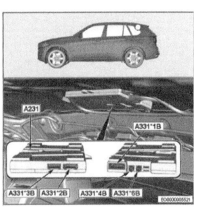

图 7-55 电路图及故障波形

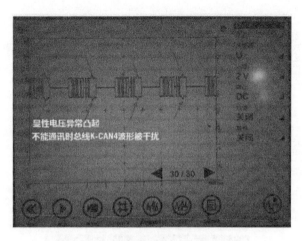

图 7-55　电路图及故障波形（续）

4. F15 CID 间歇性黑屏，并伴随 IHKA 失灵

故障诊断：用诊断仪诊断，当故障出现时 IHKA 无法通信。

故障位置：K-CAN 4 波形异常。主机后方的线束和仪表台支架有磨损，间歇性对地短路（图 7-56）。

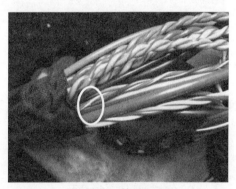

图 7-56　故障位置

七、LIN-BUS 故障

1. F15 行驶中 CID 提示巡航系统故障，接着刮水器乱刮，转向灯不工作，喇叭不响，转向盘上的按钮不可用

故障诊断：通过 ISTA/D 诊断发现 BDC 控制单元存储大量 SZL 通信故障码以及 LIN 总线故障码。

故障位置：从 BDC 至 SZL 的 LIN 总线被螺栓压住导致短路（图 7-57）。

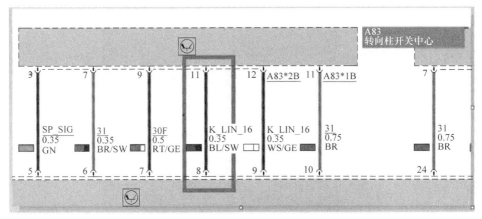

图 7-57　电路图及故障位置

2. G12 左后门氛围灯不亮

故障诊断：ISTA/D 诊断发现存有故障码 8044D7，LIN 总线系统上的车内灯光源数量不正确。

故障位置：左后门氛围灯模块的 LIN（图 7-58）。

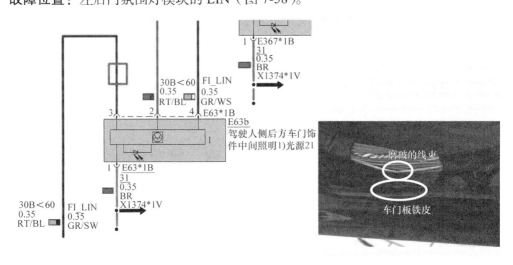

图 7-58　电路图及故障位置

八、KL-15WUP 故障

F56 无法起动，DSC、变速器以及胎压等报警

故障诊断：通过 ISTA/D 诊断发现 BDC 控制单元存有故障码 80408B，驱动程序 KL15WUP：对地短路。

故障位置：汽油泵模块唤醒线在汽油泵盖板处磨坏（图 7-59）。

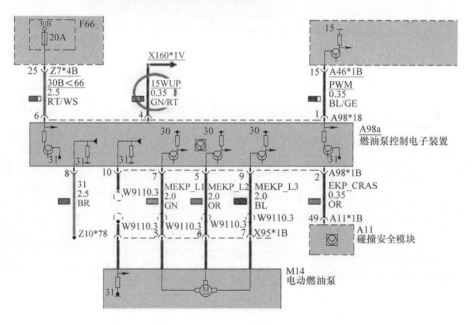

图 7-59　故障位置及电路图

第三部分　奥迪车系故障案例

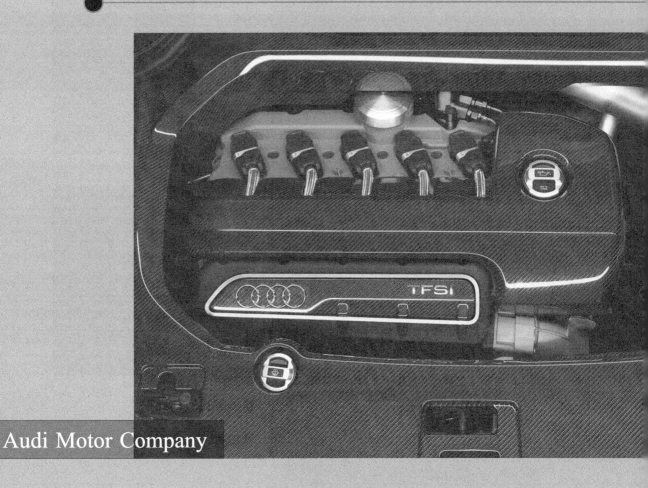

Audi Motor Company

第八章　发动机系统故障

1. 2011年奥迪A4L 2.0T车辆抖动异常，无法起动

故障现象：客户描述，出去办事停车一会儿后起动车辆发现抖动噪声大，熄火后无法起动，反复着车都无法起动，起动机有反应。

故障诊断：

（1）执行VAS6150检测系统无故障，正常。

（2）根据客户反映车辆异常抖动后熄火，反复起动有可能造成汽油过多淹缸。

（3）拆下点火线圈、火花塞，火花塞头部很湿，闻起来一股汽油味，确定已经淹缸。首先处理淹缸，将火花塞及燃烧室清理干净，重新安装火花塞及点火线圈，接通诊断仪读取失火记录。着车，车辆能够正常起动，起动后发动机噪声大，偶尔抖动，读数据流车辆没有失火记录，读取的燃油压力也是正常的。

（4）因为诊断仪读取的是燃油高压压力，接通VAS6550汽油压力表，测量燃油低压压力为0.8MPa燃油压力过高，不正常（图8-1）。

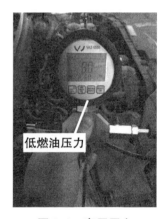

图8-1　高压压力

（5）拆下燃油压力传感器，接上专用工具VAS6394及VAS5570测量高压，实际值与诊断仪值相同。

（6）低压不正常，高压正常。从低压到高压要经过高压油泵，怀疑高压油泵有问题，或油泵、油泵控制器有问题（图8-2）。

（7）与其他车辆互换高压油泵，读取低压压力，正常，故障现象消失，反复试车，无故障现象。

故障分析：高压油泵损坏造成燃油压力过高。

维修方法：更换高压油泵。

图8-2　低压压力

2. 2011年奥迪A4L有时无法起动

故障现象：车辆有时无法起动。

初步诊断：

（1）通过 6150B 读取故障码，ESL 无信号和端子 15 对正极短路（图 8-3）。

（2）多次测试故障再现，起动车辆时发现转向柱未解锁，检查车辆电压正常。

（3）根据故障导航需更换 J393 控制器。

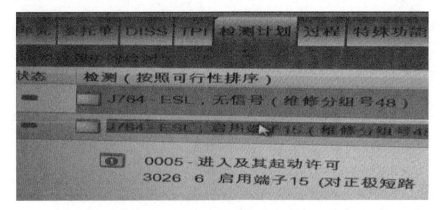

图 8-3 故障码

故障分析：维修此类故障需要了解第五代防盗系统的解锁过程。按下点火开关，E415 通过 LIN 线和 J393 通信，J393 确认钥匙信息后，通过 LIN 线解锁 J764，J764 解锁后通过 15 号使能线通知 J393，J393 接通 15 号继电器并通过舒适 CAN 解锁仪表、发动机等系统，车辆解锁成功。取出钥匙或打开车门，S 触点断开，J393 通过 LIN 线询问 J764 是否能上锁，J764 通过 J393 和 J519 的转向柱锁止信号确认，可以锁止并通过 LIN 返回 J393，J393 确认后通过 LIN 线传递信息，J764 锁止转向柱（图 8-4）。

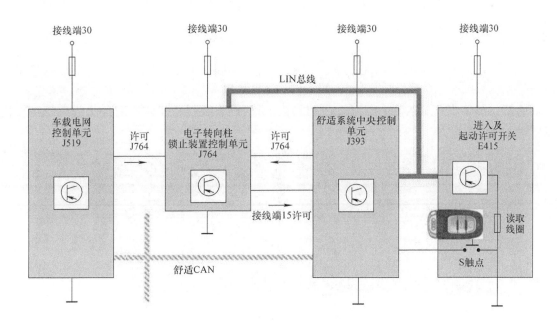

图 8-4 防盗系统工作原理图

根据解锁原理和车辆转向未解锁的情况分析故障：
- J393 控制器故障。
- LIN 线故障。
- 15 号使能线故障。
- J764 故障。

诊断过程：用万用表电压档测量 J393 的供电和搭铁，正常。由于更换 J393 测试故障比较麻烦，暂时排除。

测量 LIN 线，拔出 J764 T6z/5 号端子，测量电压为 12V，不正常（图 8-5）。

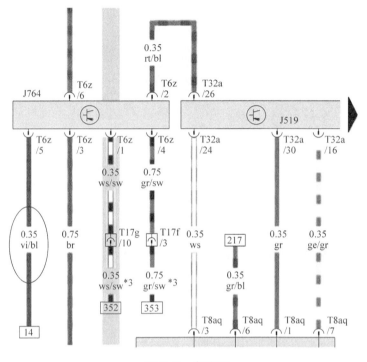

图 8-5　电路图

查找电路图发现 LIN 线中间有插头 T17g，拆开后发现插头进水。对插头线束修复后故障排除（图 8-6）。

图 8-6　故障位置

维修方法：修复进水插头，对天窗漏水点进行处理。

3. 2011 年奥迪 Q5 钥匙关闭后，发动机无法熄火，遥控器可以上锁与解锁

故障现象：钥匙关闭后，发动机无法熄火，遥控器可以上锁与解锁。

诊断过程：

（1）用 VAS6150C 检测仪进入系统检测，在多个系统中报有故障码；01 中报 P308700，发动机部件供电断电器，电路电气故障，主动/静态；U111300，由于接收到错误数值而功能受限，主动/静态等。03 中报 VAG01314，发动机控制单元，无信号/通信，静态。05 中报 VAG02823，ESL 的锁止条件未满足，主动/静态。02 中报 P332500，端子 15 供电，不可信，主动/静态。多个控制单元还存在多个偶发的故障（图 8-7）。

```
+ 高级环境条件：
故障存储器记录
编号：
故障类型 2：              U111300: 由于接收到错误数值而功能受限
症状：                    主动/静态
状态：                    4695
                         00100111
+ 标准环境条件：
+ 高级环境条件：
故障存储器记录
编号：
故障类型 2：              U111300: 由于接收到错误数值而功能受限
症状：                    被动/偶发
状态：                    4698
                         00100110
+ 标准环境条件：
+ 高级环境条件：
故障存储器记录
编号：
故障类型 2：              U111300: 由于接收到错误数值而功能受限
症状：                    被动/偶发
状态：                    4699
                         00100110
+ 标准环境条件：
+ 高级环境条件：
故障存储器记录
编号：
故障类型 2：              P308700: 发动机部件供电继电器 电路电气故障
症状：                    主动/静态
状态：                    5639
                         00100111
```

图 8-7 故障码

（2）将引导数据保存后，清除故障码，发现静态故障码无法清除。故障码显示车载电网 15# 供电线出现了故障。为什么 15# 供电线出现故障，发动机用钥匙熄不了火，但是可以用遥控器上锁与解锁，这对维修造成很大的困惑。控制单元接收错误数值会不会是 15# 供电数值。

（3）经过分析后确认从发动控制单元 J623 15# 供电查找，按照 ELSA 电路图检查 J623 供电，在钥匙关闭的情况下 J623 15# 线还有 12V 蓄电池电压，不正常，检查 J623 15# 线供电继电器 J329 及 J271，更换后故障未能排除。

（4）检测 J271 与 J329 控制单元在钥匙关闭的情况，确认 J271 与 J329 处于工作状态；J271 由 J623 控制，J623 15# 供电由 J329 控制，J329 由 J393 控制（图 8-8、图 8-9）。

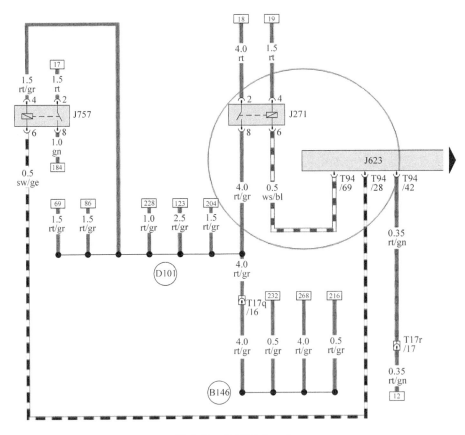

图 8-8 电路图（一）

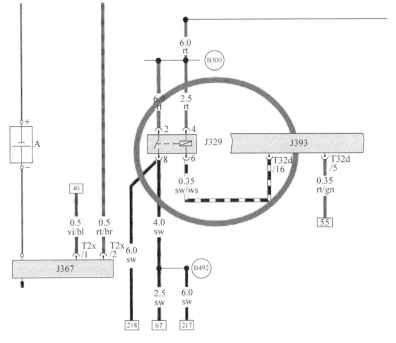

图 8-9 电路图（二）

（5）在检查过程中更换过 J329、J271、J623 等控制单元，故障未能排除。J393 为什么在钥匙关闭的情况可以进行遥控上锁与解锁，J393 控制单元在钥匙关闭后 15# 线应关闭无供电。根据维修思路检查后，各个控制单元已排除。唯一可能性为 J329 控制单元的输出线路与 30# 线短路，但这一范围很广，维修进入中断。

（6）经过维修技术小组共同讨论后，从最基础开始，先了解用户车辆情况（采用 5W2H 问诊法）再进行诊断。与用户确认完 5W2H 问诊车辆的问题后，再次对车辆线束进行检查，在检查到前风窗流水槽时发现有老鼠留下的一大堆脏物，清理干净后发现 G238 空气质量传感器与 H12 防盗喇叭的线束被咬断（图 8-10）。

（7）清理干净后发现 H12 与 G238 线束咬合在一起，断开咬合线束后发动机熄火，再次用钥匙可以正常起动与关闭发动机，此时故障排除。

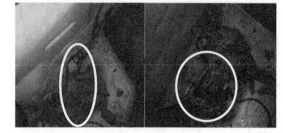

图 8-10　故障位置

（8）经查询电路图，H12 防盗喇叭供电为 30# 线，G238 空气质量传感器供电为 15# 线；G238 供电为 J329 控制单元。由于 H12 防盗喇叭 30# 线与 G238 空气质量传感器 15# 线短接在一起，在钥匙关闭的情况下，J329 控制单元输入端接入了 30# 线，发动机控制单元 15# 线有 12V 蓄电池电压输入，造成在钥匙关闭后发动机一直在运转（图 8-11）。

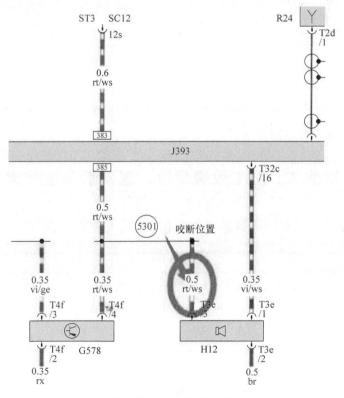

图 8-11　电路图（三）

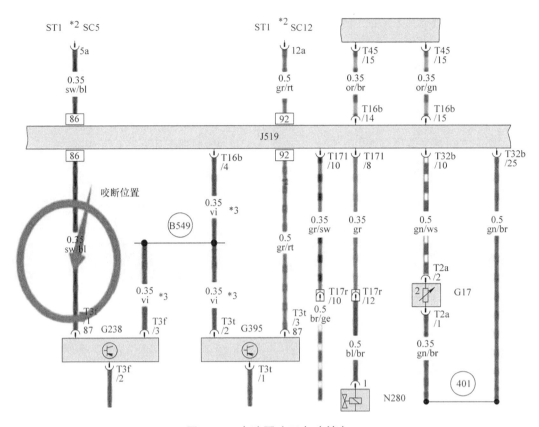

图 8-11 电路图（三）（续）

故障分析：在 J329 控制单元输出端 15# 线接入了 30# 线，在钥匙关闭情况下，发动机控制单元 J623 15# 线无法切断，J623 控制单元一直处于工作状态，无法受到钥匙控制。

维修方法：修复 H12 与 G238 线束。

4. 2012 年奥迪 A3 1.8T 仪表黑屏，起动后马上熄火

故障现象：客户来电反映车辆停了一晚上，第二天起动后马上熄火，仪表也不亮，考虑现场救援的难度，将该车拖回店内检查。到店后，除了客户所述故障之外，收音机还进入了"SAFE"防盗状态。

诊断过程：因为考虑到组合仪表为防盗主控单元，初步怀疑为组合仪表内部故障。连接诊断仪读取故障记录，除了 02—变速器电子设备能进入外，别的控制单元均无法进入。02 内显示故障记录如下。

P1862：驱动系数据总线　仪表板信号丢失

P1867：驱动系数据总线　转向柱电子装置信息缺失

P1880：数据总线　来自诊断接口控制单元的信息丢失

执行仪表的检测计划，检查仪表供电熔丝正常，搭铁正常，尝试替换仪表，故障未排除。

执行网关的检测计划，读取数据总线诊断接口 J533 的测量值块：

测量值：

名称列：	数值：	识别：
仪表板导线 - 网关	（value not available）	1.1
舒适系统数据总线状态	（value not available）	1.2
信息娱乐系统总线状态	（value not available）	1.3
动力传动系统总线状态	（value not available）	1.4

根据导航提示，检查网关的供电熔丝 SB12（30#）、SC6（15#），正常，检查搭铁正常，准备尝试替换网关。

但在准备替换网关之际，忽然想到在测量网关供电时只检查了熔丝，但并未实际测量网关插头处的供电，于是抱着试试看的心态测量网关处 T20d/1 端子的供电，结果发现该端子处没电。

测量 SB12 至 T20d/1 之间的红黄线，发现线路有断路现象，确定问题大致所在后，仔细检查该段线路，发现左侧电控箱下面线路被老鼠咬断（只咬断了这一根），至此故障排除。

维修方法：修复 SB12 至 T20d/1 之间线路。

专用工具 / 设备：VAS 6150C/ 万用表。

案例点评及建议：在检查供电时不能只检查熔丝，应检查元件插头处实际供电，否则会走弯路。

此款车型组合仪表 J285 和网关 J533 之间有条唤醒线，在起动时需网关唤醒仪表，系统才能正常工作。该车因为网关供电故障，导致仪表无法唤醒，出现黑屏，加上仪表为防盗主控，则出现起动后就立即熄火及娱乐系统锁死的现象。

在用诊断仪检测出现系统无法进入时需开启双跳灯。

5. 2012 年奥迪 A6L 2.5 行驶中无规律熄火

故障现象：冷车有时无法起动，行驶中会无规律熄火。

诊断过程：

（1）此车由于右前被撞，修复后客户报修早上起动不了，等了一段时间后，车辆起动正常，初步检查未见异常。

（2）隔了一天，客户再次报修，行驶中车辆熄火。外出抢修，供油管无燃油，拖至公司，检查发现高压油管无燃油导致车辆熄火。

（3）读取故障码，有两个关于低压燃油的故障码。

（4）准备用示波器测量油泵，此时车辆起动正常，用万用表检测电源和接地均正常。

（5）模拟各个情况，读取故障码，发现不管模拟哪个部件损坏，都会报相应的故障码。

（6）仔细研究这两个故障码，确定是由于没有油导致无法起动，此时故障现象不出现，尝试互换燃油泵试验。

（7）在拆卸油泵时发现油泵的车身接地线松动，重新紧固之后故障一直未再现。

故障分析：

（1）接地点虚接造成的问题确实比较棘手。

（2）控制器检测电器元件是否损坏是通过检测其电阻是否在正常范围，而接地点虚接时对检测无影响。

（3）用万用表检测时也是同样道理。因此检查类似故障时还得实际检查接地点以及其他连接件。

维修方法： 紧固接地点。

6. 2012 年奥迪 S6 4.0T 行驶中车辆自动制动

故障现象： 进厂时车辆无任何报警信号，试车检查时发现 ACC 控制制动，即 ACC 工作。

诊断过程：

（1）用诊断仪检测有故障码"Flexray 数据总线严重故障"，此故障为静态故障。故障引导后需检查 FlexRay，有四个支路。检查 J500 支路、J850/J428 支路 2 和 J104/J851 支路 3（图 8-12）。

（2）从后座椅下拆卸网关测量支路 1，在 T32b/24 和 T32b/8 之间用 VAG1594D 及万用表测得电阻为 95Ω；测量支路 2 T32b/10 与 T32b/26，测得电阻为 133Ω；测量支路 3 T32b/7 与 T32b/23，测得电阻为 91Ω。通过计算与对比得知支路 2 的 FlexRay 有故障。

（3）查询支路 2 上 J428 为终端控制单元，拔下 J428 插头，测得 J428 Flexray 总线内阻为正常值 94Ω。在插头处测得 J850 电阻为 0.65MΩ（J533 已拆下）。拆下 J850 插头发现插头进水严重，导致 J850 损坏。

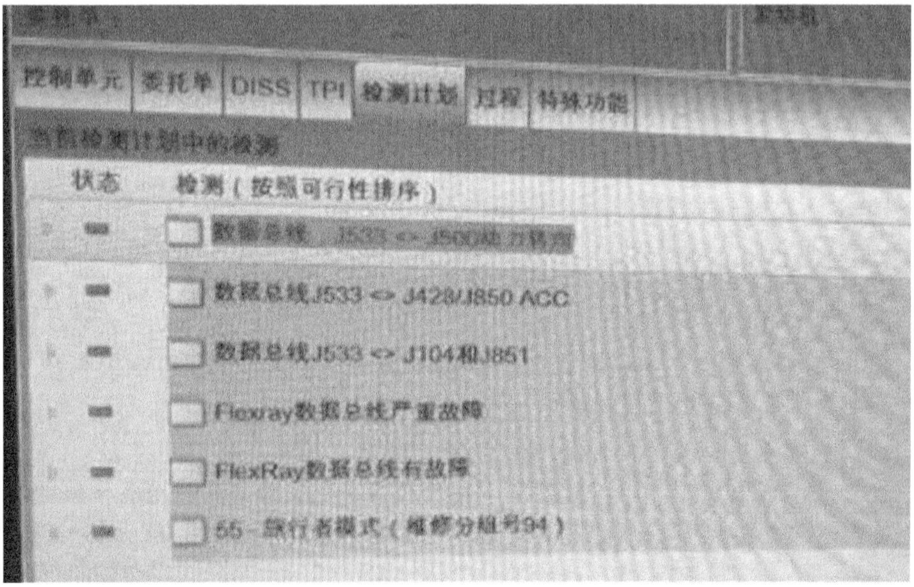

图 8-12 故障码

维修方法： 更换 J850 及插头。

7. 2013年奥迪A4 2.0T停放两天后无法起动

故障现象：停放两天后无法起动。

诊断过程：

（1）用诊断仪检测，多个控制单元报电压过低的故障。测量蓄电池的电压较低，跨接电源后正常起动，测量发电机的输出电压正常。

（2）检测漏电，发现车辆存在严重的漏电现象。逐一排查并结合诊断仪数据分析，发现将J519车载电网控制单元熔丝拔掉后，故障消失。

（3）检查J519车载电网控制单元，没有发现问题，替换J519后故障依旧。

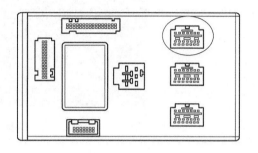

图 8-13　17芯黑色插头

（4）逐一拔出j519上的插头，发现当拔出图8-13所示的17芯黑色插头时漏电终止。在黑色插头上逐一拆下端子，当将T17I/17拔出时漏电消失。根据电路图（图8-14）查询显示为前后部阅读灯的供电线路。检查阅读灯的线路，当拆下后排阅读灯时，发现插座处有加装线束，为全球定位系统（GPS）。将加装件拆除后漏电消除。

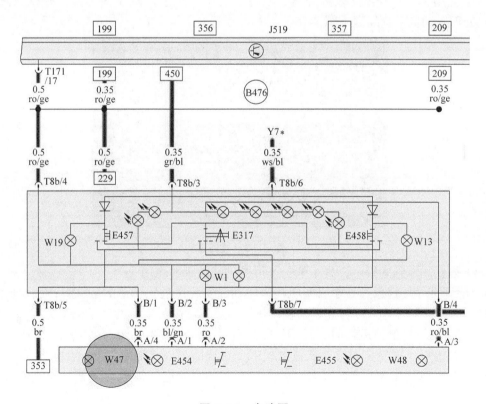

图 8-14　电路图

故障分析：车内阅读灯加装元件导致车辆漏电，使得起动初始电压不足（图8-15）。

维修方法：拆除加装件。

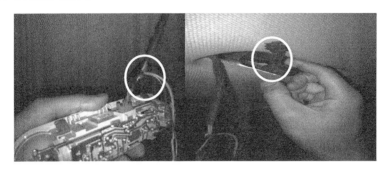

图 8-15　故障位置

8. 2013 年奥迪 A6L 2.5 倒车时偶尔会熄火

故障现象：车辆下坡路段挂入倒车档偶尔会熄火。
故障分析：发动机动力系统相关故障；变速器电气或机械故障。
诊断过程：

（1）使用 VAS6150B 读取故障码，只有发动机系统里出现了故障码。根据故障提示，可以先处理发动机系统问题（图 8-16）。

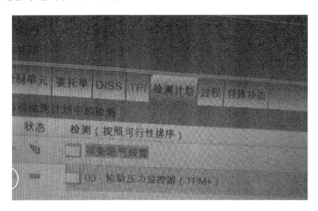

图 8-16　故障码

（2）根据故障码的提示，先了解一下可变进气歧管的作用。

- 可变进气歧管通过一个真空机构来驱动，安装在进气管道的翻板上，进行长短行程的切换，以便在低转速或高转速时，发动机所需进气量满足当时的发动机工况。
- 当发动机在低速运转时，发动机需要有足够大的转矩，此时真空机构工作，移动进气翻板，关闭直接进气口切换至长进气模式，这样就可以将混合气充分燃烧从而获得足够的转矩。而在高转速大功率时又可切换到短行程的直接进气模式，以满足发动机高速运行的进气需求。

（3）使用 VAS6213 手持真空泵，对进气翻板机构进行真空测试，移动正常。之后对整条真空管路进行负压测试，始终无法建立足够的压力，这种情况就有可能存在管路泄漏的现象。

（4）目测所有关联的真空管路，发现位于真空助力器的真空管路接口处有不规则的开裂，拆卸后试压存在泄漏。

（5）由于真空管路泄漏，导致真空度不足，进而影响进气歧管的执行机构。由于转矩不足，进气翻板偶尔在低速时保持在短行程的位置，从而影响了发动机的动力输出。

维修方法：更换开裂真空管（图 8-17）。

 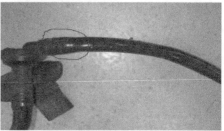

图 8-17　故障位置

9. 2013 年奥迪 A7 2.5 CVT 车辆偶尔无法起动

故障现象：客户反映起停系统工作或车辆熄火后，有时车辆无法起动，同时仪表胎压和 ESP 故障灯报警，且档位无法移出 P 位（故障发生频率较高，间隔周期为 2~3 周，车辆两次拖车回店，但故障现象都无法再现）。仪表显示的故障如图 8-18 所示。

诊断过程：车辆拖回店后起动正常，试车时起停系统工作或熄火后起动也正常。用 VAS6150C 读取 46-舒适系统有故障记录：P00615，档位开关 P/N 信号不可靠，偶发；03-ESP、53-驻车系统有故障记录：由于接收到错误信息而功能受限（图 8-19）。

图 8-18　仪表显示的故障

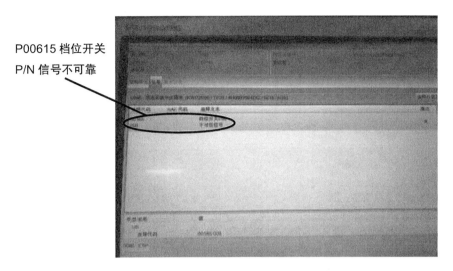

图 8-19 故障码

故障分析：

（1）根据 ELSAPRO 查询 P/N 信号线的相关电路图（图 8-20）。

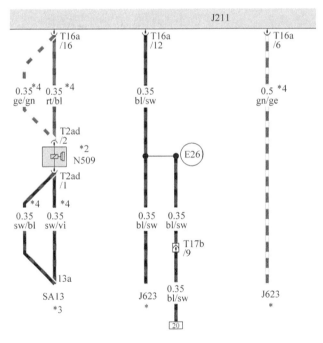

图 8-20 电路图

（2）P/N 信号线与 J623、J217、J393 相连接，只有 J393 存储了档位开关 P/N 信号不可靠相关故障码，检测 J393、J623、J217 之间的 P/N 信号线，无短路、断路现象。尝试更换 J623、J217、J393，故障并未消除，由于故障为偶发性，对 P/N 线束进行清理，未发现故障。

（3）分析得知 J623、J393 都需要 P/N 信号，而 J623 却没有记录相关故障码，且同时在 J540 和 J104 记录有故障码，由于接收到错误信息而功能受限。怀疑这个故障为驱动总线上某个控制单元未通信造成。

（4）由于驱动总线只有这四个控制单元，J623、J217已经更换，J104、J540并不会影响P/N信号，且出现故障时档位无法移出P位，问题应该可能出现在J217的供电、接地或信号线上，检查发现J217线路、插头、供电、接地均正常。

（5）检查过程中将J217熔丝SA12拔掉后，出现与故障现象类似的故障码，如：46-舒适系统故障码一致，且档位不能移出P位，但01-发动机却多出来一个起动P/N信号断路的故障码。分析认为SA12熔丝应该分管F322 P/N信号开关和N110锁止电磁阀。

（6）既然有相似故障现象，于是着重检查J217的供电线路，拔下J217插头检查供电端子T16a/7时发现问题（此时为故障再现）。当点火开关打开的时候，J217的T16a/7端子15号线供电电压逐渐减小直至为0V，怀疑可能存在接触不良的情况。查询ELSA，T16a/7由SA12供电。检查发现SA12端子连接可靠且熔丝正常，同时检查发现SA13、SA3电压为0V，查询可知SA12（J217）和SA3（J623）由SB15供电。检查发现SB15端子松动并且电压为0V，拔下SB15熔丝后发现端子底座松动变形。此时确定故障点就是由于SB15与底座接触不良，导致J623和J217偶尔无15号线供电（控制单元没有唤醒并且不记录相关故障）（图8-21）。

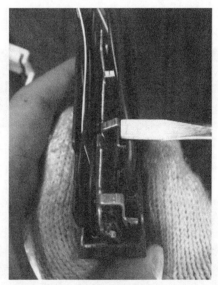

图8-21 故障位置

维修方法：处理熔丝底座后试车正常，跟踪回访客户故障不再出现。

10. 2013年奥迪Q5 2.0T有时候行驶熄火

故障现象：行驶过程中有时候熄火。

诊断过程：

（1）试车发现故障确实存在，有如下故障码：P025A00，燃油泵模块促动电气故障/断路，主动静态1次；P261A00，冷却液泵2断路，主动静态1次。

（2）保存故障，消除故障记录试车，P025A00故障再次出现，查询电路图（图8-22）。

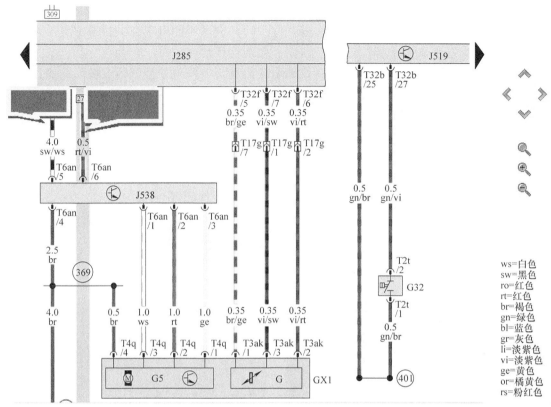

图 8-22 电路图

（3）根据引导查询检查 J538 供电和接地，正常。连接 VAS6556 示波器，检查 J538 到 J623 信号线，当故障出现时波形如图 8-23 所示。图 8-24 为正常波形。

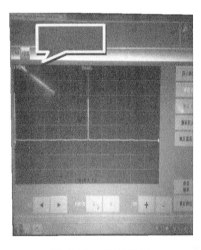

图 8-23 故障波形

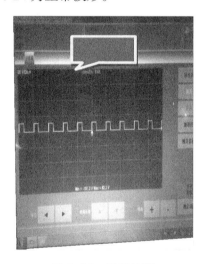

图 8-24 正常波形

根据波形判断可能原因有线路、J623、J538 故障。

（4）根据电路图查询到 J538 到 J623 之间有个中转插头 T17q/3，在排水槽位置，检查插头发现端子腐蚀（图 8-25）。

（5）检查排水槽供电盒，未进水，那么此端子怎么会有水的痕迹并腐蚀呢？分析可能原因是发动机部件上某个传感器损坏，导致冷却液从线束传到此处。回想到之前发动机冷却液泵 2 有故障，检查冷却液泵 2，发现插头腐蚀（图 8-26）。

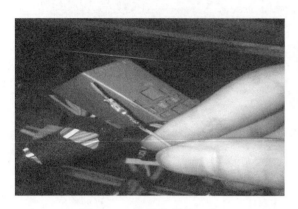

图 8-25　故障位置（一）

图 8-26　故障位置（二）

故障分析：有时熄火主要原因是冷却液泵 2 插头渗水，通过插头线束进入到 T17q/3 端子，导致 J538 到 J623 信号线故障。

维修方法：处理端子，更换冷却液泵 2 V51。

11. 2014 年奥迪 A4L 2.0T 发电机故障灯报警

故障现象：仪表发电机故障灯报警。

诊断过程：

（1）用 VAS6150B 检查，有以下故障码存在（图 8-27）。

故障代码	SAE 代码	故障文本	
02252		交流发电机	
004		无信号/通信	X
00458		蓄电池监控控制单元	
004		无信号/通信	X
03705		稳压器	
004		无信号/通信	X

图 8-27　故障码

读取测量值时，不能读取到相关测量值（图 8-28）。

ID	测量值	
15.3	交流发电机热状态	低
16.2	发电机制造商	
16.3	交流发电机规格	
16.4	交流发电机调节器	
17.2	蓄电池制造商	
17.3	蓄电池型号	2
18.1	蓄电池电压	10
18.2	蓄电池电流	
18.3	蓄电池温度	
18.4	蓄电池环境温度	
19.1	蓄电池电量状态	
19.2	蓄电池状态（MMI显示）	
20.2	蓄电池内阻标准化	
20.3	可自动充电	

图 8-28　测量值

（2）根据故障码，查找电路图（图 8-29）。

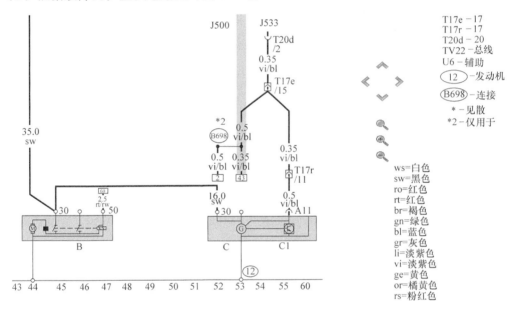

图 8-29　电路图

根据电路图以及故障可以初步判断 LIN 线存在故障。根据电路图检测 LIN 线电压及波形（图 8-30）。

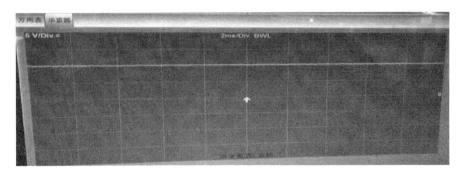

图 8-30　故障波形

（3）波形存在故障，想到之前报的故障是 3 个都无通信，拆装 J533 检查发现线路存在改装，导致接触不良（图 8-31）。

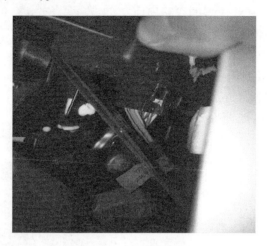

图 8-31　改装线路

（4）更换线束后故障排除（图 8-32）。
故障分析：加装倒车影像，改装线束，导致网关处的插头端子存在接触不良。
维修方法：更换加装线束。

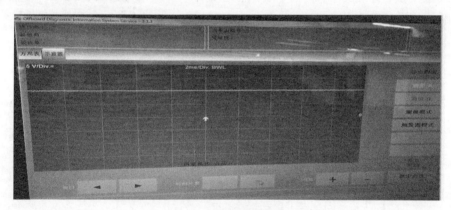

图 8-32　正常波形

12. 2014 年奥迪 A4L 2.0T 起停功能不可用

故障现象：客户描述，因车内异味在我店更换完隔音棉后，车辆智能起动/停止系统不可用。

故障诊断：

（1）根据客户描述怀疑线路原因可能性较大，因此用 6150B 诊断发现诊断地址码 19 存在故障码：蓄电池监控控制单元（无信号/通信/静态）、稳压器（无信号/通信/静态）（图 8-33）。

（2）根据故障现象及故障码初步判断故障原因有以下几种可能性：①蓄电池监控控制单元损坏；②稳压器损坏；③J533损坏；④连接至蓄电池监控控制单元和稳压器的线路损坏。

（3）检查蓄电池监控控制单元和稳压器的插头端子发现无异常。此车故障是在更换完隔音棉之后产生的，所以怀疑线路原因可能性较大，查询电路图发现关于起停的部件从J533出来共连接到三处，分别连接至蓄电池监控控制单元J367、稳压器J532、发电机C。其中诊断仪报J367和J532有故障，发电机C无故障。电路图显示从J533出来在左侧A柱内有个17芯红色插头，通过17芯插头将J533送来的线一分为二：一处连接发电机C；一处连接J367。因此接下来排除插头至J367的线束（图8-34）。

（4）从红色17芯插头出来搭线至J367，试车发现起停可以使用，删除故障后无新故障，因此确定故障就是在17芯插头连接至J367的线路上。检查线束发现行李舱右侧饰板内的节点处线束因腐蚀断裂（图8-35）。

图8-33　故障码及仪表提示

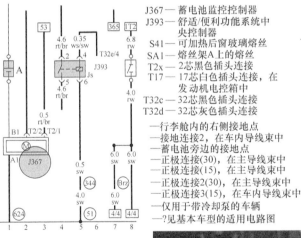
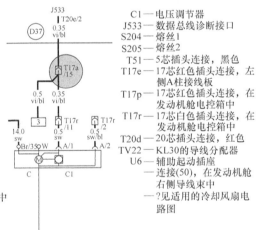
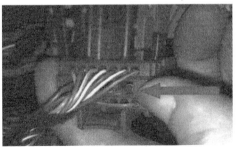

图8-34　电路图及故障位置

图 8-35　腐蚀线路

（5）连接线束试车故障排除。

故障分析：

（1）根据右侧饰板内海绵和节点处的绿色腐蚀锈迹可以判断行李舱右侧进过水。

（2）进水导致线束腐蚀，更换隔音棉时要拆下行李舱右侧隔音棉，在拉扯线束时导致腐蚀线束断裂，造成智能起动/停止系统不可用。

维修方法： 连接断裂的线束。

13. 2014 年奥迪 A4L 起停功能时间短

故障现象： 起停功能启用后，发动机熄火，无任何操作，3s 左右发动机再次起动。

故障诊断：

（1）试车确认故障现象，车辆正常行驶时踩制动踏板制动至停止，车辆起停系统启用，车辆熄火。但是大约 3s 后车辆起动。

（2）继续试车，仪表显示冷却液温度为 90℃，空调关闭，车内用电器尽可能地全部关闭，车辆起停系统启用的时候双手离开转向盘，故障现象依旧。反复试车发现一个怪现象，起停系统启用车辆熄火后刚好 3s 车辆就起动，且如果用尽全力踩下制动踏板，发动机熄火后可以在 1min 以上再重新起动。那么关于蓄电池电量低的可能性也被排除。

故障分析：

（1）踩着制动踏板发动机起动的可能性有很多，比如发动机冷却液温度低或高，车内开启大功率用电器，空调设置温度和车内实际温度相差较大，蓄电池电压过低，转向盘上施加的力矩超过 5N·m，制动助力器中的压力过低。

（2）利用 VAS6150 检测，全车无任何故障记忆。在 01-发动机系统的引导性功能中有一个选项，可以读取起停功能生效后发动机起动是因为哪项条件未达到而起动发动机。此车为"制动助力压力过低"（图 8-36）。

维修方法： 制动助力器中的压力过低会导致发动机起动。和正常车辆相比，正常车辆在发动机熄火的情况下，踩下制动踏板后助力器中的负压减少约 1/3 后，压力保持不变。而问题车辆踩下制动踏板后压力直线下降，降至大气压的时间约为 3s。为了排除压力传感器的故障，运用专用工具真空枪接入到真空助力器中，故障现象与读取数据块时一致。故判断为真空助力器泄漏。更换新的真空助力器后故障排除。

图 8-36　起停功能实际值

14. 2014 年奥迪 A4L 行驶中仪表机油压力报警

故障现象：客户抱怨在行驶中突然仪表上机油压力警告灯点亮，过一会儿又熄灭了。

故障诊断：接车后使用 VAS6150B 读取故障存储器，发动机控制单元故障记录为用于较低油压的机油压力开关功能失效，主动/静态。为了进一步确定故障，连接机油压力表进行实际压力测试。测试中发现机油压力有时在怠速时会降低到 0.06MPa，不符合标准要求（怠速运转时的机油压力为 0.085~0.16MPa；2000r/min 时的机油压力为 0.12~0.16MPa；3700r/min 时的机油压力为 0.12~0.16MPa）。

拆下机油压力调节阀 N428 的电气插头后再次进行压力测试，依然有时会降低到 0.06MPa（N428 插头拔下时标准压力，怠速运转时的机油压力为 0.085~0.4MPa；2000r/min 时的机油压力为 0.2~0.4MPa；3700r/min 时的机油压力为 0.3~0.4MPa）。经测试初步判定故障原因在机油泵或油路部件上面。

故障分析：

（1）查阅该车历史维修记录，发现该车在 1 个月前因为托底事故更换过大小油底壳，其余部件没有更换。因此怀疑是否在施工中密封胶造成了油道堵塞。技师重新对底部油道进行检测，并重新装配了油底壳，故障没有解决。

（2）依据该车润滑油路图对机油润滑油道和涉及部件进行逐步排查分析。最终发现故障点为进气侧凸轮轴调整阀机械柱塞偶发卡滞导致泄压（图 8-37）。

维修方法：检查时在机油中没有发现任何杂质，调节柱塞因内部磨损导致机械卡滞，更换后故障彻底排除（图 8-38）。机油压力测试达到标准指导范围。

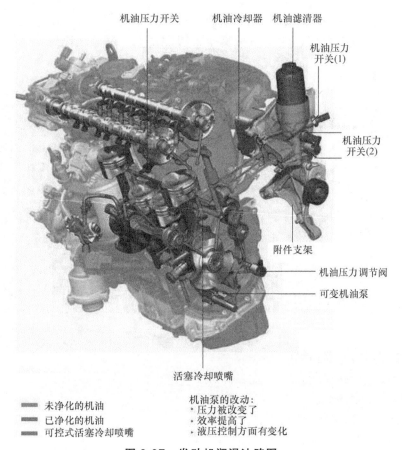

图 8-37 发动机润滑油路图

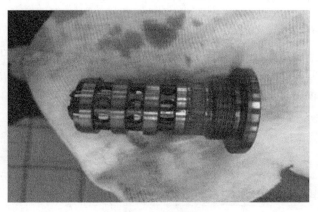

图 8-38 故障部件

15. 2014 年奥迪 A6L 2.0T 起动后混合动力故障灯长亮

故障现象：车辆起动后混合动力故障灯长亮。

故障分析：用 VAS6150B 读取故障码（制动助力器压力传感器，不可靠信号），清除故障码试车发现只有在 EV 模式（纯电动模式）时故障码才出现。由于混合动力有两套提供真空的方式，当发动机工作时由机械真空泵提供真空，电动工作模式时由电子真空泵提供真空。

故障原因：根据故障码及故障现象分析故障原因（图 8-39）。

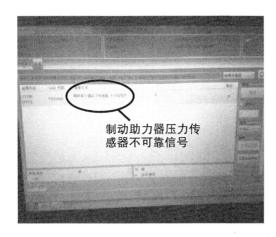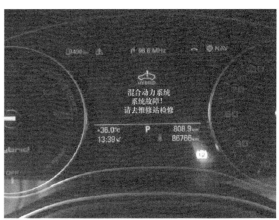

图 8-39　故障码及仪表显示

（1）真空压力传感器损坏。
（2）制动真空管路泄漏。
（3）机械真空泵损坏。
（4）电子真空泵损坏。
（5）发动机控制单元损坏。

故障诊断：替换了压力传感器后故障依旧，检查发现制动管路并无泄漏。如果泄漏会造成制动真空不足，制动会很硬。由于发动机起动的时候车辆可以正常制动，说明机械真空泵还是好的。对电子真空泵进行动作测试，发现电子真空泵不工作。测量电子真空泵端电压，没有电压。查看电路图发现有熔丝熔断，更换熔丝试车，故障依旧，原因可能是电子真空泵内部损坏导致。等待备件到货更换时发现管路有大量机油流出，查看发现电子真空泵的管路和机械真空泵的管路连接在一起，原因可能是管路的单向阀和真空泵内部漏油到电子真空泵造成故障。

维修方法：更换电子真空泵、带单向阀的管路、机械真空泵，故障排除。

16. 2014 年奥迪 A6L 2.0T 有时候无法起动

故障现象：据客户反映，车辆正常行驶的过程中遇红灯踩住制动踏板，起停功能起作用，车辆自动熄火。绿灯后，松开制动踏板，正常情况下发动机应该立即起动，但该车只听到起动机连续起动的声音，车辆却无法起动。

故障诊断：
（1）连接诊断仪检测相关控制单元，均未存储故障码，这时发动机可以正常起动，故障无法再现。检查发动机外部未发现漏气现象，检查供油系统、点火系统、发动机，各数据均正常。

（2）由于此类故障是偶发性存在，为了精确查找故障只能使故障重现，反复路试，突然故障又再次出现，这次不管怎样起动车辆，发动机始终无法起动。检查起动电压为11V左右，正常；检查油压系统，正常；拔下点火线圈进行试火试验，突然发现火花塞间歇性不点火或点火很弱，检查点火线圈1号端子的供电，约12V，正常，2号和4号端子接地正常；3号端子发动机信号也正常。

（3）正常的时候发动机工作平稳，故障原因可能是点火线圈的供电线路虚接。为了验证自己的判断，试着将点火线圈1号端子直接供电，发动机可以正常起动，反复试车，故障未再出现。

（4）根据电路图，1号端子由熔丝SA14直接供电，拆掉发动机控制单元的盖罩，拔出该熔丝，发现端子出现下陷脱落的现象（图8-40、图8-41）。

维修方法：线束修复，固定端子。

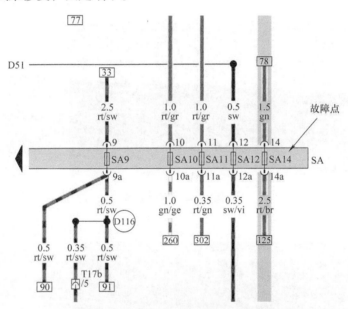

图 8-40　电路图

图 8-41　故障位置

17. 2014年奥迪A7 3.0T 车辆起动困难

故障现象：车辆偶尔无法起动，安全气囊、转向助力、胎压、驱动防滑、灯光等故障灯报警。

故障诊断：用 VAS6150C 检测控制单元地址码 42、52、05、09、19、36、6D、89、99，都报故障码组合舒适系统数据总线损坏，偶发，以上控制单元都属于舒适控制单元。舒适控制单元 46 报故障码组合舒适系统数据总线损坏，偶发；车载控制单元无通信，偶发；左前门、右前门、左后门、右后门控制单元无通信，偶发。通过以上故障码分析故障源来自舒适总线及其控制单元。分别在行李舱右侧分离插头处及左侧A柱下方分离插头连接 VAG1598/38 后，用示波器 VAS6358 测量舒适总线 CAN H 及 CAN L 的波形；反复起动车辆，当故障再现时的波形如图 8-42、图 8-43 所示。

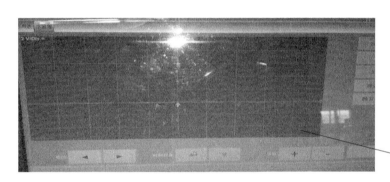

图 8-42 故障波形

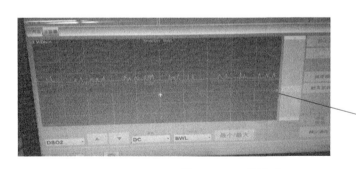

图 8-43 正常波形

此时拔下 VAG1598/38 上舒适总线的端子。当拔下 T46a/4H 时，波形恢复正常，此端子连接的是 J136 及 J873 控制单元（该控制单元安装在左前座椅上面）。故障点锁定在该控制单元及线束上面。

检测左侧A柱下方的分离插头到左前座椅下方的插头线束，无破损现象，拆卸座椅检查座椅上的 CAN 线，发现座椅 CAN H 线与纵向调节电动机发生干涉后破皮通过电动机搭铁（图 8-44）。

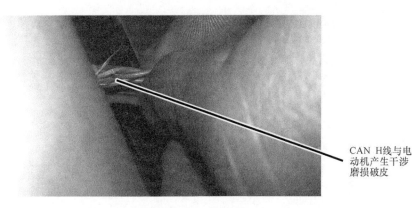

图 8-44　故障位置

修复磨损的线束，试车故障排除。

故障分析：

（1）本故障是一类典型的 CAN 故障引起车辆部分功能瘫痪的案例。针对总线的故障一般有以下几种情况：控制单元损坏、线束故障、加装引起的干扰等。

（2）本故障车的舒适总线属于高速 CAN 总线，无单线运行模式，常见的现象有 CAN H 对地短路，车辆无法起动；CAN L 对地短路，可以起动车辆；CAN H 对 5V 短路，可以起动；CAN L 对 5V 短路，无法起动；CAN H 与 CAN L 互短，无法起动；CAN H 对 12V 短路，无法起动；CAN L 对 12V 短路，无法起动。

（3）高速 CAN 总线上的 H 与 L 的电压差大于 1V 就可以传递数据，低速 CAN 有单线运行模式。

维修方法： 重新包扎磨损的舒适 CAN 总线。

18. 2014 年奥迪 A8L 起动困难

故障现象：

（1）早晨难起动。

（2）行驶一段时间后熄火，再起动要等 30min 左右。

（3）不定时出现。

故障诊断：

（1）用 VAS6150B 查看故障码，报燃油压力调节超出上限。

（2）用燃油压力表测试燃油压力，都在正常范围之内，在保压过程中发现压力泄漏的情况比较严重，一段时间后压力仅为 0.06MPa，这时确定燃油泵存在故障，更换后起动困难的问题解决（图 8-45）。

（3）接下来客户在使用的过程中还是会出现行驶中熄火的情况，用 VAS6150B 查看故障码，还是报燃油压力调节超出上限，还有高压压力不可靠信号。

（4）因为每次客户时间较紧张，所以进行互换备件排查，把燃油泵控制器、低压传感器、高压泵、高压压力传感器全都互换了一遍，但故障现象依旧。

— 按下车辆诊断测试仪显示屏上的 开始 键：燃油泵起动。
— 当溢出的燃油中没有气泡时，关闭闭锁栓 B，借此形成燃油压力。
• 此时控制杆垂直于流动方向。
— 读取压力测量仪器 VAS 6550 上的燃油压力：
• 标准值：0.5~0.8MPa。
— 按压 停止 键。
如果尽管燃油输送量不正常，但仍达到了标准值：
◆ 燃油滤清器堵塞或燃油供油管受到挤压。
如果未达到标准值：
◆ 油箱中的燃油泵或燃油压力调节器损坏。
— 检测保持压力
— 检查密封性和保持压力，观察压力测量仪器 VAS 6550 上的压降：
• 10min 后必须还存在至少 0.3MPa 过压。
如果保持压力降到 0.3MPa 过压以下：
◆ 检查燃油管路及其连接的密封性。
◆ 燃油泵中的止回阀泄漏：更换燃油输送单元 → Kapitel。

图 8-45　解决方案

（5）在一次排查时故障现象再现，在打开点火开关时候汽油泵不工作，根据电路图查找熔丝，正常，熔丝电压为 12V，也正常。查看油泵继电器时发现油泵继电器触点烧蚀，更换后故障消失（图 8-46）。

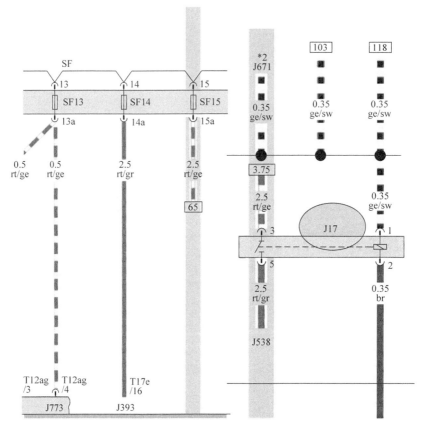

图 8-46　电路图

故障分析：
（1）燃油泵泄压导致长时间停放起动困难。
（2）由于油泵继电器触点烧蚀，间隙改变导致行驶中熄火。
维修方法：
（1）更换燃油泵。
（2）更换油泵继电器。

19. 2014 年奥迪 Q3 2.0T 发动机抖动，EPC 灯亮，怠速高

故障现象：
（1）仪表上 EPC、胎压故障灯亮起。
（2）行驶中怠速转速为 1100r/min，无法提速，胎压一直报警。

故障诊断：
（1）试车过程中仪表上 EPC、胎压故障灯亮起。
（2）用 VAS6150B 读取车辆故障记忆，有传感器基准电压 A 对地短路，进气支管风门电位计 G336 不可靠信号。
（3）查询 TPI，无相关 TPI。
（4）根据诊断仪提示，检查和所报故障传感器基准电压相关的传感器线路，检查中发现发动机控制单元到电位计 G336 之间的线断路，其他各线路一切正常。然后检查发动机，发动机没有漏气的现象。处理完出问题的线路后试车，发现发动机抖动消失，但是 EPC 灯和胎压监测灯依旧没有熄灭，用诊断仪再次读取故障码，故障码依然和首次读取的一样，根据提示，可以确定该车还有其他问题。根据诊断仪报的基准电压所包括的相应传感器，进行逐一排查，可以确定的是现在相应线路已经没有故障，因此故障应该在某一个相应的传感器上。通过替换和测量的方法检测了相应的传感器，发现都没有问题。影响 EPC 灯亮的原因较多，故对发动机进气、燃油系统进行检查，未发现问题。
（5）本着先易后难的排除原则，对进气系统的管路、滤清器进行检查，未发现损坏泄漏现象；替换空气流量计、进气温度压力传感器、节气门、高压燃油泵等部件，未排除故障；根据诊断仪的提示，制动真空泵机械故障，推测真空泵可能存在问题，检查线路，线路正常；最后更换传感器试车，故障消失。

故障分析： 制动真空泵传感器损坏，电位计 G336 线路断路。
维修方法： 更换制动真空泵传感器，接好 G336 到发动机控制单元的线路。

20. 2014 年奥迪 Q7 3.0T 发动机故障灯报警，定速巡航不工作

故障现象： OBD 报警，定速巡航不工作，发动机怠速时有异响。车主描述因为机舱流水槽进水，在外地更换过发动机控制单元（图 8-47）。

图 8-47　仪表显示故障灯

故障诊断：

（1）检查 OBD 报警。

① 用 6150B 检查有 P0414：二次空气进气阀短路；P0417：二次空气喷射阀短路；P2257：二次空气泵继电器对地短路；P1425：油箱排气阀对地短路；P0091：燃油压力调节器 1 对地短路；P2009：进气管流道控制（IMRC）对地短路；P0135：气缸列 1 传感器 1，加热电路电气故障；P1197：气缸列 2 传感器 1，加热电路电气故障，都为静态故障。

② 用故障引导查询确认为发动机部件供电继电器 J757 供电故障，结合 ELAS 电路图检查确认 J757 无供电输出，着车起动瞬间继电器有 2~3s 接合。因为发动机控制单元更换过，先检查发动机控制单元到 J757 信号线，正常，检查 J757 输入供电，正常，检查发现 J757 到熔丝座无供电，熔丝损坏，检查发现继电器座输出线路端子腐蚀变形，更换线束、端子、熔丝，故障排除。

③ 发动机怠速异响，用听诊器诊断为汽油高压油泵异响，因为燃油压力调节阀短路，油泵以最大压力工作，从而产生工作噪声。

（2）检查定速巡航不工作。排除以上故障，发动机控制单元已无故障码记录，在线对比发动机控制单元编码是否正常，与同车型对比编码不一致，更改编码后试车，故障排除。

故障分析： 机舱排水槽排水口堵塞进水导致 J757 继电器线束端子腐蚀，部件熔丝损坏（图 8-48）。

维修方法： 更换单个线束端子及部件熔丝。

图 8-48　故障位置

21. 2015 年奥迪 A3 1.4T 车辆抖动，偶尔熄火

故障现象：发动机抖动，偶尔熄火。
故障诊断：01- 发动机电子设备有故障码 P010600：进气管压力 / 空气压力不可信信号被动 / 偶发 3 次；P010600：进气管压力 / 空气压力不可信信号主动 / 静态 9 次；P217800：气缸列 1，燃油测量系统自怠速转速起系统过浓被动 / 偶发 1 次；P218800：气缸列 1，燃油测量系统怠速转速时系统过浓被动 / 偶发 1 次。检查混合气与进气压力，与正常车辆对比基本一致，按引导性故障查询提示，检查进气压力传感器 G71，未见异常。更换进气压力传感器 G71，行驶 1500km 后故障再次出现，经检查故障码与更换前一致，检查测量值依然未见异常，检查线路及插头，正常。模拟故障现象，将 G71 传感器线路短路与断路，均无法再现故障，排除线路问题。怀疑氧传感器闭环控制故障，试换两前后氧传感器，并用 TPI 炭罐电磁阀故障升级代码升级发动机控制单元，故障依然无法排除，后经试换发动机控制单元，故障排除。
故障分析：由于控制单元内部程序故障导致车辆报错。
维修方法：更换发动机控制单元。

22. 2015 年奥迪 A4L 冷车无法起动

故障现象：车辆停放一晚后无法起动。
故障诊断：本店接到客户的电话要求救援，救援车到现场后尝试起动，发现仪表电量报警，起动时仪表灯变暗，起动机运转无力，外接电源后车辆起动正常，车辆行驶也无任何异常情况，建议客户回店检查蓄电池，客户说有事情要办没有到店。第二天早晨客户再次打电话要求救援，外接电源后起动正常，客户订购蓄电池后等待蓄电池到货。第三天客户再次致电本店要求救援并且称不但没电，而且尝试起动两次后发动机舱有焦糊味出现。车辆救援回店后，检查发现起动机和起动机线束已经严重烧蚀，但起动机为什么会烧蚀呢？怀疑是主供电线和接地线虚接导致电流过大产生故障，检查发动机大梁上的车身接地线，正常，检查蓄电池的主车身接地线，发现固定螺栓没有紧固，接地线马上就要脱落了，故将接地线进行处理和固定，并且更换起动机和线束。与客户沟通时客户描述此车曾出现过较严重的事故，后部备胎坑车身进行过更换维修，应该是维修后没安装到位导致故障。客户提车后第二天车辆再次出现无法起动的故障，而且故障表现仍然是电量不足，起动机运转无劲的症状。救援车到达现场后搭电能够起动，回店后对新更换的蓄电池进行了测试，正常，怀疑是后部车身焊接异常导致接地电阻过大，对后部车身焊接维修的位置进行了检查，没有发现异常，会不会是机油有问题导致的故障呢？带着这个疑问与客户沟通。客户描述车辆在老家时没有出现过类似的故障，客户车辆在天津使用，当地的气温最低也就是 0℃左右，客户最后一次保养是在修理店做的，修理店告诉他换的是原厂机油。我们怀疑客户更换的是假机油，并且是夏季机油，车辆到东北后由于气温太低，机油黏度变大导致起动机无法正常运作。将客户的机油接出 20mL，再将原厂的机油倒出 20mL，一起放到室外降温，10min 后对机油黏度进行检查对比，发现车内的机油黏度非常大，流动性极低。与客

户进行了沟通，将机油更换后把车放到室外一晚第二天试车，故障排除。

故障分析：客户更换假机油，车辆到达东北后由于气温过低导致机油黏度过大，车辆无法起动。

维修方法：更换机油。

23. 2015 年奥迪 A6L 2.5 车辆行驶中熄火，熄火后无法再次起动

故障现象：客户打来救援电话，反映他前几天刚提的车在行驶中突然熄火，且熄火后无法再次起动。

故障诊断：到达事发现场，确认故障发生的现象，按压起动按钮 E408，车辆顺利着车，无法再现客户所述故障，接上诊断仪，读取故障记录，01- 发动机控制单元内有：P034100：凸轮轴位置传感器⇒传感器不可信信号，被动/偶发故障，因故障无法再现，考虑是偶发故障，则留好故障记录，清除故障记录，将车辆交由客户先试用。

出于对客户负责的态度，再次到达客户车辆所在地，更换凸轮轴位置传感器，接上诊断仪，但网关内存有：发动机电子设备无通信，变速器电子设备无通信故障，被动/偶发（也可能是之前救援非同一个人，故障记录未删除），则电话联系站内通过查阅 ELSA 电路图，看发动机与变速器有无共同供电或搭铁点，可能线路存在虚接导致发动机与变速器共同报有故障，通过咨询，发现发动机与变速器有共同搭铁点 645#，位置在排水槽前围板刮水器电动机处，检查搭铁点螺丝，未发现松动，则清除故障记录后，继续交由客户试用（期间建议客户到店详细检查，客户不同意）；行驶十多天后，客户再次打来救援电话，其车辆在高速公路抛锚，故障现象和之前一样，考虑到重复维修的后果，则安抚客户情绪后将车辆拖回店内详查；

接上诊断仪，网关内仍存有相同故障记录，且下板车时发动机控制单元还无法进入，过一会儿又可以进入了，故障记录也仍是之前相同故障。

针对目前出现的问题，考虑以下几处有故障：

- 凸轮轴位置传感器（因之前已替换，则排除）；
- 控制单元供电，搭铁（线路有无虚接）；
- 驱动 CAN 总线故障（CAN 节点有无虚接）；
- 发动机或变速器控制单元偶发故障（不只网关报故障，别的控制单元也会报与其无通信故障，则最后考虑）；
- 网关故障（发动机与变速器信号无法识别，也不只报之前那几个故障，则最后考虑）。

优先检查发动机控制单元供电搭铁，因之前搭铁点已检查，则重点检查控制单元供电，于是准备拆卸发动机控制单元，检查供电。在拆卸控制单元，拔除控制单元插头之际，无意间触碰到 645# 搭铁点附近线束，发现有火花窜出，摇晃该线束，发现该线束松动，搭铁点虚接，且能再现之前的故障，仔细检查该紧固螺母，实际已拧紧，但生产线上该螺母拧偏滑扣，虽已拧紧，但未能拧到底将线束好好固定住，在遇到颠簸路面时，搭铁点虚接从而导致故障的发生（图 8-49~图 8-51）。

维修方法：更换搭铁点紧固螺母，重新以规定力矩（9N·m）紧固。

在考虑处理问题时，还是离不开两个字"心细"，往往这两个字决定着一件事情的成败，如果当时在紧固这个螺母的时候，能够用手再摇晃一下线束就能够发现问题，并避免了重复维修！

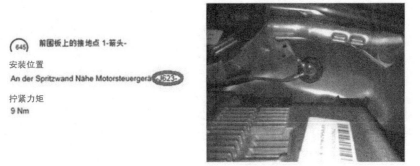

图 8-49　螺母松动

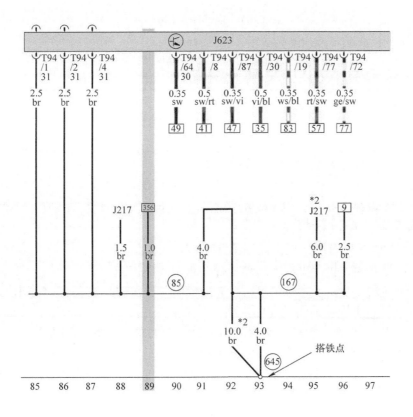

图 8-50　电路图（一）

171

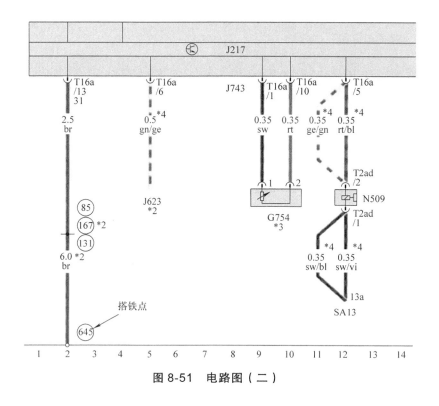

图 8-51 电路图（二）

24. 2015 年奥迪 A7 2.5 车辆无法起动

故障现象：
（1）车辆无法起动。
（2）系统提示转向系统故障，无法开启点火开关。

故障诊断：
（1）经检测故障现象存在，用 VAS6150C 读取地址码 05 内故障码为 VAG02811：ESL（电子转向柱锁）控制单元损坏（静态）。
（2）根据引导性故障查询，更换控制单元 J764。
（3）安装新的 J764，执行更新转向锁止控制单元故障排除。
（4）当关闭点火开关锁车后再次起动，故障依旧。再次拆装检查 J764，未见明显异常。安装旧的 J764 并执行更换，关闭钥匙反复试车，正常。
（5）怀疑新的 J764 存在故障，检查版本信息与旧的完全一致.仔细对比发现新的 J764 锁止销卡在开启位置不能弹出（图 8-52、图 8-53）。
（6）使用小螺钉旋具将锁止销复位，并反复活动检查正常，再次安装至车辆上，故障排除。

故障分析：
（1）由于 J764 锁止销处于弹出状态，安装后与转向柱机械锁止齿发生相互干涉，导致锁止销卡滞。

第八章 发动机系统故障

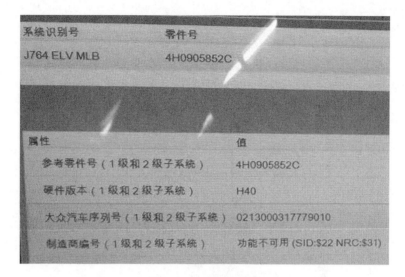

图 8-52 J764 版本

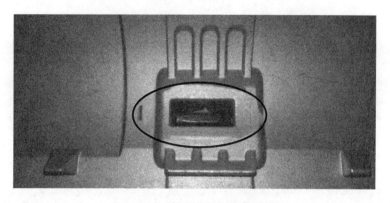

图 8-53 锁止销卡在开启位置

（2）当关闭车辆后，由于 J764 锁止销处于卡滞状态，无法完成转向盘锁止，控制单元默认其损坏，导致无法开启点火开关及起动车辆。

维修方法：更换 J764，手动调整 J764 内锁止销。

25. 2015 年奥迪 Q3 打不着车

故障现象：Q3 打不着车，蓄电池电量正常，起动机运转正常。

故障诊断：

（1）利用 VAS505X 查看车辆故障，01- 发动机系统报码（图 8-54）。

（2）查看电路图，检查燃油泵熔丝，未见异常。打开点火开关读取测量值，燃油系统预压为 0.1MPa 正常压力应保持在 0.3MPa 左右，连接燃油压力表测量燃油压力，发现实际压力为 0，打开压力表排油 C 口，打开点火开关或起动车辆时均无燃油流出（图 8-55）。

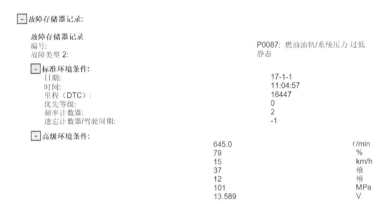

图 8-54 故障码

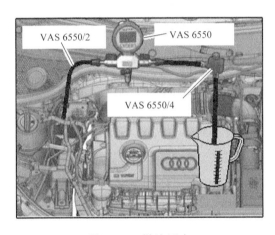

图 8-55 燃油压力

（3）拆卸后排座椅可以听到燃油泵运转声音，仪表显示燃油存量为 1/4，拆卸油箱右侧燃油泵和左侧引流泵腔室，发现燃油箱右侧没有燃油，而燃油箱左侧燃油为 1/4 左右。怀疑引流泵损坏，拆检燃油泵、引流泵，发现燃油泵与引流泵之间的两根管路连接正常（图 8-56）。

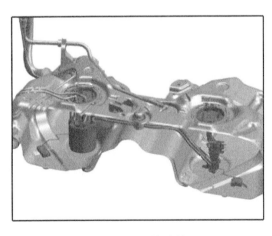

图 8-56 油箱结构

（4）引流泵工作原理为利用燃油泵的射流从而带动回油管路将燃油从左侧腔室引入右侧，拆检引流泵，利用压缩空气向与燃油泵连接的细管吹气，模拟燃油泵向管路内冲油，发现引流泵工作正常，回油粗管可以回油。然而引流泵需要 0.1MPa 左右压力才能打开产生射流。怀疑燃油泵本身压力不够，或燃油滤芯泄压阀损坏造成不能建立油压。经替换燃油滤清器，故障消除（图 8-57）。

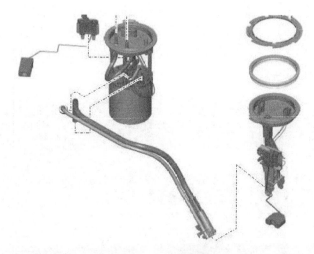

图 8-57　油泵结构

故障分析：燃油滤清器泄压阀常通，燃油泵输送的燃油经过燃油滤清器又回到燃油箱，造成系统内压力极低，达不到引流泵正常的工作压力，从而不能将左侧油箱腔室燃油引入右侧。当燃油箱右侧燃油泵所在的腔室燃油用完造成不着车。

维修方法：更换燃油滤清器。

26. 2015 年奥迪 Q5 2.0T 仪表报警，不易起动

故障现象：
（1）行驶中仪表有多个故障灯报警（图 8-58）。

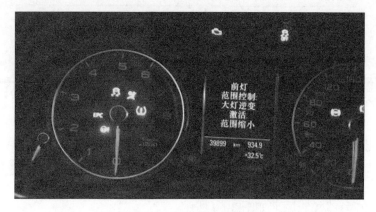

图 8-58　仪表显示故障灯

（2）经常不易起动车辆。

故障诊断：

（1）车辆进厂试车，无法再现故障现象，故障为偶发现象。用 6150B 检测，发动机、变速器有停用故障及与其他控制单元无通信故障，偶发，故障频率 9 次，用 6150B 检测无法确认故障现象。初步怀疑网络传输存在瞬间中断现象。进一步拆装检查时发现，此车有后加导航及倒车影像系统，拆装杂物箱后发现网关插头有后跨接线束，轻轻晃动插头线束发动机自动熄火，再起动时无法正常起动，一着车就灭。看来故障与网关线路改动有关。

（2）拆除后加装线束着车，故障排除，复位后加装线束故障依旧，确认故障现象为后加装线束松动损坏（图 8-59）。

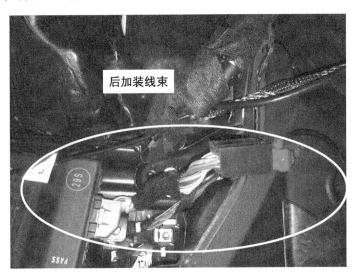

图 8-59　加装线束

故障分析： 后加装线束质量不达标，导致插头松动损坏。
维修方法： 拆除或更换后加装用电设备。

27. 2015 年奥迪 Q5 2.0T 打不着车

故障现象： 用户抱怨打不着火，拖车回店修理。

故障诊断：

检查客户抱怨的现象，将钥匙插入点火开关，仪表没有任何反应，转向柱也不解锁，危险警告灯等能正常工作。说明 30 号线有电，15 号线没有电。接着，测量蓄电池电压为 12.58V，电压正常。然后，对蓄电池做了一次断电处理后，把钥匙插入点火开关再试时，此时转向柱又能解锁了，拔了钥匙又能上锁，但是仪表还是没有任何反应，也打不着火。最后，用诊断仪读取故障码，通过手动识别，可以读取故障码。05 里面报有 ESL（电子转向柱）控制单元无信号/通信，偶发。46 里面报有端子 30-2 断路，偶发。

故障分析： 15 号线控制原理如图 8-60 所示。

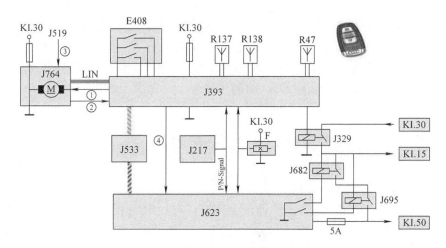

图 8-60　原理图

根据以上诊断过程,因为转向柱能解锁和上锁,初步可以排除 J393 到 J764 使转向柱解锁的信号线①和它们之间 LIN 线的问题,同时也说明 J764 没有问题。根据 15 号接线端控制原理图,可以分析得出影响 15 号线接通的有以下四种可能。

(1) J764 到 J393 使 15 号线接通的使能线①有问题。
(2) J393 内部有问题。
(3) J393 到 15 号继电器 J329 的信号线有问题。
(4) 15 号继电器 J329 有问题。

维修方法:

检查 J329 继电器,更换 J329 后故障依然存在,排除继电器的问题。接着检查 J764 到 J393 的使能线②。测量使能线②,整体没有发现对正极和对负极短路,也没有断路情况,转向柱解锁后,在 J393 端子 T17p/15 处测得电压为 12V 左右,有接通 15 号线的信号到 J393,正常。排除使能线②的故障(图 8-61)。

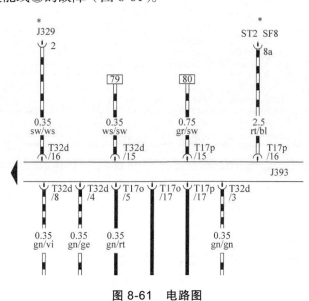

图 8-61　电路图

177

考虑到故障码中报有 J393 故障，怀疑其内部损坏可能性较大。找试驾车的 J393 换到故障车上，匹配钥匙后发动机能正常起动，为进一步说明问题，我们又把故障车的 J393 换到试驾车上，在匹配钥匙时，不能通过在线接通 15 号继电器，钥匙匹配不成功，进一步说明故障车 J393 内部损坏。最后索赔 J393，故障解决。

28. 2016 年奥迪 A3 发动机警告灯亮起

故障现象： 发动机警告灯亮起。

故障诊断： 用诊断仪检查，01-发动机电子设备有故障码 P014100：气缸列 1 传感器 2，加热电路电气故障被动/偶发多次。故障主要发生在凉车时。由于故障为偶发，检查测量值正常，线路正常。更换后氧传感器。2040km 再次进店，故障依旧，测量值依然正常。后经试换前氧传感器、发动机控制单元、发动机线束，故障依然存在。最后试换三元催化转化器，故障排除（图 8-62）。

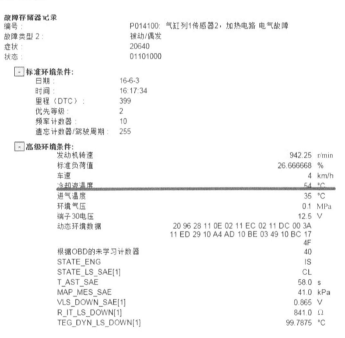

图 8-62　故障码

故障分析： 怀疑三元催化转化器内部故障导致氧传感器数值错误，发动机控制单元报错。

维修方法： 更换三元催化转化器。

29. 2016 年奥迪 A4L B9 2.0T 起停功能不可用

故障现象： 客户到店反映起停功能偶尔不起作用，仪表未报任何故障。

故障诊断：

（1）检查前先查阅资料了解影响起停功能的原因（图 8-63）。

类别	原因
发动机温度过低	发动机温度过低
发动机温度过高	发动机温度过高
制动真空太低	制动助力器内的压力过低，将起动发动机以增加制动力
发动机防盗锁止系统要求重新起动	已识别到钥匙被人从汽车中拿走
SCR 系统要求重起	尾气催化净化器（SCR）系统的一个或多个组件的温度在常规运行范围之外
打开发动机舱盖	打开发动机舱盖
转向系	转向盘在不断移动，而驾驶人已达到静止状态并且足够用力地踩下了制动踏板（停止要求）
滑行的车辆	为给辅助总成（例如制动助力器）提供机械能。在汽车移动时，STST 汽车中的发动机必须一直运行
辅助用电设备功率过高	由于不同的影响（温度/工作范围带来的负荷），辅助用电器可能发出更高的功率需求，只靠蓄电池不再能/不应该完全满足
混合动力蓄电池功率不足	由于不同的影响（温度/工作范围带来的负荷），蓄电池会限制自身功率以进行自我保护
减速接收启用	如果蓄电池因较长时间的能量回收而充满电，则无法再设置电动减速滑行（类似于带电机的发动机滑行），为确保驾驶感不变，会并入发动机并通过它设置滑行
发动机保护激活	发动机必须在一定时间间隔后运行定义的一段时间，以保护发动机部件
燃油盐化保护激活	为让燃油不会凝胶化或黏度变得不佳（低温），必须将其消耗掉并和补充添加的燃油混合均匀
尾气催化净化器加热	尾气催化净化器系统的一个或多个组件的温度在常规运行范围之外
偶发性功能受损	基于调校/诊断和元件保护，需要发动机运转

图 8-63　可能的故障原因

（2）接车后为证实客户反映的问题，用 VAS6150B 检测，发现数据总线诊断接口中蓄电池监控控制单元无法通信，再结合上面的影响原因，初步得出原因和蓄电池有关（图 8-64）。

状态	检测（按照可行性排序）
—	K176- 驾驶人后部车内锁止指示灯
—	传感器/混合动力 CAN 导线
—	J533-LIN 数据总线 1，无通信
	0019- 数据总线诊断接口 197175 U105000 蓄电池监控控制单元无通信（00001000 被动/偶发）
—	J533-LIN 数据总线 1，电气故障
√	维修防起动锁

图 8-64　检测计划

（3）接下来对蓄电池进行未断电检测，检测到蓄电池损坏，断电后对蓄电池再进行检测，故障一样，连接蓄电池对其进行匹配测试，诊断仪显示无法进行匹配。

（4）用 VAS6150B 进行检测发现能量管理系统激活（图 8-65）。

过程
空调控制器：未激活
发动机控制器：未激活
制动器控制器：未激活
能量管理：激活
变速器控制器：激活
电钥匙进入系统：未激活
自适应巡航控制（ACC）：未激活
追车辅助装置：未激活
Quatbo Sport 控制器：未激活
自适应悬架：未激活
车辆电气系统控制器：未激活
特种车辆控制器：未激活

图 8-65　能量管理系统激活

（5）检查能量管理控制单元。替换后发现原车能量管理控制单元正常。接着长时间对蓄电池断电，连接蓄电池后对其进行匹配，匹配完成，进行试车后故障消失，起停功能正常。

故障分析：由于能量管理系统偶发死机，对能量管理系统产生影响。

维修方法：长时间对蓄电池进行断电。

30. 2016 年奥迪 A4L B9 2.0T 行驶中发动机故障灯报警

故障现象：客户抱怨自己刚刚购买不久的新车，在高速行驶中偶尔发动机故障灯报警，报警后转速被限制在 4000r/min 以内，出现多次。因急于回家过年，当时没有检查。

故障诊断：

（1）接车后使用 VAS6150B 读取控制单元故障存储器，故障记录如下：气缸列 1，凸轮轴滞后点火调节，排气，目标未达到（图 8-66）。

		故障类型 2：	被动 / 偶发
		症状：	26474
		状态：	01101000
标准环境条件：	日期：		
	时间：		
	行驶里程：		
	优先等级：		
	频率计数器：		
	忘记计数器 / 驾驶周期：255		

图 8-66　故障码记录

（2）依据故障码进行引导性故障诊断，依据引导要求对发动机转速传感器 G28、霍尔传感器 3-G300 和排气凸轮轴调节阀 1-N318 的电气信号输出、输入进行了检测，信号正常。而且在实际试验中发动机也没有再次报警。

故障分析：

（1）经过以上分析判断认为造成排气侧凸轮轴滞后可能是机械调节机构偶发卡滞造成的，于是决定用就绪代码的方式进行试验，在就绪代码测试过程中发现，排气侧凸轮调整有时无法成功，看来问题真的有可能是排气侧凸轮调整的机械元件造成偶发故障。

（2）在拆检排气侧凸轮调整部件时发现，调整器的油压控制阀用手指能够轻松旋转下来，按规定该调整阀的拧紧力矩为 35N·m，不可能轻松拧下来。看来该调整阀在安装时就没有紧固（图 8-67）。

维修方法：按照规定力矩重新紧固调整阀，重新装配完毕，就绪代码测试顺利完成，反复试车故障消失，客户接车后跟踪至今没有报警。

图 8-67　没有紧固的调整阀

31. 2016 年奥迪 A4L 车辆无法起动，钥匙插入点火开关无反应

故障现象：钥匙插入点火开关后没有反应，组合仪表上灯不亮，转向听不到解锁声音，车辆无法起动。

故障诊断：

（1）接到用户救援电话说车辆无法起动；将车钥匙插入点火开关中起动车辆，组合仪表灯不亮，起动机无动作；之后维修人员把转向柱机械锁解除，前后上下摆动转向柱后，再次起动车辆，车辆能够正常起动；说明故障出现在转向柱上的电子锁部件或连接线束。

（2）经诊断仪检测，在 05-无钥匙进入驾驶识别系统中有故障码。

VAG00288：转向柱锁止执行器；

故障类型 1：损坏；

故障类型 2：间歇性问题。

根据故障导航检测需要更换转向柱控制单元 J764。

（3）转向柱控制单元 J764 供电、搭铁及线束端子无异常（图 8-68）。

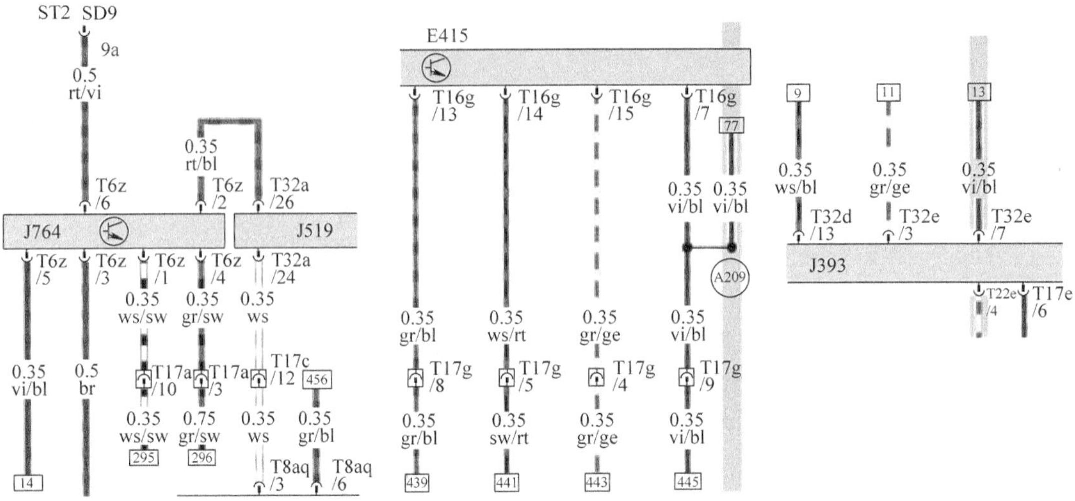

图 8-68　电路图

① 电子点火锁 E415 中有一个具有常开触点的微型开关，钥匙插入到点火锁中后，该开关会连接地线。舒适系统中央控制单元 J393 直接读取此微型开关的信息。

② 按键位置由三个微型开关读取。按下点火锁中的按键后，三个微型开关将全部接地，这三个微型开关的信息也可由舒适系统中央控制单元 J393 直接读取。

③ 当按下汽车钥匙后，万一发生故障，或者三个微型开关中只有两个接地，此时将遵循多数原则。即，系统将确定要激活哪个按键。但是，如果三个开关中只有两个提供反馈信息，系统会显示故障并发出警告。

④ 点火锁解锁中的磁吸装置也由舒适系统中央控制单元直接供电。LIN 信息首先传输到点火锁，然后由电子点火锁接收并处理。点火锁中的电子设备随即激活读写线圈以便传输数据（图 8-69）。

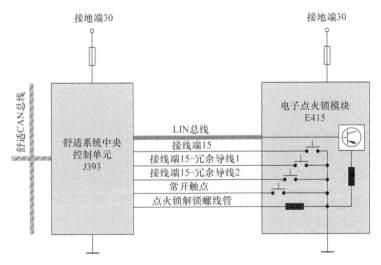

图 8-69　点火锁工作逻辑

电子点火锁工作逻辑：

当钥匙插入点火锁（常开触点）中时，电子点火锁只有两个不同的位置：

— 静止位置。

— 压入位置。

这两个位置足够对接线端进行控制。

以下是相关的逻辑关系图（图 8-70）：

控制单元 J764 在下列情况下对转向柱进行解锁。

在点火锁操作过程中：

— 点火钥匙插入点火锁中时（由常开触点进行监测）无钥匙操作。

— 接线端 S 通过起动/停止按键激活时，控制单元 J764 在下列情况下锁定转向柱；在点火锁操作过程中点火钥匙已拔下，无钥匙操作。

— 车门已打开。

要锁定转向柱，必须满足下列附加条件：

— 点火装置必须为关闭状态。

— 接线端 S 无法识别。

— 汽车必须处于停止状态。

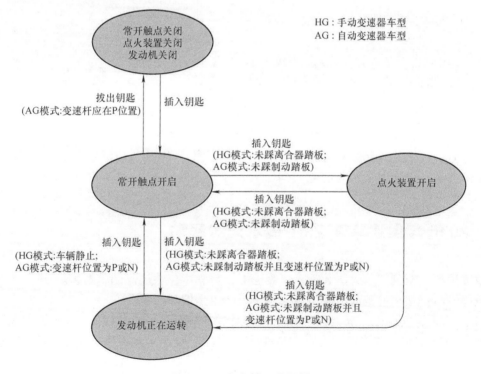

图 8-70　点火锁工作逻辑

电子点火锁工作逻辑：

如果发现电源电压作用于 ELV 起动信号线上，则表明电子转向柱锁控制单元 J764 可以锁定转向柱。车载电网控制单元 J519 及舒适系统中央控制单元 J393 都由接线端 30 连接到相应的信号线上，以便持久锁定。

如果舒适系统中央控制单元 J393 接收到"接线端 15"这样的请求信息，那么必须在接通接线端 15 之前检查转向柱是否成功锁定。

— 收到"接线端 15"这样的请求信息后，舒适系统控制单元 J393 立即通过 LIN 总线向电子转向柱锁控制单元 J764 发出询问请求。

— 如果转向柱成功解锁，该信息将通过导线将"接通接线端 15"的信息传递给控制单元 J393。在 ELV 解锁期间，起动信号导线始终保持激活状态。

— 发送允许指令后，舒适系统中央控制单元 J393 将激活接线端 15 的继电器（图 8-71）。

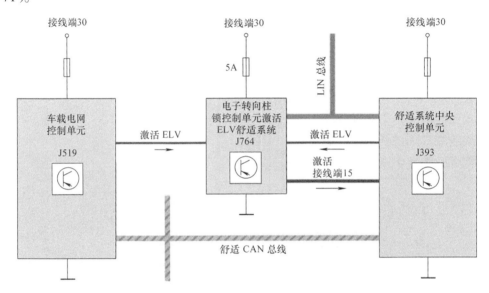

图 8-71　电子点火锁工作逻辑

故障分析：J393 没有检测到 J764 解锁信息，不激活 15 号供电继电器工作。

维修方法：更换电子转向柱锁 J764。

32. 2016 年奥迪 A6L 2.0T 偶尔无法起动

故障现象：车辆偶尔无法起动，仪表黑屏，行驶中仪表尾灯偶尔报警。

故障诊断：接车检查故障未再现，客户反映也是偶尔出现。

（1）用诊断仪诊断，46-舒适控制单元报有故障码：VAG03123，端子 30-2 短路，偶发；05-驾驶人识别系统报有故障码：VAG02815，ESL 锁止电动机供电电压断路/对地短路，偶发。

（2）根据故障码判断，可能是 J393 供电不足造成，用万用表测量熔丝，正常，测量熔丝至 J393 线路，正常，插头无腐蚀迹象。读取 J393 数据块显示 30 号供电电压为 12.1V，供电电压正常。因故障是偶发出现，分析有可能是 J393 内部问题。

（3）客户还反映行驶中仪表尾灯报警。开启尾灯检查灯光，尾灯工作 3min 后熄灭，同时仪表尾灯警告灯符号亮起，再次读取 J393 数据块，发现端子 30、30-1 显示为 12.1V，正常，30-2 电压显示为 3.2V，明显低于标准电压 12V。进一步检查发现此车熔丝 ST2 SF8 熔断后用铜丝跨接，造成 J393 在大用电量时供电电压过低，更换熔丝后偶尔无法起动，仪表尾灯报警故障排除。

故障分析：此车熔丝熔断后用铜丝跨接，在 J393 部分功能时供电正常，在开启尾灯等大用电器设备后供电不足，造成功能受限。

维修方法：更换损坏熔丝。

33. 2016 年奥迪 A6L 不能起动，无法解锁

故障现象：不能起动，无法解锁车门，只能用机械钥匙开门。

故障诊断：

（1）进行检测时，当按动点火开关后，能看到档位灯也跟着亮起来，6150B 诊断仪上显示点火开关也打开了，但是组合仪表就是不亮，也不能起动。

（2）检测发现网关内有相关总线的故障码，U001000：舒适系统数据总线损坏，静态。因舒适总线损坏而导致整个舒适系统无法建立通信，也就是无法读取 J393 的防盗信息，从而不能打开点火开关。

（3）从简单入手，把右后面的熔丝饰板拆下后，用 VAS1598/38 进行总线节点测量，当拔下 6 号两个节点后，从网关数据块的总线连接可以看到，舒适系统由损坏变回激活，查看电路图发现 6 号是连接至前面 A 柱的总线节点，因此说明故障点应该是前部总线所连接的相关控制单元或线路故障。

（4）于是把故障点引回前面，当准备把转向柱下饰板拆下来的时候，在拆左侧底下的螺钉时，刚好发现此螺钉正好压住了两根橙色的线，经检查这两根线刚好是加装一键升窗的数据总线，此数据总线是连接到车辆舒适总线网络的，因此导致整个舒适总线不能建立通信（图 8-72）。

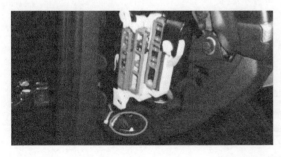 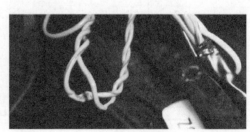

图 8-72　故障位置

（5）当把整个饰板拆下后，组合仪表也同时亮了起来，发现线路已经被压坏了，故此诊断为车辆不能起动就是因舒适总成损坏导致。

故障分析：在加装数据总线拧紧螺钉时把总线压坏，导致车辆的防盗信息不能通信。

维修方法：重新处理线路。

34. 2016 年奥迪 Q7 3.0T 急加速发动机熄火

故障现象：
（1）急加速发动机抖动熄火。
（2）40km/h 加速无力。

故障诊断： 用诊断仪读取故障码，报主机电器及机械增压电磁离合器以及凸轮轴、曲轴分配不正确。进行维修检查，都正常，读取数据流发现急加速熄火时高压油压下降，拔下高压油泵插头试车，发现此车正常，检查高压油泵线路，正常，替换高压油泵及发动机控制单元，故障依旧。此时转换思路，找了试驾车对比熔丝发现 ST1 SB14 相比试驾车少了一个 25A 的熔丝，用 Elsa 查询此熔丝名称为发动机控制单元。插好熔丝故障消除。

故障分析： Q7 的发动机控制单元有好几个熔丝，单个只影响其中一部分功能，不会使控制单元无通信。

维修方法： 安装熔丝。

35. 2016 年奥迪 Q7 起动熄火，仪表显示燃油液位零

故障现象：
（1）车辆起动后熄火。
（2）油表显示为零。

故障诊断：
（1）客户反映无法起动，拖车拖到我站后尝试起动又正常了，尝试几次起动，故障可以再现。
（2）用 VAS6150B 检测故障，1- 发动机单元 J623：仪表控制单元不可信信号 / 静态；
46- 舒适系统中央模块 J393：油箱存量传感器 1 电路电阻过低 / 静态（图 8-73）。

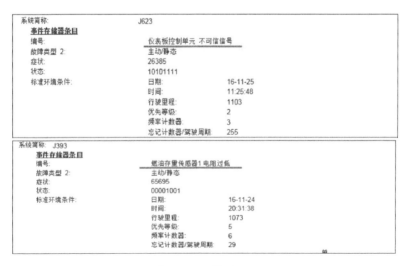

图 8-73 故障码

（3）根据故障码分析可能存在的原因有：油箱存量传感器存在故障；油泵控制器存在故障；线路存在故障。

（4）根据维修思路，拆下发动机供油管，起动后发现供油管无燃油输出。完全排除发动机这方面的故障，将检查重点放在了汽车燃油供给上。

（5）由于是新车，认为线路老化问题可能性较小。根据故障码尝试更换了燃油表传感器后读取故障码，发现发动机控制单元 J623 里多了一个故障码——油泵模块促动对地短路/静态。难道是油泵控制器出了问题？带着这个疑问尝试更换了油泵控制器，故障依旧。

（6）硬件故障基本排除，怀疑问题出在线路上。检查线路图后测量 J393 到 G 燃油表传感器（T32h/21，蓝色/淡紫色）线路，存在对地短路现象。检查发现 J393 到 G 燃油表传感器中间有一个 TKFE 燃油供给单元的连接（图 8-74）：

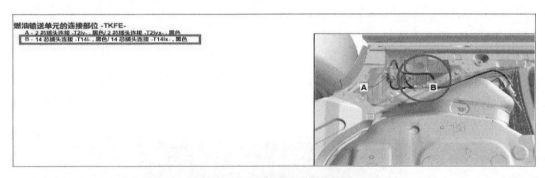

图 8-74　燃油供给单元的连接

测量 G 燃油表传感器 T6T/4 到 TKFE 插头线路，连接正常（图 8-75）。

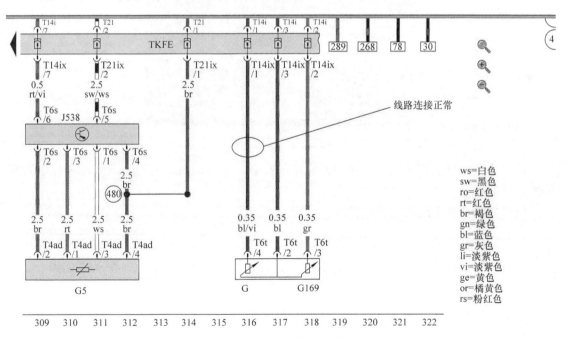

图 8-75　插头线路连接

测量 J393 T32h/21 到 TKFE 插头 T14l/1（图 8-76），存在对地短路。

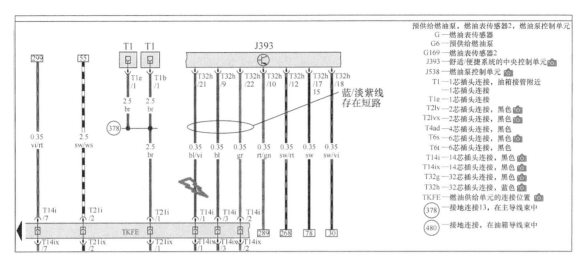

图 8-76 存在对地短路

（7）顺着 J393 插头检查线路，发现该车 TKFE 燃油供给连接插头附近的线路被加装的迎宾踏板夹住了，导致该线存在对地短路，从而导致车辆油表显示零，车辆无法起动（图 8-77）。

图 8-77 故障位置

故障分析：燃油表传感器线束被迎宾踏板夹破了皮造成对地短路，导致油表显示为零、无法起动车辆。

维修方法：修复线束，故障排除。

36. 2017 年奥迪 A4L B9 2.0T 点火开关可以打开，不能起动

故障现象：点火开关可以正常打开，不能起动。

故障诊断：

（1）确认故障现象与客户反映一致，点火开关可以正常打开，但是不能起动。不能起动故障可能原因为起动机故障、起动继电器故障、控制单元故障和线路故障。

（2）用诊断仪检测，系统正常，无任何故障码。如果任何一个部件有问题控制单元都会存有相应的故障记录。检查起动继电器供电，正常，其由发动机控制单元控制内部搭铁。跨接起动继电器，电动机可以正常工作，但是没有起动的征兆。因为 J906 和 J907 由发动机控制单元控制，替换发动机控制单元，故障依旧（图 8-78）。

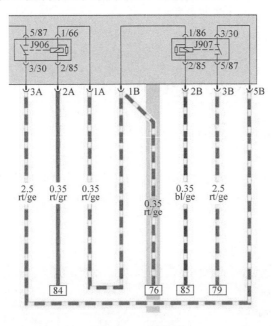

图 8-78　故障码

查找 B9 维修资料，发现它的接线端有明显的改变，15 号线有一部分不再经过 J329（图 8-79）。

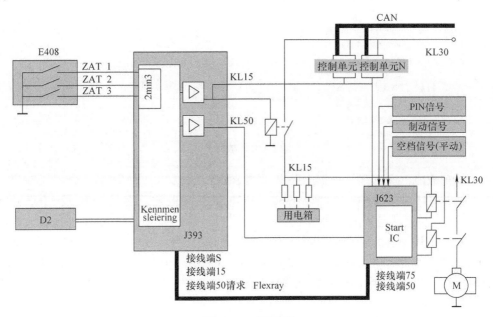

图 8-79　原理图

查看 ELSA，J623、J393、J743、J519 都连接在 B281 正极连接 5（15a）上。用专用工具分别测量该端子上的电压，发动机 T91/50 上没有 12V 电压，其他控制单元均正常。拆装 T91 插头发现端子与线路断开。更换端子后，故障排除。

故障分析：B281 断路，发动机控制单元与 15 号线断开，造成发动机控制单元无法正常工作。

维修方法：修复线束。

37. 2017 年奥迪 A5 2.0T 起停功能失效

故障现象：行驶过程中，起停功能失效。

故障诊断：

（1）试车发现故障确实存在，用 6150B 检测故障码，地址码 19 报：VAG00458，蓄电池监控控制单元无信号/通信，被动，偶发；VAG03705；稳压器无信号/通信，被动，偶发（图 8-80）。

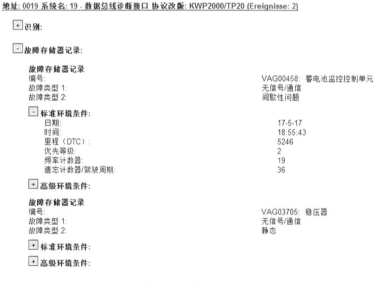

图 8-80 故障码

（2）试车故障再次出现，查询电路图（图 8-81）。

（3）根据引导查询检查 J532 及 J367，供电和接地正常，测量 J532 及 J367LIN 线路，电压为 10.5V，在正常范围内，可能原因有线路虚接、网关。试灯测试供电接地正常，不存在虚接现象。断开发电机插头、J367 插头、J532 插头，测量发电机 C 及 J532 LIN 线之间电阻为 10Ω，说明线路存在虚接现象。检查发现行李舱右侧 LIN 线路节点松脱（图 8-82）。

故障分析：线束在制作过程中，发电机、J367、J532 共用 LIN 线路在节点位置没有完全卡住。

维修方法：处理线束。

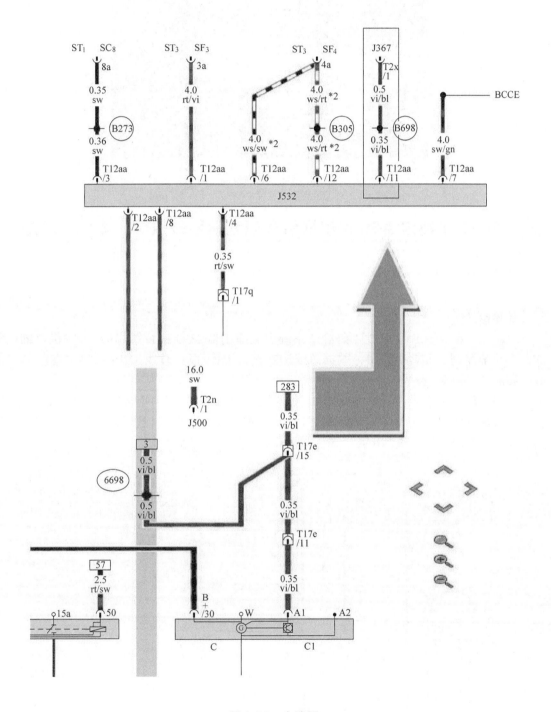

图 8-81 电路图

图 8-82 故障位置

38. 2017 年奥迪 A6L 仪表显示车辆起动系统故障，车辆无法熄火

故障现象：组合仪表故障灯报警显示车辆起动系统故障，车辆无法熄火、偶发，LED 行车灯闪烁（车辆熄火后）。

故障诊断：

（1）用 VAS6150B 读取故障码舒适系统中央控制器 J393 报：总线端 15 的供电继电器 J329 不可靠信号，被动/偶发；数据总线诊断接口 J533 报：总线端 15 的供电继电器 J329 不可靠信号，被动/偶发。

（2）进行故障引导，显示检查总线端 15 的供电继电器 J329 继电器是否正常，供电线、接地线及信号线是否正常。检查接线端 15 供电继电器，正常。检查接线端 15 供电继电器供电线、接地线及信号线，正常。清除故障记忆，试车，故障依旧（图 8-83）。

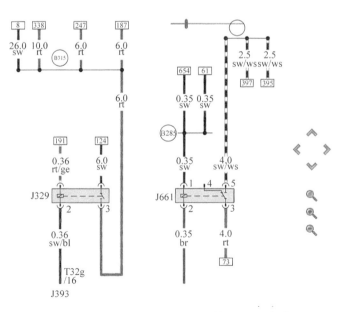

图 8-83 电路图

（3）检查车辆是否有加装，发现该车加装行车记录仪、电动尾门、无钥匙进入起动系统，将行车记录仪、电动尾门拆解后故障依旧，因拆解无钥匙进入起动系统需更换舒适系统中央控制器 J393，暂未进行拆解试车。

（4）试车发现开启行李舱后车辆故障消失，车辆熄火正常，LED 行车灯熄灭，查询 Elsapro 确认故障点为接线端 15 供电继电器信号线对地短路。

（5）修复接线端 15 供电继电器信号线，故障排除（图 8-84）。

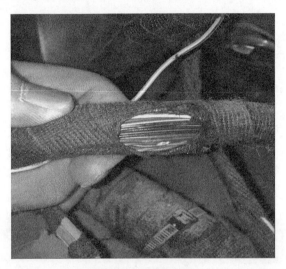

图 8-84　故障位置

维修方法：修复接线端 15 供电继电器信号线。

第九章 底盘、传动系统故障

1. 2006 年奥迪 A8 空气悬架故障

故障现象：空气悬架功能不可用，前部减振器在最低位置。

故障诊断：

（1）用检测仪，检测 34 里有故障码"监测到系统泄漏""过热保护和系统切断级"。

（2）删除故障码后，打气泵工作正常，两前减振器均被充气到正常高度。保压时发现左前减振器在慢慢往下降，说明左前空气悬架系统有泄漏。单边悬架泄漏有两个可能：一是减振器损坏泄压；二是空气导管磨损出沙眼或接头松动老化。

（3）先检查了左前减振器到分配阀的接头和空气导管，未发现有泄漏，拆下左前减振器，使用 VAS6231 和 T10157 给减振器加压，把加压后的减振器泡在水中发现减振器最底部泄漏（图 9-1）。更换左前减振器，故障排除。

专用工具/设备：VAS6150C、VAS6231、T10157。

图 9-1 测试泄漏

2. 2011 年奥迪 A7 3.0T ESP 灯亮，ABS 灯亮，轮胎灯亮

故障现象：行车时有时 ESP 灯亮，ABS 灯亮，轮胎灯亮。仪表中央显示停车制动系统错误故障，请联系经销商。

故障诊断：

（1）用诊断仪检测制动控制系统 J104 控制单元，无通信，01 发动机，02 变速器等都显示由于接收到错误数值而功能受限。上述故障为偶发。

（2）检查 ABS 主缸熔丝 S123 及 S133 号，均正常，拔下 ABS 主缸插头检查是否进水或接触不良，未发现异常，检查蓄电池电压，大于 12.5V，在正常范围。检查 ABS 主缸搭地线左边未发现有异常。

（3）查阅 TPI 文件（TPI 号：2033221/3）相关 ABS 灯亮起故障，根据文件拆下左前内衬及刮水器水壶，检查 ABS 控制单元供电接地线端 30 在左前门边总线处有无损坏现象，分解线束未发现损坏。

（4）检查 J104 上 CAN 线转接插头 T469 上端子及插头，无异常。更换 ABS 主缸，4~5日后故障又再次出现，回店检查。故障码与上次差不多一样，制动系统多了一个与 Fiexeay 总线系统不同步故障码（偶发）。查阅电路图得知连接 ABS 主缸的 Fiexray 总线 T47-3 与 19 号端子均为网关 J533 控制，查询 J533 编号为 4G0907468ABH40，对网关进行升级，但因版本太低无法升级，需更换编号为 04G907468F 的网关控制器。更换网关 J533 后，故障不再出现。

故障分析： 第一次进站检查和第二次进站检查故障码有变化，多了一个与 FIEXEAY 总线系统不同步，偶发（图 9-2）。

维修方法： 更换编号为 04G907468F 的网关控制器。

图 9-2　第二次检查的故障码

3. 2011 年奥迪 Q7 3.0T 空气悬架灯报警

故障现象：

（1）客户反馈空气悬架灯、胎压灯报警。

（2）更换悬架打气泵后，悬架无法升高调节。

故障诊断：

（1）客户首次进店反馈空气悬架灯、胎压灯报警。用 6150B 检测 34 地址码有故障码。根据故障码提示更换空气悬架压缩机的干燥器。

（2）客户再次进店直接更换订货回来的空气压缩机干燥器，试车发现空气悬架无法升至高位，仪表无故障灯显示。

（3）用 6150B 检测有图 9-3 所示故障码。

```
G290_4L_43____2_0605_GEBER_KOMPRESSORTEMP_00021
故障列表：
控制单元地址                                         故障
0034                                       VAG01770: 水平高度控制泵温度传感器
0034                                       VAG01770: 水平高度控制泵温度传感器
0034                                       VAG01577: 由于温度过高而关闭
```

图 9-3　故障码

根据引导故障查询测量值显示空气压缩机温度为 120℃，正常值为 60~120℃。如果压缩机的温度达到 120℃，那么切断空气压缩机工作是正常的。可是现在刚更换压缩机干燥器温度就达到 120℃ 是不正常的。出现这种现象可能是空气压缩机温度传感器、传感器线路和控制单元有故障。由于刚换过压缩机干燥器，那么温度传感器故障可能性较大，因为压缩机温度传感器是装在干燥器上的（干燥器不带）（图 9-4）。

图 9-4　温度传感器

（4）拆下温度传感器，分别浸入凉水和热水中测量它们的阻值，这时阻值发生较大的变化，说明传感器是好的。检查温度传感器的线路未发现故障，而控制单元无法证明其有故障。

（5）对空气悬架系统重新做基本设置始终无法进行，提示与控制单元通信失败。检查 J197 的供电熔丝及电压正常。用引导功能对前后桥系统进行排气，可正常工作，对前后桥系统充气时，压缩机没有反应。问题还是压缩机不工作，之前所有思路都集中在 G290 压缩机温度传感器不可信信号，认为是温度传感器发出 120℃ 温度信号导致压缩机被切断工作。如果不是这方面的问题，那么就是空气压缩机供电本身的问题。检查空气压缩机的继电器，正常，检查继电器熔丝时发现熔丝已经烧断（图 9-5）。

案例说明：

（1）车辆进店更换订货回来的配件时未再次读取故障码，导致更换配件后出现新故障时无法辨别是更换前还是在更换过程中无意损坏配件造成的。

（2）一个部件有多方面因素导致它产生故障，我们的思维不能只停留在故障码上。

（3）更换配件后出现新故障，我们不能一味停留在先入为主的想法上。

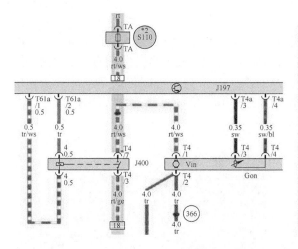 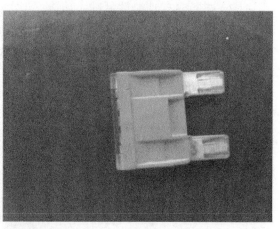

图 9-5　电路图及熔丝

故障分析：

（1）空气压缩机干燥器失去作用使压缩机异常工作，导致压缩机继电器疲劳工作。

（2）继电器熔丝保护压缩机而熔断。

维修方法：

（1）更换空气压缩机继电器熔丝。

（2）对空气悬架系统重新匹配。

4. 2011 年奥迪 Q7 3.0 车身高度无法调节

故障现象： 行驶中胎压灯和车身高度调节装置黄色指示灯亮起，用诊断仪清除故障码"自适应悬架阀 机械故障"后，故障短暂消除，但放置一段时间故障重现。

故障诊断：

（1）用诊断仪检测，水平高度控制系统中有 02645 003 自适应悬架阀机械故障（图9-6）。

（2）进入引导功能，按照提示用 1598/31 检测压力传感器至控制单元线路端子，正常。需要检查悬架调节阀和压缩机（图 9-6）。

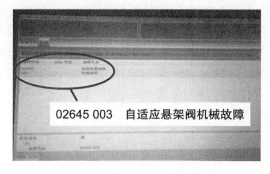

图 9-6　故障码及检测计划

（3）进行悬架功能性测试，功能不正常。
（4）经查询 TPI 描述可能是悬架控制系统电磁阀体有水进入而引起故障。

故障分析：根据故障分析和 TPI 的描述，拆检电磁阀体和压缩机发现有水进入痕迹，进一步检查压缩机活塞，已严重磨损和生锈。经诊断、拆检分析可能是该车经常涉水跑山路，水或水汽由空气滤清器吸入到车身高度调节系统的电磁阀体及压缩机中引起故障（图9-7）。

 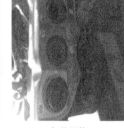 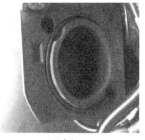 

曲轴箱　　　　　电磁阀体　　　　　活塞缸　　　　　调压阀

图 9-7　故障可能部件

维修方法：更换压缩机、电磁阀体、车身高度控制继电器，处理压缩机真空管和连接到空气滤清器的空气导管，更换备件后故障排除。

5. 2012 年奥迪 A6L C7 仪表出现 ABS、侧滑、TPMS、胎压及驻车制动报警

故障现象：仪表出现 ABS、侧滑、TPMS、胎压及驻车制动报警（图9-8）。

故障诊断：诊断仪报故障码"C101B14：右前轮转速传感器断路/对地短路""C101B29：右前轮转速传感器　不可信信号"。检查试车读取数据，发现无右前轮速传感器信号，拆检右前轮速传感器发现脏污，处理后故障依旧。根据引导性功能查询，右前及左后轮速传感器相同，对调后故障依旧，更换右前轮轴承，故障依旧。接下来检查 ABS 控制单元到右前轮速传感器线束，未能发现断路及不正常的搭铁现象。准备更换 ABS 泵，因为短时间无新 ABS 泵可替换，所以准备再多测几次数据。在检查时发现故障码有时候能清掉，随后试车再次出现，在多次试车中发现车辆前后移动时不报警，一旦转向就报警。在随后的试车中发现在左转弯时车辆不会报警，一旦右转就报警，由此推断是线路出现问题，最终检查发现右前轮速传感器线束出现断路，维修好线束试车，故障排除（图9-8）。

故障分析：在转向时，因为拉动线束的原因造成线束断裂（线束在转向节上存在固定点），右转时线束脱开，直行或左转时线束正常连接，造成检查判断时出现误导。

维修方法：维修线束。

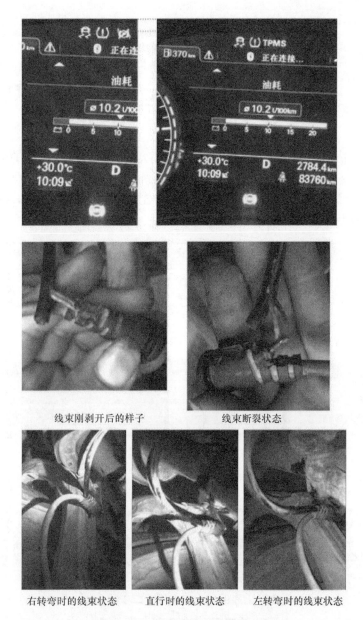

图 9-8　仪表故障提示及故障位置

6. 2012 年奥迪 Q7 3.0T 空气悬架故障灯报警

故障现象：空气悬架故障灯报警，同时伴随有胎压系统报警。

故障诊断：

（1）用 VAS6150B 检测 34 中有故障码：VAG01772，水平高度调节压力传感器信号线断路/对地短路，静态；VAG01772，水平高度调节压力传感器信号线不可信信号，间歇性问题（图 9-9）。故障码无法清除。

```
故障存储器记录
编号：                    VAG01772: 水平高度调节压力传感器信号线
故障类型 1：              断路/对地短路
故障类型 2：              静态
故障存储器记录
编号：                    VAG01772: 水平高度调节压力传感器信号线
故障类型 1：              不可信信号
故障类型 2：              间歇性问题
```

图 9-9　故障码（一）

（2）分析产生该故障码的原因有压力传感器 G291 损坏；控制单元 J197 损坏；G291 到 J197 的线路损坏。根据电路图检查水平高度调节系统的压力传感器 G291 到水平高度调节系统控制单元 J197 之间的线路，正常，分析应该为 G291 损坏的可能性非常大，更换一正常电磁阀体后故障消失（图 9-10）。

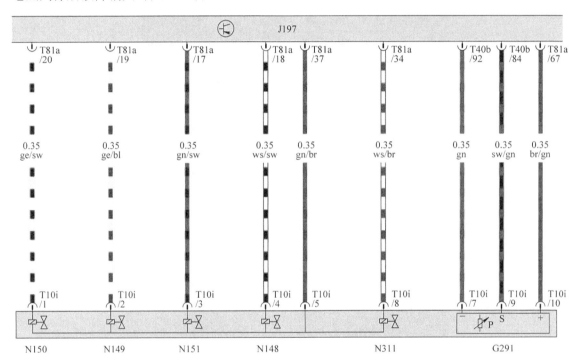

图 9-10　电路图（二）

（3）客户行驶了 10km 之后，故障又再次出现。车辆再次进店检查，发现 34 中的故障码和之前一样，但不同的是这次故障码可以清除，清除故障码后车辆恢复正常。对车辆进行试车，当行驶距离达到 10km 以上时故障又再次出现，出现故障时用 VAS6150B 读出的测量值未见异常。再次检查 G291 到 J197 之间线路，正常，替换控制单元 J197、电磁阀体、空气供给装置，故障依旧。诊断陷入僵局。

（4）重新对该车进行诊断分析，再次试车时，无意间发现该故障车辆空气供给的压缩机工作频率比正常车辆要频繁，分析导致空气供给压缩机工作频繁的可能性有压缩机本身损坏导致供气压力过低；空气悬架系统中有漏气故障。

（5）对系统进行充放气，当压缩机工作时，系统压力在 0.1MPa 以上，证明压缩机供气压力正常。

（6）检查空气悬架系统是否有漏气，当检查底板上的左前蓄压器时，发现该蓄压器已经损坏漏油，更换一正常蓄压器后故障排除（图9-11）。

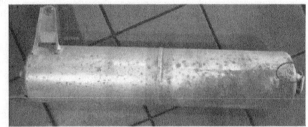
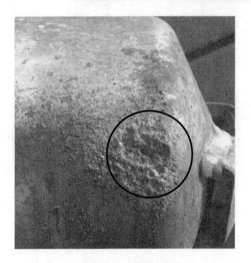

图 9-11　蓄压器

故障分析：由于蓄压器损坏漏气，导致空气悬架系统中的系统压力过低，控制单元J197会经常性地触发空气供给装置的压缩机工作来保证系统的正常工作压力，行驶一段时间后，导致控制单元J197错误地以为是水平高度调节系统的压力传感器G291信号不可靠，造成报警。

维修方法：更换底板上的左前蓄压器。

7. 2013年奥迪A4L 2.0T 防侧滑灯、胎压灯亮

故障现象：用户反映车辆在行驶过程中，组合仪表突然出现前照灯自动调节系统报警，然后出现ESP、ABS及轮胎压力监控等多个报警。

故障诊断：

（1）接车检查车辆发现仪表上有多个故障灯亮起。

（2）用诊断仪6150B进行诊断，地址码03组有故障码，为右前轮轮速传感器不可信信号，机械故障。

（3）检测四轮胎压均为0.25MPa，举升车辆，用诊断仪检测地址码03组测量值01区，转动右前车轮发现车速传感器有信号输出。转动其他三个车轮也有信号输出。把左后轮传感器与右前轮传感器互换后清除故障码试车，故障没有转移。

（4）根据电路图测量右前轮转速传感器线路（图9-12）。

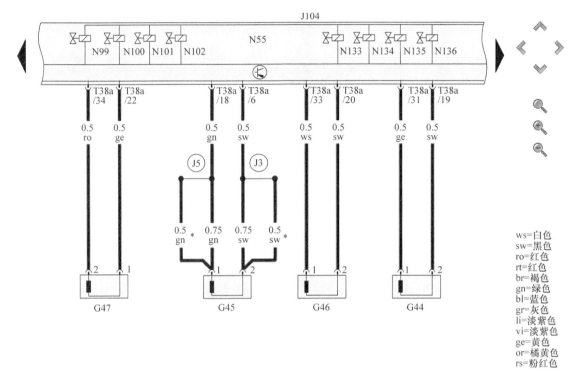

图9-12　电路图

1号端子到18号端子、2号端子到6号端子的线路连接正常，无断路或短路状况。插头连接无腐蚀虚接状况。拆卸轴承发现轴承磁圈处已被脏污遮盖，清理遮盖在磁圈上的脏污后故障排除。

故障分析：

（1）B8车型轮胎压力监控用的是第二代轮胎压力监控系统（图9-13）。

（2）传感器靠轴承上的磁圈感应车速，磁圈被脏污遮盖造成磁力下降，影响传感器的信号识别。

维修方法： 清理遮盖在轴承磁圈上的脏污。

第九章 底盘、传动系统故障

图 9-13 胎压监测原理图

8. 2013 年奥迪 Q3 0BH 变速器漏油

故障现象：变速器漏油。

故障诊断：

（1）该车变速器上部有轻微漏油现象，每行驶一段时间变速器机滤及散热器附近都会有油迹，清洗干净后涂抹滑石粉，发现变速器机滤附近油迹较多，根据 SOST 培训，该变速器机滤存在漏油现象，尝试更换机滤后漏油现象依旧存在（图 9-14）。

图 9-14 漏油位置

（2）根据 SOST 培训，该变速器几处常见的漏油点都排除了，并没有发现漏油点。进一步检查发现变速器上部一颗螺栓附近也有油迹，该螺栓下有油道，通往变速器散热器，拆下该螺栓，发现螺栓垫片上有一道豁口，造成变速器漏油（图9-15）。

故障分析：螺栓密封垫片受损，导致密封不严。

维修方法：更换该密封垫片。

图 9-15　损坏的螺栓

9. 2013 年奥迪 Q5 起步延迟

故障现象：

（1）车辆在静止时起步反应比较慢。

（2）红灯踩制动踏板完全停止后出现。

故障诊断：

（1）用诊断仪检测，无故障码。读取发动机测量数值分析，发动机工作良好，生成就绪代码，正常。发动机系统工作无异常。读取变速器测量值，行驶时传动比正常。离合器压力正常，换档无异常。

（2）根据故障现象分析可能的故障有变速器内系统原因，怠速驱动力小；制动系统紧，回位不好；传动系统故障，运转间隙过小。

（3）找来其他车辆对比（发动机相同，8速变速器），无此故障现象，尝试对变速器、离合器进行静态匹配、驱动匹配，全部完成，试车故障未发生改变。

（4）举升车辆，用手空转车轮，转动正常。踩下制动踏板车轮抱死，抬起制动踏板马上可以转动车轮，制动系统无异常。

（5）目视传动轴、半轴、差速器、轴承等无拆卸或损伤历史，将车辆运转至工作温度，检查部件无间隙，无抱死现象。

（6）此时维修陷入困境，反复不断测试故障现象，在车外观察，发现故障是驻车制动系统释放慢。重点检查电子驻车制动系统，测试功能全部正常，检查系统部件发现 J540 固定爪断裂，J540 装在车上不平导致此故障（图 9-16）。

图 9-16　J540 损坏位置

故障分析：
（1）车辆后部曾有事故，J540 固定爪被撞断，导致内部纵向传感器发出错误信号，J540 认为车辆始终在上坡路段，延迟释放驻车制动，以防止溜车。
（2）此故障是事故维修不彻底引发，在上坡路段驻车制动系统有此项功能。

维修方法：
（1）更换驻车制动控制单元 J540。
（2）匹配纵向传感器。

10. 2014 年奥迪 A3 1.4T 驻车制动指示灯闪烁

故障现象： 停车拉驻车制动手柄时，偶尔出现驻车制动开关指示灯不停闪烁。

故障诊断：

用诊断仪 VAS6150B 检测地址码 03 有故障码：右侧停车制动器驱动，机械故障，静态；驻车制动器电动机，不可信信号，静态。看到该故障码的第一反应是右侧制动器电动机伸出/回位与左侧不同步。由于该故障现象以前从未见过，首先进行引导性故障查询，列出的检测计划要求分别检查左侧和右侧的制动器电动机，故障在线时测量的导线正常，右侧制动器电动机供电时有时无，由于 A3 车型取消了单独的制动器控制单元 J540，而是集成在 J104 中。近年来 A3 车型 ASB 泵频繁损坏，猜测或许该故障也是 ABS 泵损坏导致的，由于该故障现象和故障码均不同，没敢妄下定论。从简单入手，更换驻车制动开关试车，故障依旧，检车指示灯 K213 到 J104 线路，正常，在试车的过程中忽然想到该车的故障现象和 C7 更换 J540 未做基本设置的现象相同，该车是否是因为 J104 暂时性失去对制动器电动机的基本设置导致指示灯闪烁？于是马上对内部 J540 做基本设置，经过反复试车，故障现象未再出现（图 9-17、图 9-18）。

故障分析： 对于新车型或从未见过的故障现象，不要盲目更换备件，应该理性思考。

维修方法： 对 J540 进行基本设置。

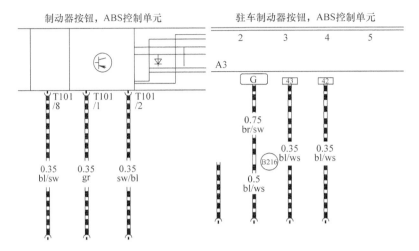

图 9-17　电路图

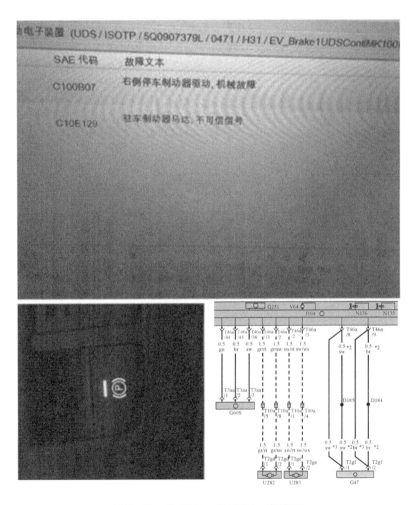

图 9-18　故障码、故障灯、电路图

11. 2014 年奥迪 A4L 2.0T 变速器故障灯及档位灯有时报警，车辆钥匙有时无法拔出，无法起动

故障现象： 车辆在行驶过程中，仪表有时会出现变速器故障灯报警，变速杆档位指示灯有时不显示，同时会出现在当时状态下无法起动车辆，车辆钥匙有时无法从点火开关中拔出。

故障诊断： 将诊断仪 VAS6150C 连接到车辆上，读取故障存储器，地址码 02 读取到故障码为 4323 P189000，Tiptronic 信号线 电器故障（00101100 被动/偶发）；地址码 46 读取到故障码为 2308，变速器位置 P 开关（不可信信号，间歇性问题）。

故障原因： 根据引导性故障导航进行诊断测试，进行驱动测试，未发现异常。检查发动机控制单元、变速器控制单元及舒适控制单元 J393 之间的公用导线，测量电阻值小于 1Ω。进行发动机控制单元 01A0090，变速器控制单元 02A067，舒适控制单元 46A013 SVM 升级无效，故障依旧。查看 ELSA，分析 F305 与 J587 之间的供电与接地信号，发现两者公用接地线在中央通道上的接地点 2（688 接地点）已松动（图 9-19、图 9-20）。

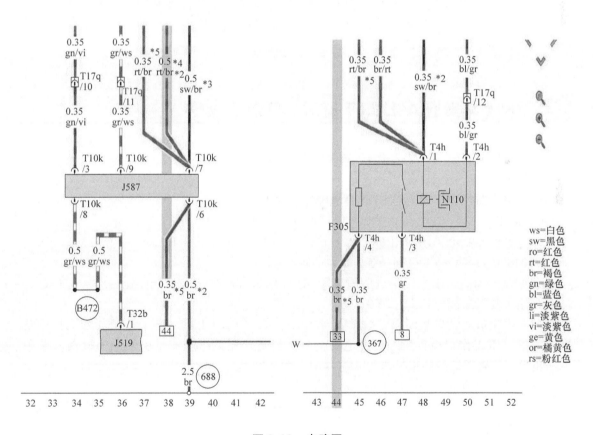

图 9-19　电路图

维修方法： 紧固 688 接地点的螺栓后，试车，故障排除。

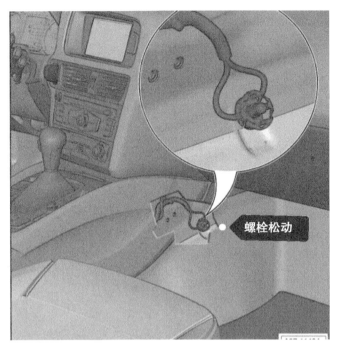

图 9-20 接地点

12. 2014 年奥迪 A6L 3.0T 有时空气悬架报警

故障现象： 有时空气悬架报警，车辆空气悬架无法正常升降。

故障诊断：

（1）用诊断仪检测地址码 34 里有故障码（图 9-21）。

C11AFF0：水平高度调节系统蓄压器识别到泄漏，被动/偶发。

C10C800：功能关闭启用，被动/偶发。

C104600：水平高度控制系统，被动/偶发。

（2）因故障偶尔出现，且进店后故障消失，根据引导性查询和电路图分析，尝试更换 J197 试用，几天后故障依旧（图 9-21）。

（3）再次进店读取故障码，故障码与之前一致，但故障出现。进行空气压缩机自诊断，发现压缩机不工作。检查压缩机继电器，未见异常。用电压表测量空气压缩机输入电源，电压正常。检查压缩机线束外观，未见异常（图 9-22）。

（4）尝试更换空气压缩机总成，故障消失。

（5）因空气压缩机不易损坏，尝试检查插头线束及端子，在轻轻摇动线束时，发现负极端子烧蚀断掉（图 9-23）。

故障分析： 因长时间端子接触不好且空气压缩机电流较大，过载造成温度较高，烧蚀断裂。

维修方法： 重新接线，客户暂用，订新空气压缩机。

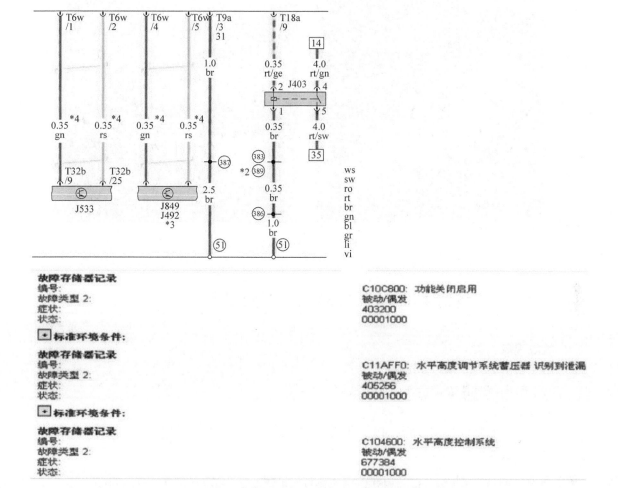

图 9-21 电路图及故障码

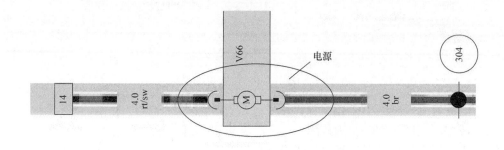

图 9-22 电路图

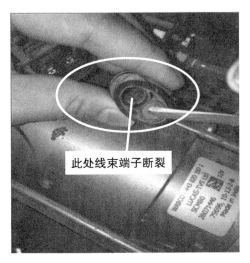 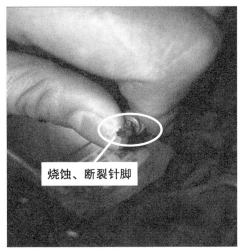

图 9-23　故障位置

13. 2014 年奥迪 A6L 行驶转向沉，转向报警

故障现象：
（1）车辆行驶偶尔转向沉。
（2）转向沉时仪表提示转向系统故障。

故障诊断：
（1）使用诊断仪检测故障。19 数据总线诊断接口显示：转向机无信号通信，44 动力转向装置没有故障记录（图 9-24）。

地址：0019　系统名：19 - 数据总线诊断接口　协议改版：UDS/ISOTP（Ereignisse：1）

+ 识别：

- 故障存储器记录：

故障存储器记录
编号：　　　　　　　　　　U101D00：动力转向控制单元 无通信
故障类型 2：　　　　　　　被动/偶发
症状：　　　　　　　　　　4906
状态：　　　　　　　　　　00001000

图 9-24　故障码

（2）检查转向机控制单元处插头，未发现破损或进水。
（3）检查网关插头，未发现故障。
（4）进行试车，在试车过程中发现有故障现象出现。
（5）测量转向控制单元 Flexray 总线电阻时发现电阻为 103Ω，大于正常的电阻值 94Ω，再次测量网关处电阻值是 94Ω，正常（图 9-25）。

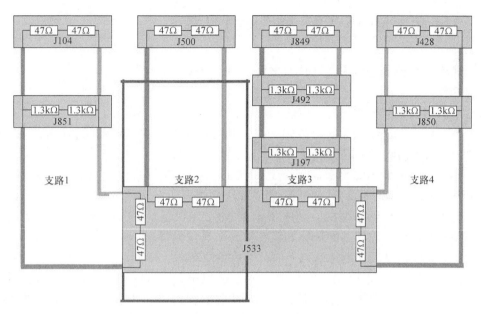

图 9-25　网络原理图

（6）怀疑转向控制单元有故障，直接测量转向控制单元时电阻是 94Ω，正常。

（7）测量 Flexray 导线，发现有一根导线电阻有时正常，有时无穷大。

（8）按照电路图查找，发现在左前轮罩下方有网关到转向控制单元的 Flexray 总线插头。

（9）拔开插头后发现，插头内有端子脱开，重新安装后故障排除（图 9-26）。

图 9-26　Flexray 总线插头

故障分析：在插头内部端子没有完全断开的情况下，车辆的振动和颠簸会导致数据信号传输的中断，因此会造成偶尔转向沉和转向变沉之后仪表提示转向系统故障。

维修方法：修复插头。

14. 2014 年奥迪 A8 3.0T 空气悬架报警

故障现象：行驶的过程中空气悬架报警，前部悬架"趴窝"。

故障诊断：

（1）车辆空气悬架报警，自适应前照灯报警，悬架无法升降。

（2）用 VAS6150C 检测系统有故障记录。34-C104600：水平高度控制系统，主动静态；55-U111300：由于接收到错误数值而功能受限，主动静态。

（3）尝试用 VAS6150C 对悬架系统进行充排气，压缩机可以正常工作，对前轮充气，前部悬架慢慢升起；说明压缩机、电磁阀体及 J197 可以正常工作。

（4）为了进一步确认压缩机、阀体及 J197 的工作状态，多次执行诊断测试，都可以正常工作；举升车辆检查前部高度传感器及摆臂，未发现异常。

（5）初步判定前部减振器或管路及阀体存在漏气现象。用泡沫水检查阀体及管路未发现漏气现象；用专用工具 VAS6231 及 T10157 对前部减振器做保压测试，首先对左前轮加压到 0.5MPa（有负载），注意保持气管连接，左右减振器各保持 4h，未发现表针下降（图 9-27）。

图 9-27　加压

（6）初步判定悬架无漏气现象，放置一夜后，悬架未出现下降现象。对车辆进行试车，过减速带时，空气悬架突然报警，前部悬架"趴窝"，无法升降；再次用诊断仪读取故障记录，与之前的故障记录一致。对车辆前部悬架充气时，发现右前部悬架发出"呲呲"的漏气声，判定右前减振器漏气损坏。更换减振器故障排除。

故障分析：

（1）应熟练掌握空气悬架的气动图及工作原理（图 9-28）。

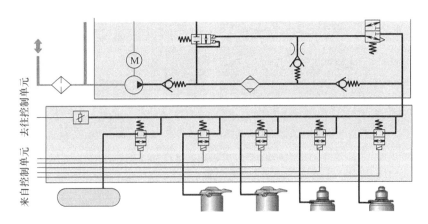

图 9-28　悬架原理图

（2）四个减振器及蓄压器的压力是通过阀体上的一个压力传感器监控的，结合四个高度传感器的值，对减振器高度进行调节。

（3）自适应前照灯报警，原因是 J745 需要 J197 的高度传感器的数值，一旦空气悬架出问题，自适应前照灯相应出现问题。

（4）用专用工具 VAS6231 对减振器做保压测试，首先应保证气管连接完好；一般减振器漏气通过此方法都可以检测到，有时减振器漏气需要在特定的环境下才能表现出来。

维修方法： 更换右前减振器，故障排除。

15. 2014 年奥迪 A8L 车辆在行驶过程中胎压报警、驻车制动器报警

故障现象： 车辆正常行驶时故障灯报警，车辆能正常行驶。

故障诊断：

（1）车辆进店检查，仪表板胎压故障灯、驻车制动故障灯报警。据客户描述车辆正常行驶时故障灯突然亮起，尝试熄火之后重新起动，故障依旧（图 9-29）。

图 9-29　仪表故障提示

（2）连接诊断仪，几乎所有控制单元都存储故障码，无法找到合理的故障存储。先清除所有故障存储，但是故障报警依旧存在，无法清除。诊断仪所报故障码为：地址 01 中，仪表板控制单元不可信信号；地址 09 中，车外温度传感器电路电器故障静态；地址 53、地址 03、地址 08、地址 17 中所报故障都是由于接收到错误数值而功能受限，主动静态（图 9-30、图 9-31）。

（3）根据故障码分析相关故障，车外温度传感器为入手点。先查看车外温度传感器，换一个完好的温度传感器，故障依旧。检查线路，拆卸前杠时发现有一插头可轻松拔下，插头不能完好连接，打开插头后发现端子处有腐蚀，怀疑故障原因就在插头处。查找电路图发现正是温度传感器和驻车雷达插头处，清理插头重新安装，故障消失（图 9-32）。

（4）此插头状态表明车辆可能碰撞过，前期客户并未说明车辆有过碰撞。询问客户未果。因此不可完全相信客户介绍的车辆故障原因，要自己认真去分析，深入了解车辆历史。

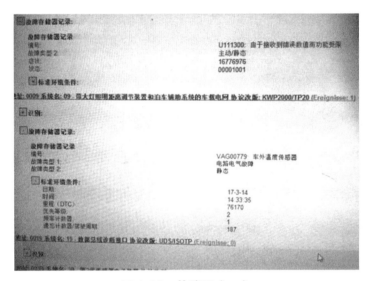

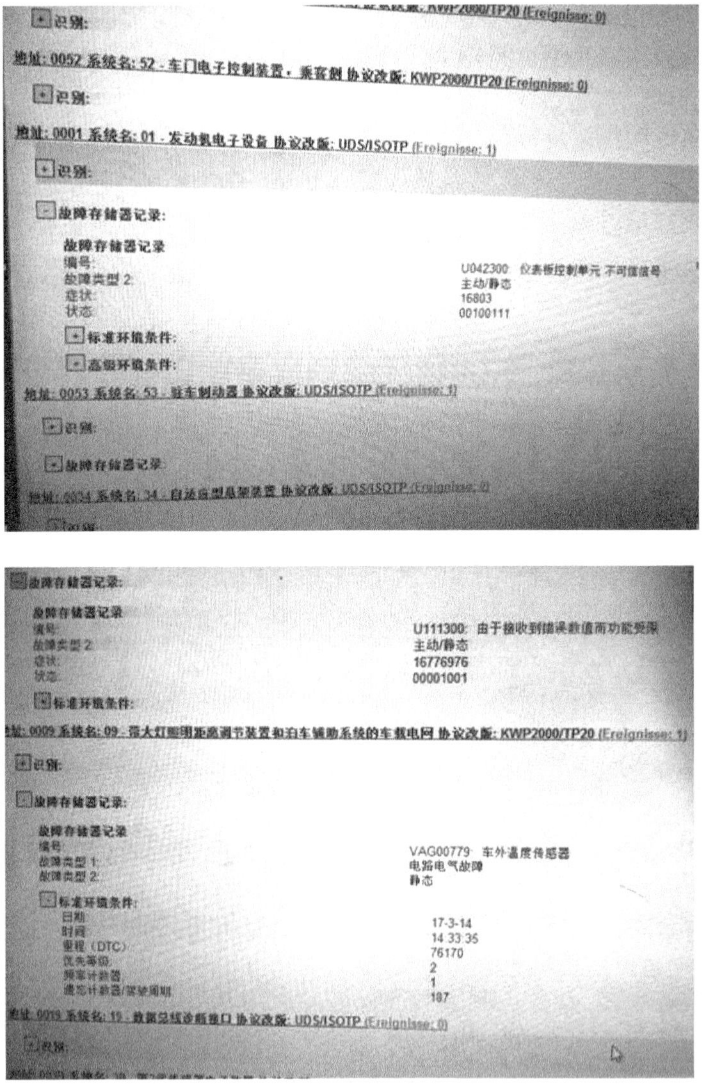

图 9-30 故障码（一）

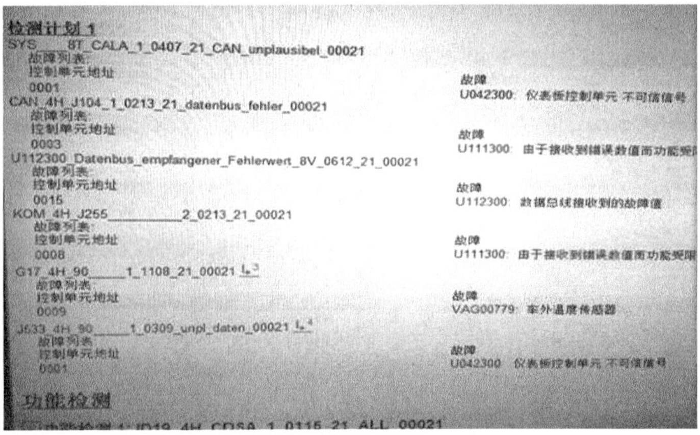

图 9-31 故障码（二）

第九章　底盘、传动系统故障

图 9-32　出现故障的插头

（5）分析此插头电路图，插头名为 T14a，在前杠中部喇叭处（图 9-33）。

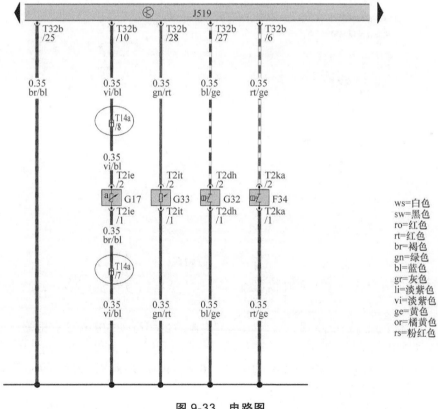

图 9-33　电路图

维修方法：清理插头，重新连接，使用防水胶带缠绕，故障排除。

16. 2014 年奥迪 Q3 1.4T ABS 偶尔报警

故障现象：

（1）正常行驶时 ABS 偶尔报警。

（2）行驶一段时间熄火后，起动车辆恢复正常。

（3）高速行驶时 ABS 报警频率高。

故障诊断：

（1）用 VAS6050B 检测，03 地址码有故障码 VAG00283：左前轮转速传感器不可信信号（图 9-34）。

地址: 0003 系统名: 03 - 制动电控系统TRW450M 协议改版: KWP2000/TP20 (Ereignisse: 3)

[+] 识别:

[-] 故障存储器记录:

故障存储器记录

编号:	VAG02214: 轮胎压力警告
故障类型 1:	低于下极限值
故障类型 2:	间歇性问题

[+] 标准环境条件:

[+] 高级环境条件:

故障存储器记录

编号:	VAG00283: 左前轮转速传感器
故障类型 1:	不可信信号
故障类型 2:	间歇性问题

[-] 标准环境条件:

日期:	17-1-5
时间:	9:56:52
里程（DTC）:	40746
优先等级:	1
频率计数器:	2
遗忘计数器/驾驶周期:	186

[-] 高级环境条件:

109	km/h
0x0100	
00000000 00000000	
14.0	V
00011111	
32	
0x0000	

图 9-34 故障码

（2）试车，用 VAS6150B 读取数据流，轮速传感器信号正常，检查 ABS 传感器线束，无断路、短路。

（3）按照 TPI 清洁轴承磁圈，对调轮速传感器后试车行驶 30km 没有报警。由于客户着急取车，建议客户先试用一段时间，第三天客户打电话说故障灯偶尔还是会亮。

（4）由于读取测量值和检查线束均正常，初步判断故障原因：ABS 控制单元故障；高速行驶时轮速传感器偶尔没信号。

（5）对调 ABS 控制单元，故障依旧。轮速传感器之前已经对调过，可以排除。判断可能是轴承感应磁圈有故障。拆检左前轮轴承，目测感应线圈表面无异常，用检查发动机曲轴感应磁圈工具 T10473 检查发现故障件感应磁圈只有一半磁极，导致高速行驶时偶尔感应不到信号而报警。更换车轮轴承，故障排除（图 9-35）。

有故障的轴承　　　　　　　　　　正常的轴承

图 9-35　轴承

故障分析：轴承轮速传感器感应磁圈只有一半，高速行驶时轴承高速运转，偶尔感应不到，导致 ABS 报警。

维修方法：更换车轮轴承。

17. 2014 年奥迪 Q5 2.0T 变速器无法挂档

故障现象：车辆无法挂档。

维修诊断：车辆出现一次无法挂档，打开和关闭几次点火开关后，车辆恢复正常。用诊断仪检测 02 变速器电子设备存储故障码：端子 15 供电，不可信信号。根据故障引导提示，检查蓄电池电压及发电机电压，均正常。检查端子 15 供电熔丝，熔丝架至自动变速器控制单元 J217 连接导线均无异常。J217 连接插头无腐蚀及接触不良现象，判断为自动变速器控制器 J217 内部有电压消耗导致。

故障分析：自动变速器控制器 J217 内部电压消耗导致 15 号线供电电压低。

维修方法：更换自动变速器控制器 J217。

18. 2014 年奥迪 Q5 2.0T 行驶中无法升至 7、8 档

故障现象：客户来店抱怨自己的 Q5 2.0T 在高速行驶时最高只能升至 6 档，无法升到 7、8 档。

故障诊断：

（1）接车后连接 VAS6150B 读取故障存储器，发动机、变速器等控制单元无任何故障记录。

（2）连接诊断仪进行路试，发现故障现象可以再现，匀速行驶时发动机转速已经到了 3800r/min，但是档位始终维持在 6 档上。使用手动模式可以正常升至 7、8 档，无任何闯档现象。而且在使用手动模式过程中能感觉发动机动力充足。

（3）为了进一步验证故障，将故障车开到举升机上面，升起车辆，关闭 ESP 进行行驶

试验，车辆顺利升至 8 档，换档数据无任何异常。

故障分析：

（1）从试车中可以证明故障只会在路试中自动档位模式下才会出现。一般造成这种情况有三种可能：一是发动机本身动力不足，转矩下降，无法升至超速档位；二是变速器自身问题，不能顺利升至超速档位；三是其他关联控制单元的信息干预，因为不具备升至超速档条件而限制变速器控制单元升至超速档位。

（2）通过试车对动态数据流分析，可以排除发动机、变速器自身问题。那么问题落在了控制单元信息干预上，也就是该车肯定不具备升至超速档位的条件，限制了自动升档。接下来对相关联的 ABS、驻车制动控制单元进行数据读取。发现驻车制动控制单元中车辆的倾斜角度总是显示 5，正常情况下车辆处于平路上，该数值应为 0，看来问题找到了，该数值让控制单元以为车辆在坡路上行驶，因此不升超速档位。分析后认为一定是驻车制动控制单元安装位置不正确或控制单元自身故障导致。

维修方法：

（1）拆卸驻车制动控制单元，安装位置正常，后部无事故维修痕迹，将故障车控制单元替换至正常车上，倾斜角度变为 0，安装到故障车上就变为 5。看来问题的关键还没有找到。接下来分析与驻车制动控制单元相关的传感器，而且必须是影响角度的传感器，那么只有 ESP 传感器单元 G419。拆卸时发现 G419 安装正常，但靠内侧的一个螺柱有些歪，造成 G419 安装后可以固定，但仔细看会发现没有完全水平与下部贴合，违背了 ELSA 中要求对该传感器单元安装无应力的要求。

（2）把图 9-36 中固定螺栓 1 用套筒矫正垂直，重新安装后，驻车制动控制单元内倾斜角度数据恢复正常值。询问客户得知，该车在夏季时因为内饰进水曾经在修理厂晾晒过地毯。因为长时间在市里用车，取车后一直没注意到有不升 7、8 档的问题，在高速路跑长途才发现。这又是一起典型人为故障。

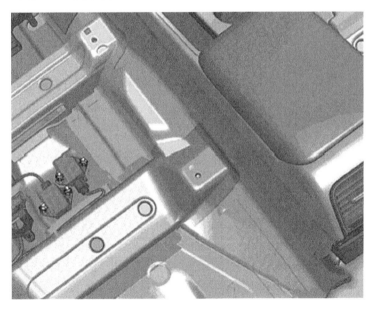

图 9-36　故障位置

19. 2014年奥迪Q5 2.0T 驻车制动故障灯亮，驻车制动功能不可用

故障现象：驻车制动报警，驻车制动功能不可用。

故障诊断：

（1）客户反映驻车制动报警，驻车制动功能不可用。经验证，故障现象确实存在（图9-37）。

（2）用诊断仪检测53－驻车制动器报有"C100C01 电子机械式停车制动器按钮电器故障，主动/静态"与之相关，分析此类故障产生的原因大多数因为按键本身或者供电所致（图9-37）。

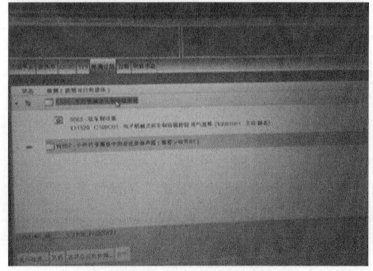

图 9-37　仪表故障提示及故障码

（3）查询电路图，检测驻车制动控制单元和驻车制动按键供电、搭铁，正常，尝试对调驻车制动控制单元和驻车制动按键测试，故障现象依旧存在（图9-38）。

（4）供电和搭铁正常，也替换了相应的部件，故障现象还是存在，一时陷入僵局，难道是线路故障？带着这个疑问测量每个线路端子，并与试驾车对比，在检测时发现在驻车

制动按键的 T12b/3 和 T12b/11 上有短路现象，试驾车正常。沿着线束测量，在中控台下方发现了故障点，两条线在安装时被中控台压住，长期行驶已经导致破皮短路（图 9-38）。

（5）将线束修理完毕测试，故障现象消失，故障排除。

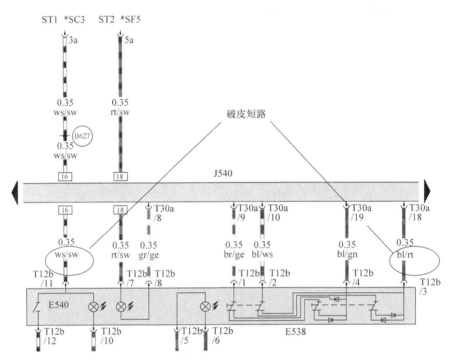

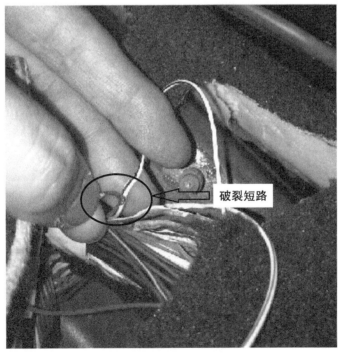

图 9-38　电路图及故障位置

故障原因：车辆安装时线束位置安装不当，导致线束破皮短路。
维修方法：修理线束。

20. 2014 年奥迪 Q7 3.0T 空气悬架系统报警

故障现象：空气悬架系统有时报警，后部车身低（图 9-39）。

图 9-39　仪表提示故障

故障诊断：

（1）用 6150B 检查有故障码 VAG00141：车身加速度传感器，后部断路/对地短路，偶发故障，频率 14 次，用故障引导检查确认传感器信号电压为 1.9V（标准为 2.3~2.7V）（图 9-40）。

图 9-40　测量值

（2）引导结合 ELSA 电路图检查传感器 G343 线路插头，正常。检查控制单元 J197 输出电压，正常。此车辆后部只有一个左后加速度传感器，前面有两个，备件查询无替代关系，为了进一步确认故障，将控制单元 J197 插头处后部加速度传感器 G343 与右前加速度传感器 G342 互换端子位置，故障转移，确认为传感器损坏。

故障原因：车身后部加速度传感器 G343 故障。

维修方法：更换车身后部加速度传感器 G343。

21. 2015 年奥迪 Q7 3.0T 驻车制动报警

故障现象：驻车制动报警，驻车制动松不开。

故障诊断：

（1）用诊断仪检测有图 9-41 所示故障。

```
编号：              C10BD01: 右侧驻车制动电动机电气故障
故障类型 2：         主动/静态
症状：              295168
状态：              00101111
```

图 9-41 故障码

根据导航，首先检查右侧驻车制动电动机外观，外观无明显损伤。检查右侧驻车制动电动机插头，无异常，检查 ABS 控制单元处插头，无异常。

（2）接着根据电路图（图 9-42）检查 ABS 到右侧驻车制动电动机 V283 的线束，导线正常。检查 ABS 控制单元 J104 的接地导线是否断路。拔下 ABS 控制单元 J104 的连接插头。将检测盒 VAS 6606/1 用适配接头、适配器 VAS 6606/14 连接在线束上。检查地线连接，正常。

（3）用检测电缆 VAG 1598/55 连接左侧驻车制动电动机 V282 与右侧制动电动机导线，通过电控机械式驻车制动器按钮 E538 打开和合上电控机械式驻车制动器。发现左侧驻车制动电动机 V282 的功能失效。用 VAG 1598/55 连接左侧制动电动机与右侧制动电动机 V283 导线，操纵驻车制动按键发现右侧电动机工作正常。由此可以断定制动电动机 V283 正常（图 9-43）。

（4）制动电动机、制动电动机导线、ABS 控制单元的接地均正常，因此可以断定 ABS 控制单元肯定存在故障。更换 ABS 控制单元后试车，驻车制动功能正常，故障排除。

故障分析：由于 ABS 控制单元损坏，导致驻车制动报警。

维修方法：更换 ABS 控制单元。

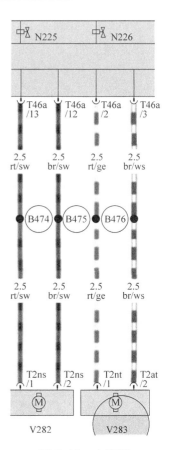

图 9-42 电路图

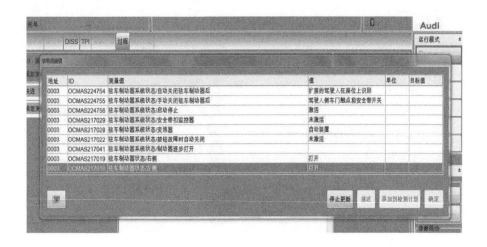

图 9-43　实际值

22. 2016 年奥迪 A3 1.4T 左后轮制动不灵敏

故障现象：客户抱怨左后轮制动不灵敏。

故障分析：将车辆举升起来，用手转动两后轮，发现左后轮对比右后轮明显难于转动。操作 E538，可听到 V283 转动的声音。使用诊断仪 6150d 读取故障码，03 制动系统无故障码。根据现象，判断出现此故障的原因为左后轮制动轮缸回位不良；左后轮轴承严重受损；V282 没有完全驱动轮缸回位；导向销回位不良；左后轮制动油管变形，导致轮缸回位不良。

故障诊断：

（1）将车辆举升起来，检查油管，未发现异常，排除油管变形。

（2）拆下两后轮，用诊断仪 6150d 进入 03 操作更换后制动片模式，用工具使制动片和制动盘分离，此时发现左后轮能顺畅转动，故排除轴承故障的可能性。

（3）拆下导向销涂抹润滑油，装复后，故障依然存在。

（4）拆除左后轮制动轮缸（带有 V282），与正常车辆调换轮缸，装复后并进行排空，故障依然存在。

（5）所有思路都进行验证后，仍无法排除故障，寻求技术引导，在技术经理指导下，重新拆下两后轮制动片，此时发现左后制动固定架的导向销对比右后制动固定架的导向销自由伸缩不顺畅，重新拆下导向销，观察发现有变形，故与正常车辆调换导向销，装复后，左后轮能顺畅转动，故障排除（图 9-44、图 9-45）。

维修方法：更换导向销。

拆卸
- 拆卸制动钳。
- 将轴套 2 从制动器支架 1 上的凹槽中拉出。
- 将导向销 3 从制动器支架中拉出。
- 将轴套从导向销拉下。

安装
- 安装前在导向销上涂油脂。
- 将轴套推到导向销的凹槽上。
- 将导向销 3 与轴套 2 一起推过制动器支架 1。
- 将轴套压到制动器支架的凹槽上。
- 安装制动钳。

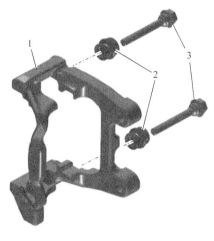

图 9-44　左后制动支架结构图

1—制动器支架　2—轴套　3—导向销

 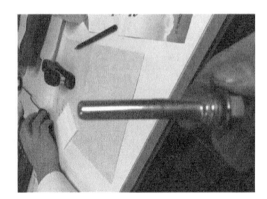

图 9-45　变形导向销和正常导向销对比

23. 2016 年奥迪 Q3 1.4T ABS 报警

故障现象：ABS 报警。

故障诊断：用诊断仪检测有故障码 C10A329：真空传感器不可信信号。根据故障码、故障现象分析，故障应该发生在以下四个方面。

（1）线路故障，包括导线、节点、插头等。

（2）传感器本身故障。

（3）真空压力异常。

（4）发动机控制单元本身接收信号异常。

按照上面思路检查真空传感器的导线、插头，未发现异常；测量传感器未见异常，替换传感器故障依旧；检查真空压力，坐在驾驶室内踩制动踏板有漏气响声，检查真空助力器发现泄漏（图 9-46）。

图 9-46　真空助力器

故障分析： 由于真空助力器破损，导致真空压力不可信，从而导致 ABS 报警。

24. 2016 年奥迪 Q3 ABS 报警

故障现象： 仪表 ABS 灯、防侧滑灯、电子转向灯、胎压灯亮起。

故障诊断：

（1）用 6150B 检测 03 制动系统有"右后轮转速传感器不可靠信号，静态故障"。拆下右后轮传感器，未发现有磨损及损坏痕迹。检查传感器线路也未发现问题。查询 TPI 相关内容，执行 TPI 清理传感器表面及轴承磁环，清除故障码试车，故障依旧存在。

（2）接下来分析可能是传感器有故障，用试驾车互换一个转速传感器，试车故障依旧存在。试车时用 6150B 读取两后轮转速，发现在车速逐渐上升时，右后轮转速数值多次瞬间下降 30km/h 左右，且非常频繁，分析可能是轴承磁环有故障。拆下右后轮轴承发现右后轮轴承上沾有一小块异物，由于无法确定是否是异物引起的故障，左右互换了轴承，重新安装轴承试车，故障未再现。用 6150B 检测两后轮转速数据，也没有再现转速瞬间下降的现象。

维修方法： 清理右后轮轴承磁环表面异物。

25. 2016 年奥迪 Q3 ABS 报警和轮胎气压监控报警

故障现象： ABS 报警。

故障诊断：

（1）客户进站检查车辆为 ABS 报警，用诊断仪检测 03 项里故障码为全轮驱动控制单元供电短路。拆掉所有加装件的供电、接地和信号线，测量控制单元供电，无。查找电路图发现驾驶人座椅脚坑底下熔丝 SC47 损坏，试换熔丝，故障排除。试车故障未能再现（图9-47）。

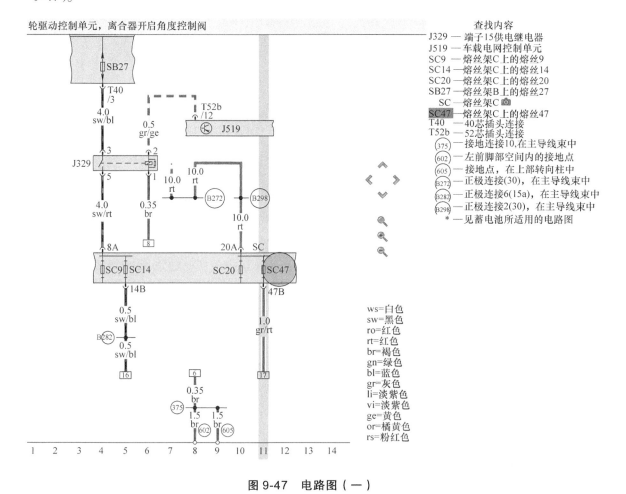

图 9-47　电路图（一）

（2）行驶两天之后故障再现。怀疑为 Haldex 离合器泵 V181、全轮驱动控制单元 J492 和控制单元之间供电线有短路现象。对此展开故障诊断和排查。

（3）因为是偶发故障，所以很难排除，拆掉加装线，根据导航电路图分析测量线束是否有短路导致熔丝损坏，先测量供电到 SC47 之间线路，未发现故障点，再测量熔丝到 J492 和 V181 通过车身之间的供电线有无损坏和短路现象，外接 492 的供电线试车，故障依旧，经检查也未发现故障点，线路正常（图 9-48）。

（4）因为无 V181 和 J492 备件，无法试换，故障为偶发性故障，很难确定故障点。首先安装上新的熔丝对 V181 执行元件诊断，只要电动机一工作熔丝就熔断。

（5）找到同款车型读取电动机 V181 的数据流并记录，在和故障车做对比时发现，故障车 V181 的供电电流在断开时是 8.930A，而同款无故障车的电流为 3.506A，确定为故障车的 V181 工作流电流过大，导致 SC47 熔丝熔断。试换 V181 试车并读取供电电流，车辆正常，将故障件试换到其他车辆上故障再现。

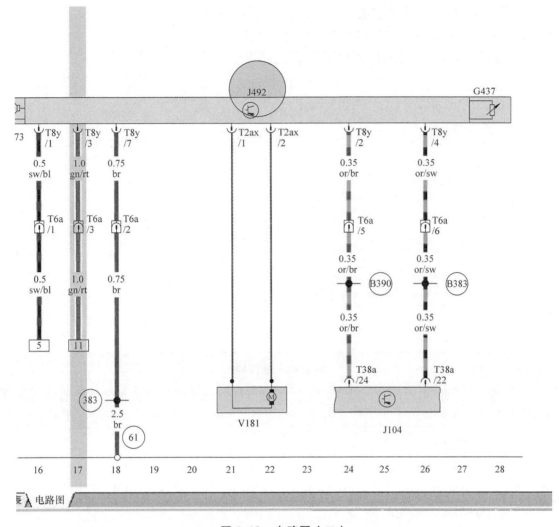

图 9-48　电路图（二）

故障分析：电动机内部损坏，短路导致电流过高，熔丝损坏。
维修方法：更换 Haldex 离合器泵 V181。

26. 2017 年奥迪 A4L B9 2.0T 仪表 ESP 报警、转向系统报警、胎压系统报警

故障现象：仪表 ESP 报警、转向系统报警、胎压系统报警，起停系统不工作。
故障诊断：
（1）使用 ODIS 检查有以下故障码（图 9-49）。
03：C200800，转向角传感器，信号鉴定，被动/偶发；
03：C11EFF1，助力转向功能，助力转向的意外数值，被动/偶发；
01：U042900，失去与转向柱控制单元的通信，不可信信号，被动/偶发；

16：B116829，转向角传感器，不可信信号，被动 / 偶发（主要故障）；

44：U112300，数据总线接收到的故障值，被动 / 偶发。

故障存储器记录

编号:	B116829：转向角传感器 不可信信号
故障类型 2:	被动/偶发
症状:	5378048
状态:	00001000

- 标准环境条件:

日期:	17-3-26
时间:	16:40:22
里程（DTC）:	1697
优先等级:	4
频率计数器:	1
遗忘计数器/驾驶周期:	74

- 高级环境条件:

动态环境数据	11 15 CB 09 C0 3F FE 0C D7 1F F0 FF	
Freeze_Frame_SAS_Failures	14749.219	mV
Param_VehicSpeedFL	15.6	km/h
Param_VZVehicSpeedVL	0	
Param_LastValidSteerAngleMain	819.1	°
Param_LastValidSignSteerAngleMain	0	
Param_SeconToLastValidSteerAngleMain	164.3	°
Param_SeconToLastValidSignSteerAngleMain	1	
Param_CorreSASVeloc	2555	度/秒
Param_SignSASSpeed	0	
Param_AngleQuali	FF	

图 9-49 故障码

（2）查看故障出现时的环境条件，发现出现故障时的转向角度是 819.1°，超出正常范围（图 9-50）。

措施：信息

提示：

转向角传感器-G85内置于转向柱电子装置控制器-J527，并且只能与控制器一起更新。

- 检测步骤：检测熔丝

措施：信息

关于转向角传感器-G85的故障存储器条目的原因
可能是转向柱电子装置控制单元 J527的熔丝损坏。

- 在继续执行程序之前，按照电路图检查熔丝。

措施：选择

是否已确定熔丝损坏？

输入：否

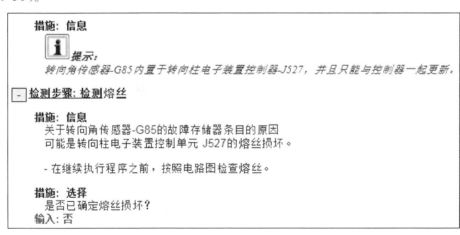

图 9-50 故障出现时的环境

（3）ODIS 提示 G85 内置于转向柱控制单元 J527 中，并且只能与控制单元一起更换（图 9-51）。

（4）读取 G85 的相关测量值未发现异常，重新校正后试车，故障依旧出现，判定为控制单元损坏。

故障分析：转向角度传感器内部故障，造成系统报警。

维修方法：更换转向柱电子控制单元 J527（图 9-52），包含 J527、G85、转向巡航及刮水器开关）。

图 9-51　J527 位置

图 9-52　J527 控制单元

27. 2017 年奥迪 Q7 3.0T 行驶中第一脚没制动

故障现象：在行驶中踩制动踏板第一脚没制动。

故障诊断：试车发现故障存在，第二脚正常。感觉是制动系统内有气阻，用 VAS5234 对制动系统进行排气，未发现有气泡出现，试车故障依旧。拆除车身护板，未发现管路有明显的变形，替换制动主缸后试车，故障依旧。替换 ABS 泵后试车，故障依旧。调整思路，在举升机上试车，在不踩制动踏板的情况下使车辆自行停止。用手转动四轮，发现左前轮在旋转过程中有时松有时紧，拆装左前轮发现制动盘和制动片之间有间隙，对比其他轮大一点。替换制动盘后试车正常。

故障分析：制动盘径向变形，导致制动片和制动盘之间在行驶中出现间隙，造成第一脚踩制动踏板时没有制动。

维修方法：更换左前制动盘。

28. 2015 年奥迪 Q5 2.0T 防滑灯报警

故障现象：仪表防滑灯亮起。

故障诊断：

（1）查看仪表故障指示灯；防滑灯亮起（图 9-53）。

（2）用诊断仪读取故障码为右前轮速传感器电路电器故障静态。

（3）对车辆右前轮速传感器进行更换后试车，故障灯再次亮起，故障依旧，故障未排除。

（4）考虑可能是线路和控制单元出现故障，查询右前轮速传感器电路图，对右前轮速传感器线路进行测量发现 1 号端子的绿色信号线与 J104 之间断路。该线束集成在车身线束中（图 9-54）。

（5）由于线束较长，采用分段测量，当测量到右前门槛处时发现故障，拆检右前门槛饰板发现线束连接处氧化断裂（图 9-55）。

图 9-53　仪表提示故障

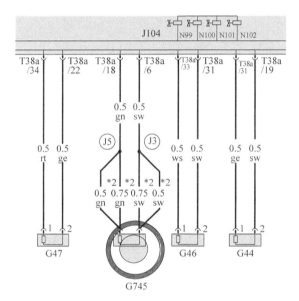

图 9-54　电路图

 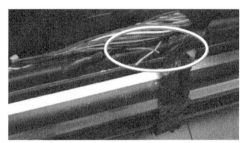

图 9-55　故障位置

（6）氧化为进水所致，检查地毯未发现进水痕迹，由于线束在门槛下方，怀疑可能是洗车时导致的进水。

（7）修复线束，故障排除。

故障分析：由于右前轮速传感器与 J104 之间线束氧化断裂引发故障。

维修方法：修复氧化线束。

第十章 车身电器系统故障

1. 2011年奥迪Q7 3.0T车辆起动后无法挂档行驶，仪表有多个故障灯报警

故障现象：车辆起动后无法挂档行驶，仪表有多个故障灯报警（图10-1）。

图10-1 仪表故障显示及故障码

故障诊断：

（1）用诊断仪检测地址码02有以下故障存储信息：变速器控制单元无通信。根据以往维修经验，变速器控制单元无通信主要有以下几个原因：

① 变速器控制单元供电线、搭铁线故障。

② 变速器控制单元CAN通信故障。

③ 变速器控制单元本身故障。

（2）查找是否有符合本车故障的TPI，经查询此车无相关的TPI。按照电路图检查变速器控制单元熔丝，正常。检查变速器控制单元插头处的供电电压为0V。由此分析，供电熔丝到控制单元插头处线束存在断路。

（3）检查变速器控制单元线束需要将前排乘员侧地毯掀起。当掀起地毯时，发现地毯下面存在大量的水，分析判断可能是地毯下积水导致线路腐蚀。查找到变速器控制单元供电线后轻轻一拉就发现了断裂处，将线路接好后打火试车，车辆恢复正常。在接下来查找漏水的过程中，做淋水实验未发现车身前部两侧A柱内侧有漏水的迹象。在对空调排水管路检查时发现空调排水管损坏，更换新的排水管后，故障排除。

故障分析：空调排水管损坏导致前排乘员侧地毯下积水，将变速器控制单元供电线束腐蚀断裂。

维修方法：更换空调排水管，将损坏线束重新焊接，清理车内积水，晾干前部地毯。

2. 2012年奥迪A6L ACC无法使用

故障现象：ACC无法使用。

故障诊断：

（1）用诊断仪检测08B自适应巡航控制2内有故障码：车门接触开关不可靠信号。根据引导型故障查询读取车门的开关信号数据，正常，仪表内显示车门的开关状态都正常。

（2）根据故障码分析故障原因为：①控制单元有故障误报警。②门锁损坏。③线束有故障。

（3）检查线束，未发现故障。检查门锁，发现该门锁和我们平时更换的门锁不一样，想试更换门锁，因没有备件，没有更换。拆检门锁块时发现该传感器在关闭和打开时都为断路。判断为该传感器损坏，建议客户更换左前门锁块（图10-2）。

维修方法：更换左前门锁块。

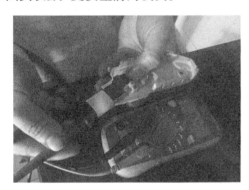

图10-2 门锁传感器检测

3. 2013年奥迪A6L 2.0T防滑灯偶尔亮

故障现象：行驶时仪表防滑灯、ABS灯偶尔报警，熄火后重起故障消失。

故障诊断：

（1）使用VAS6150B检查03，报右前轮速传感器断路/对地短路，偶发。

（2）根据引导性故障查询，检测右前轮速传感器G45，线路正常，替换G45试车，故障未能排除。仔细查询电路图发现G45只有两根导线连接到J104，替换G45，线路测量正常。会是J104的问题吗？根据以往经验，C7的轮速传感器损坏的可能性很小，当故障现象没有再现时，测量时是测不出故障的。因此暂时可以把J104放在一边，着重检查线路。

（3）检查J104经过左侧地毯到后座椅，再到右侧地毯到G45的线束，经过2h多的反复仔细检查，均未能发现线束故障，在反复拉扯右前轮部位的 ABS 线束时，发现 G45 到 J104 的线束忽通忽断，特别是卡在羊角上的那截 ABS 线束能明显再现故障现象，剥开这段橡胶线束发现，内部黑色导线破损撕裂，修复线束后，故障彻底排除。后期跟踪客户未反映再出现该故障（图 10-3）。

故障分析： 在更换前制动片时，拆装制动钳拉扯了卡在羊角上的 ABS 线束。

维修方法： 修复 ABS 线束。

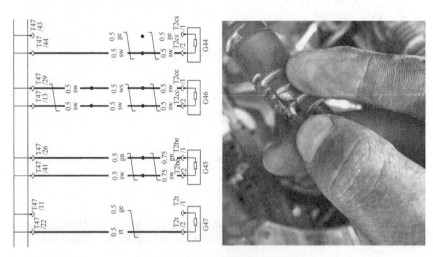

图 10-3　电路图及故障位置

4. 2013 年奥迪 A6L 2.5 灯光报警

故障现象：

（1）客户反映停车后再起动，仪表显示灯光报警（图 10-4）。

（2）右前照灯不亮。

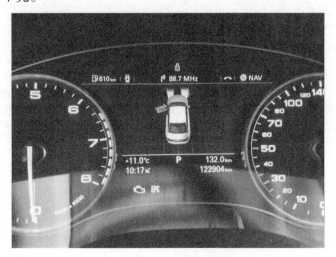

图 10-4　仪表提示故障

故障诊断：

（1）用 VAS6150 执行检测。

（2）分析故障码，J519 右侧端子 30 供电断路会造成右侧灯光及 LED 模块供电问题（图 10-5）。

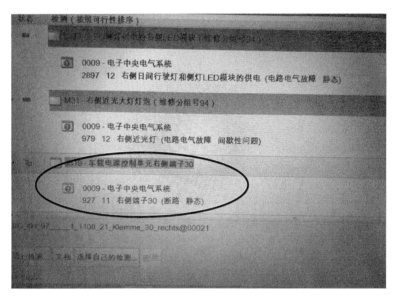

图 10-5　故障码

（3）根据 ELSA 查看电路图，找到右侧端子 30 到 J519 的供电熔丝 SD9（图 10-6）。

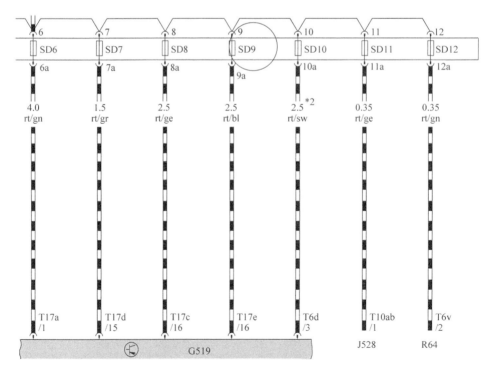

图 10-6　电路图

（4）拆下驾驶人侧腿部护板，检查 30A 熔丝 SD9，发现熔丝烧毁，更换 30A 熔丝后进行灯光测试，故障依旧。再次检查熔丝发现又一次烧毁（图 10-7）。

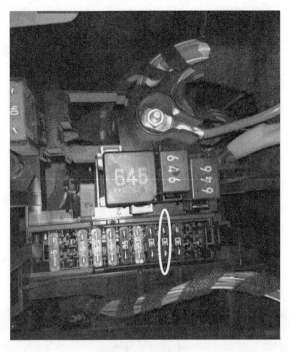

图 10-7　熔丝

（5）怀疑 J519 故障、线束短路、前照灯故障都有可能造成熔丝烧毁。

（6）拔下熔丝到 J519 的插头 T17E，重新安装 30A 熔丝，测量熔丝到 J519 插头端子的供电电压为 12V，正常，排除 J519 之前线路的问题。

（7）本着由简单到复杂的原则，拔下右前照灯插头，安装新熔丝进行测试，排除是否由于前照灯问题造成熔丝烧毁，测试发现熔丝这一次没有被烧毁，确定前照灯一定存在问题。

（8）拆下前照灯及控制器进行检查，没有发现问题，将控制器与其他车辆互换，右前前照灯灯光闪烁，熔丝没有烧毁，使用原车控制器和灯泡，熔丝又一次烧毁，确定 LED 控制模块及灯泡存在问题，更换之后反复试车，故障消失。

故障分析：由于 LED 控制模块及灯泡损坏，造成右侧端子 30 给 J519 供电的熔丝烧毁。

维修方法：更换右侧 LED 供电模块、右侧灯泡及熔丝。

5. 2015 年奥迪 A4L 2.0T 舒适 CAN 线故障

故障现象：车辆仪表上偶尔显示驻车制动器故障，同时右后门开锁、上锁失灵。

故障诊断：

（1）用诊断仪检测车辆系统中所有的舒适系统控制单元无通信故障的故障码（图 10-8）。

图 10-8 故障码

（2）故障出现无规律，在站内偶尔能出现。用 VAS1598/38 连接两侧的 CAN 分离插头，将示波器一直连接在舒适 CAN 高、低线，故障再现时测得的波形经分析是 CAN 高线对地短路情况（图 10-9）。

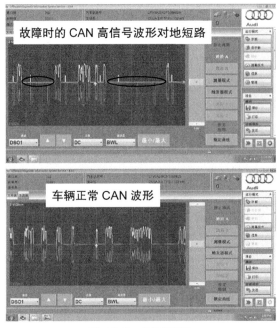

图 10-9 测试波形

故障时读取舒适 CAN 系统各控制单元的通信状态,都是在 1、0 之间来回变化,只有右后门控制单元状态一直是 0 不变(图 10-10)。

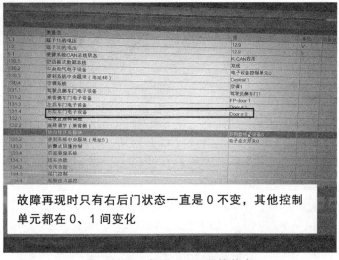

图 10-10　舒适 CAN 通信状态

想进一步对舒适 CAN 线路进行测量时,车辆恢复正常,故障一直都不能再现。根据分析,先调换了 J533 和 J387 交车给用户试用,但几天后客户再次反映故障还会再现,一会儿车辆又恢复正常。

(3)根据两次出现故障后的故障诊断报告进行分析,J393 和 J387 没有通信的故障码要比其他控制单元没有通信的故障码早出现几秒。

(4)结合上次波形检查结果分析故障点应出现在 J387 到 J393 的线路上,逐个对该段线路中可能会出现挤压的地方进行排查,在拆下右前门饰板检查内部门铰链处的线束时,发现线束被固定螺栓压住了,拆开检查发现 J387 的 CAN 线和到 J389 的 LIN 线都有破损(图 10-11)。

故障分析:车辆在生产线组装时误将 J387 的舒适 CAN 线和 LIN 线挤压在一起,绝缘层破损后偶尔会碰在一起导致故障产生。

图 10-11　线路故障位置

维修方法:处理线束。

6. 2015 年奥迪 A6L 2.5 右侧外后视镜不加热

故障现象:右侧外后视镜不加热。
故障诊断:
(1)用 VAS6150B 进行检测,无任何故障存储记录。
(2)起动车辆,将后视镜加热旋钮置于加热档,观察发现左侧外后视镜已经开始加热,而右侧不加热,且外界温度为 7℃(低于作用温度 20℃)(图 10-12)。

车门功能
外后视镜加热功能

▶ 外后视镜加热

▶ 外后视镜调节旋钮有加热位置
车型
C6/C7/A5/B8等
条件
1. 发动机起动；2. 旋钮置于加热位置；3. 外界温度低于20℃

图 10-12　加热功能介绍

（3）开始怀疑右侧不供电，将右侧镜片拆下检查，未发现外力损伤和触点损坏故障。用万用表对导线进行检查，有14.18V电压，说明供电正常，初步判断为右侧镜片故障，于是将一块新的镜片装上测试，依旧不加热（图10-13）。

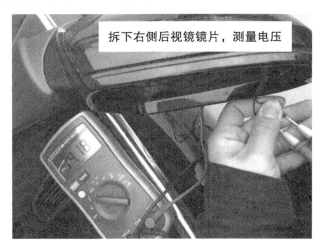

图 10-13　加热线路电压测试

（4）测量右侧镜片电阻为4.2Ω，与左侧能正常加热的镜片电阻比较（4.1Ω），属于正常阻值（图10-14）。

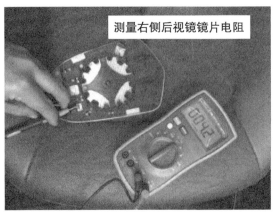 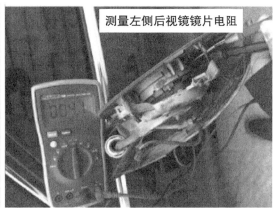

图 10-14　镜片检测

（5）为什么导线正常，镜片也正常，就是不加热呢？于是将镜片重新装上，用万用表读取电压值，为 0V，怀疑是导线虚接，考虑后视镜带折叠功能，可能损坏线束，换了一个新的底座依旧不加热（图 10-15）。

图 10-15　插上镜片后测量线路电压

（6）将左侧正常的镜片装上测量电压也是 0V，因此可以排除这个原因。在左侧测量的过程中，发现电压值每隔几秒会跳动一下，而右侧的却一直是 0 不变，验证了当温度升高以后，镜片处于间歇加热状态（图 10-16、图 10-17）。

图 10-16　加热功能介绍

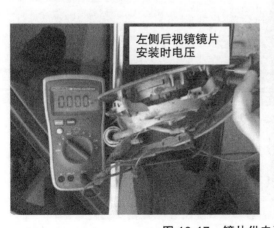

图 10-17　镜片供电测量

（7）随即用诊断仪对 J387 读取测量值块：外部空气温度 7.5℃（目标值 -5~20℃）；计算出的后视镜加热输出功率：未安装（目标值 0~100）；后视镜加热装置：未安装。与 J386 测量值对比发现，在计算出的后视镜加热输出功率为 100% 时，后视镜加热装置显示接通状态（图 10-18、图 10-19）。

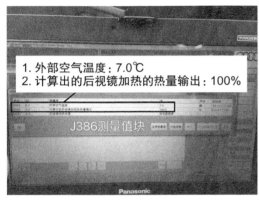
图 10-18　测量值（一）

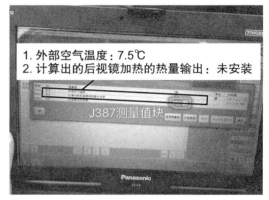
图 10-19　测量值（二）

（8）于是找到一辆同型号的车辆，对比 J387 的编码发现故障原因（图 10-20）。

故障分析：为什么会显示未安装呢？原来是因为用户更新右侧倒车镜下翻功能时更改 J387 编码所致。

维修方法：将 J387 的编码第四组 55 改成 50，加热功能正常。

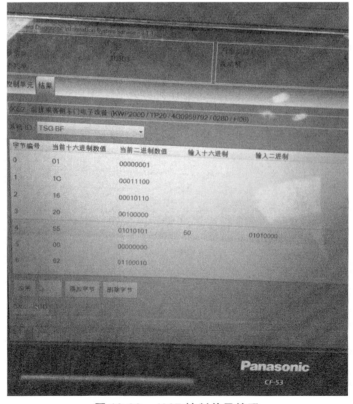
图 10-20　J387 控制单元编码

7. 2015 年奥迪 A8L 气囊灯报警

故障现象：气囊灯报警，故障码可以删除，删除后又报警（图 10-21）。

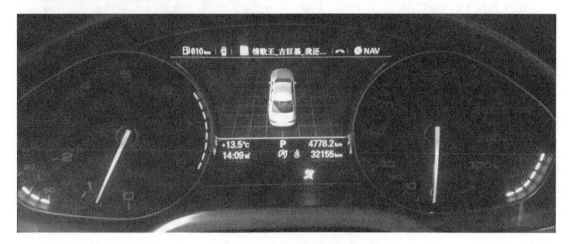

图 10-21 仪表提示故障

诊断仪中的故障条目如图 10-22 所示。

15 - 安全气囊 (UDS / ISOTP / 4H0959655C / 0040 / H43 / EV_AirbaAU10BPAAU64X / 001014)					
事件代码	SAE 代码	事件文字			
901600 [9442816]	B101600	前排副驾驶员侧安全气囊停用警告灯			
类型/名称		数值		位	数值
▲ UB				0	主动/静态
事件代码		901600 [9442816]		1	<不支持>
优先权		2		2	<不支持>
故障频率计数器		2		3	确认
计数器未学习		255		4	自清除故障代码存储器以来已测试
行驶里程		32,147 km		5	<不支持>
日期		12:22:52 - 17.03.2015		6	<不支持>

图 10-22 故障码

故障诊断：用诊断仪检测故障码开始是静态的，开关几次点火开关后故障码变成偶发的。首先查询发现无相关 TPI。没有带前排乘员侧气囊停用开关怎么会报警呢，是不是编码的问题？用 6150 在线对比，编码正常。又查看前排乘员侧气囊停用开关是否打开，诊断仪显示前排乘员侧安全气囊停用开关 E224 没有激活。怀疑是控制单元误生成的故障码，断开蓄电池 10min 后让气囊控制单元重新复位。经试车后故障没有出现。带前排乘员侧安全气囊停用开关 E224 如图 10-23 所示。

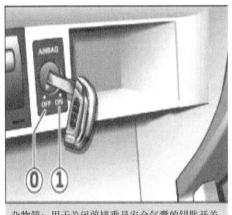
杂物箱：用于关闭前排乘员安全气囊的钥匙开关

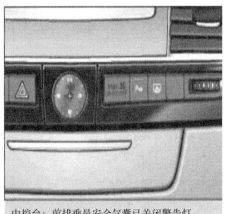
中控台：前排乘员安全气囊已关闭警告灯

图 10-23　E224 开关及指示灯

但是一会儿故障灯又亮了。经查询自学手册和维修手册，前排乘员侧安全气囊停用开关 E224 只有选装车才带，而标配车都带指示灯（图 10-24）。

K145　前排乘员侧安全气囊关闭指示灯
（关闭乘员安全气囊）（选配）

图 10-24　E224 开关介绍

查看电路图发现不带前排乘员侧安全气囊停用开关的车型都带指示灯。仔细询问客户故障是什么时候出现的，客户说是从上次在洗车店洗完车后清洗了一下空调风道后出现的。初步怀疑是进水引起的。查看电路图检查 K145 熔丝，正常。查看外部和内部空调滤芯，没有发现有动过的痕迹。空调滤芯没有动过怎么能清洗空调风道呢？一般在 4S 店清洗空调风道都是从空调滤芯开始清洗，可外面汽修厂都是从出风口清洗。查看维修手册，K145 和倒车雷达开关、后窗帘开关是一体的，在右前中控台上，从外观上看没有指示灯，但是有指示灯线束（图 10-25）。

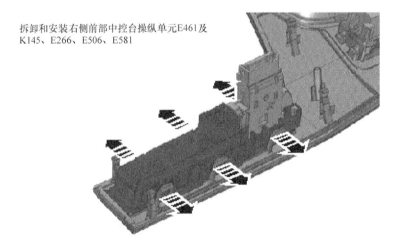

图 10-25　通过维修手册查询 K145

故障分析：K145 是前排乘员侧安全气囊关闭指示灯，拆下开关后发现后面插头处有腐蚀的痕迹（图 10-26）。

图 10-26　插头腐蚀

确认的故障点是前排乘员侧安全气囊关闭指示灯进水。

维修方法：更换前排乘员侧安全气囊关闭指示灯 K145（图 10-27）。

图 10-27　K145 开关总成

8. 2016 年奥迪 A4L 2.0T 仪表偶尔显示尾灯灯泡故障

故障现象：灯光开关在自动档位置，行驶时组合仪表偶尔亮起尾灯灯泡黄色故障灯，有时进入隧道时也会出现尾灯报警（图 10-28）。

故障诊断：

（1）用诊断仪检测，46 舒适系统存在故障码：左侧尾灯灯泡电路电气故障，间歇性问题（图 10-29）。

（2）根据测试计划检查尾灯连接线路，正常。

图 10-28　仪表亮起尾灯故障灯

（3）执行动作测试，通过作动器控制 1 至 7 对左侧尾灯灯泡 M4 进行检测，因为故障是偶发的，所以检测时正常。

（4）检查从 J393 到左后尾灯的连接线路，正常。

```
址: 0046  系统名:  协议改版: KWP2000/TP20
硬件零件号:              8K0907064KM
软件零件号:              8K0907064KM
硬件版本号:              H15
软件版本号:              0711
总成号:
设码:                    011A0E2080B90085833001368000047
可擦写性:                快闪
系统名称:                BCM2 2.0
目标数据容器版本:        0019
装备代码:                00000000000001D9
事件存储器条目
编号:                    左侧尾灯灯泡
故障类型 1:              电路电气故障
故障类型 2:              间歇性问题
标准环境条件:            日期:        16-8-1
                         时间:        16:07:37
                         行驶里程:    1981
                         优先等级:    2
                         频率计数器:  207
                         忘记计数器/驾驶周期: 196

检测步骤: "测试步骤的默认分配
检测步骤: "最终控制测试的默认分配
检测步骤: 控制元件扫描概观
措施: SELECTION
输出: -选择一个作动器块

1. 作动器控制1至7
   ☒ 产生报警触发
   ☒ 打开中央门锁信号
   ☒ 锁止油箱盖
   ☒ 解锁油箱盖
   ☒ 左侧尾灯灯泡-M4
   ☒ 右侧尾灯灯泡-M2
   ☒ 左侧制动、转向和尾灯灯泡-M69
```

图 10-29　46 舒适系统中故障码

（5）替换尾灯（翼子板外侧尾灯），跟踪一个星期故障再次出现。

（6）替换 J393 控制单元，跟踪两个星期后故障又出现了。

故障分析：

（1）由于故障是偶发的，很难准确快速诊断原因。经过两次替换均无效后，怀疑从 J393 到左后尾灯 M4 端的连线及端子和 J393 编码有问题。

（2）排查线路，根据电路图，首先尝试对左右尾灯重新铺设接地线，故障再次出现；其次将 J393 与左侧尾灯 M4 和右侧尾灯 M2 的端子 T17P/11 和 T17O/10（图 10-30、图 10-31）对调后试车，故障码转变为右侧 M2 尾灯电路电气故障，由此分析判断是 J393 到左后尾灯 M4 线路问题。通过在后保险杠铺设新线路连向左后尾灯 M4，并更换新的插针，跟踪试车 5 天，故障没有出现。

（3）同时在线重新对 J393 进行编码和参数更新，但是没有变化。之后，将该车情况向一汽技术支持组反馈，回复可能与 J393 的参数有关，最后成功更改 J393 的编码，即 011A0E2080B90085833001368000047 变为 011A0E2000B90085803001368000007，紧接着试车跟踪 10 天，故障没有出现。

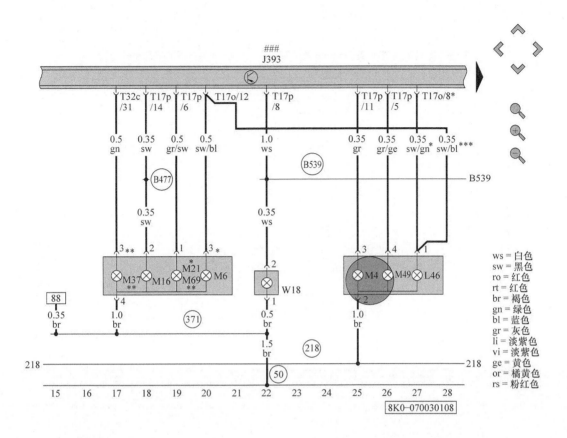

图 10-30 左后尾灯电路图

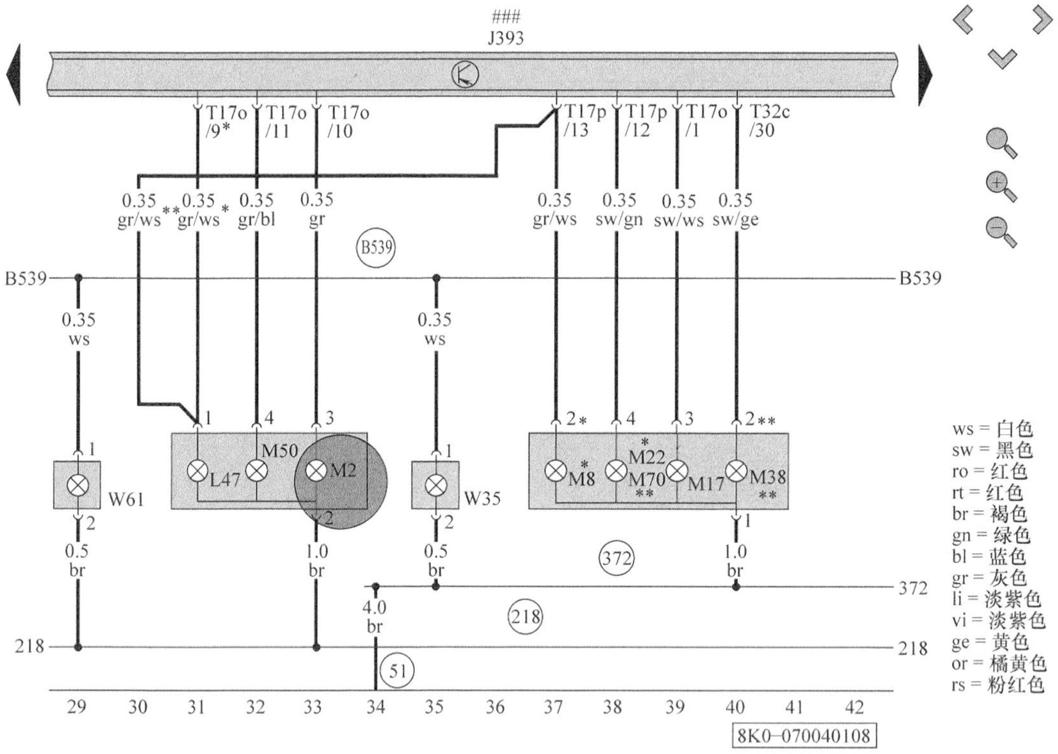

右侧尾灯，后盖中的周边照明灯

J393—舒适/便利功能系统中央控制器

L47 —右侧后雾灯灯泡

M2—右侧尾灯灯泡

M8 —右后转向信号灯灯泡

M17—右侧倒车灯灯泡

M22—右制动灯和尾灯灯泡

M38—后右示宽灯灯泡

M50—右侧尾灯灯泡2

M70—右制动灯，转向灯和尾灯灯泡

T17o—17芯黑色插头连接

T17p—17芯棕色插头连接

T32c—32芯黑色插头连接

W35—右侧行李舱照明

W61—后盖中的周边照明灯1

(51)—行李舱内的右侧接地点

(218)—接地连接1，在后盖导线束中

(372)—接地连接7，在主导线束中

(B539)—接地连接30，在主导线束中

*—不用于带美国装备的车辆

**—仅用于带美国装备的车辆

###—?见基本车型的适用电路图

图 10-31　右后尾灯电路图

维修方法：
（1）从 J393 到左后尾灯 M4 端重新铺设线路和更换插针（图 10-32）。
（2）对 J393 重新对比设置参数。

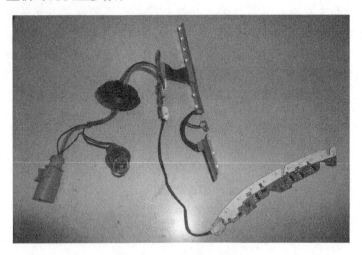

图 10-32　左后尾灯线路

9. 2016 年奥迪 A4L B8 2.0T 漏电故障

故障现象： 车辆在长时间停放后（15~25 天）无法起动，存在漏电情况。

故障诊断： 客户抱怨，在去年新车提回家后，会偶尔出现蓄电池亏电的现象。一般是车辆长时间停放后出现此故障。B8 车型进入休眠模式的时间较长，一般需要 15min 左右。此车的静态电流值为 200mA 左右，可以断定其存在轻微漏电故障。该车影音系统有改装现象，拆除改装件后故障依旧。于是采用测量熔丝两端的电压来确定漏电处。熔丝有一定电阻，如果测量其两端的电压值，就能知道通过这条供电线的电流。可以查阅图 10-33 得出对应的电流值。

Messung mV	Mini 5A	Mini 7.5A	Mini 10A	Standard 5A	Standard 7.5A	Standard 10A	Standard 15A	Standard 20A	Standard 25A	Standard 30A
0.1	6	10	14	7	9	13	23	30	47	62
0.2	12	20	28	13	19	27	45	61	94	123
0.3	18	30	43	20	28	40	68	91	141	185
0.4	24	40	57	26	37	54	91	122	188	246
0.5	30	50	71	33	47	67	113	152	235	308
0.6	36	60	85	40	56	80	136	183	281	370
0.7	42	70	99	46	65	94	158	213	328	431
0.8	48	80	114	53	75	107	181	244	375	493
0.9	54	90	128	59	84	120	204	274	422	554
1	60	100	142	66	93	134	226	305	469	616

图 10-33　电流值

按照由前至后的顺序，使用万用表的 mV 档测量每个熔丝的两端。多数熔丝的电压值为 0.1mV，当测量到仪表台右侧的棕色熔丝座时，发现熔丝 ST2 SD7 电压值为 0.5mV，查表得出其对应的电流值为 33mA。它是灯光开关 E1 的熔丝，拔掉后静态电流降低了 30~40mA。继续测量时，并未再次发现有问题的熔丝。虽然静态电流值降低到了 170mA，但还是超出了正常值（标准 50mA 以下）。这时开始怀疑是不是因为用电设备一直工作，导致某些控制单元没有休眠。车灯开关 E1 与车载电网控制单元 J519 连接，两者之间通过 Lin 总线传输数据（主要是 E1 发送数据给 J519），电路图如图 10-34 所示。

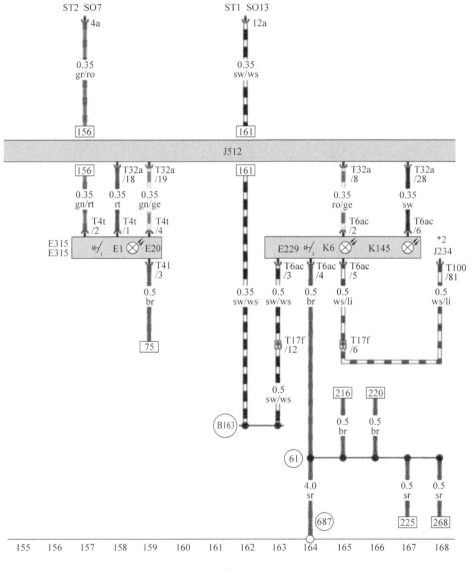

图 10-34　电路图（一）

从 E1 漏的电流只是总漏电电流的一部分，其他控制单元也应存在同样轻微漏电的现象，可是静态电流才 200mA，如果控制单元没有休眠，总线活跃时，电流值会远远大于这个值。为了进一步验证这一假设，恢复原车电路，用诊断仪 VAS 6160A 读取锁车后网关

J533 的数据，各控制单元均能进入休眠模式。假设被推翻。那是什么原因导致 E1 上有不正常电流？是什么原因导致在切断 E1 供电后还存在漏电电流？这时决定通过另一个方法来检查漏电——拔熔丝。这种方法在使用时须注意，不要拔掉防盗报警装置或者相关控制单元的熔丝，否则会触发警报，影响测量。准备工作就绪后，开始从前到后排查。就在熔丝快全部检查完时，还是没有使电流值降低到正常。当拔下行李舱最后一个熔丝座的倒数第二个熔丝时（ST5 SF3），电流值突然降低到 40mA，看来找到了问题所在。先恢复所有电路，只拔掉有问题的熔丝，此时的静态电流值稳定在 40~50mA。查阅电路图后得知，ST5 SF3 这个熔丝来自稳压器 J532，后方连接到收音机 R 熔丝（ST2 SD3）和仪表 J285 熔丝（ST2 SD4），这两个熔丝位于仪表台右侧熔丝架上，电路图如图 10-35 和图 10-36 所示。

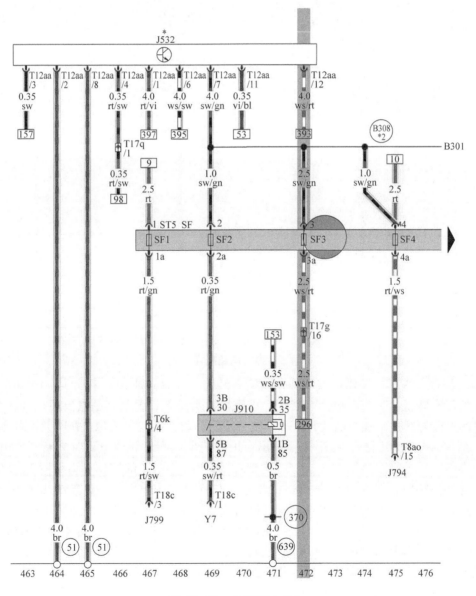

图 10-35　电路图（二）

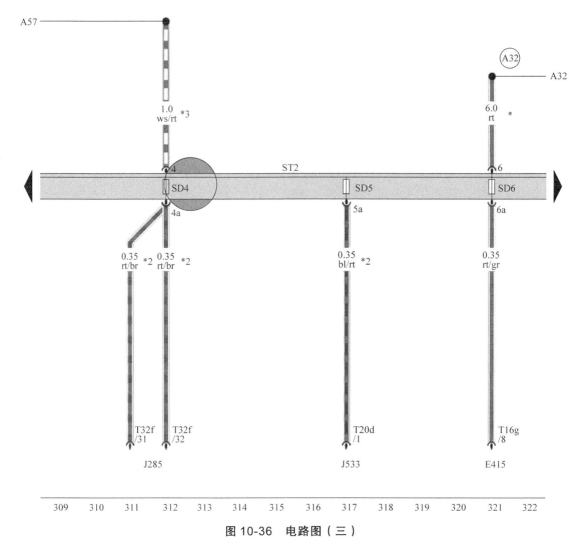

图 10-36 电路图（三）

接着检查 SF3 熔丝下游的线路。恢复所有线路，当只拔掉 SD3 和 SD4 两个熔丝时，静态电流值没有降低，只有在拔掉 SF3 时，电流值才会降低，说明问题点出现在 SF3 与 SD3、SD4 之间这段导线上。现在确认并缩小了检查范围，就着手找出故障点在哪儿。如果有放电电流，那就一定存在回路，一定能测量出对地电阻值。测量导线电阻时需断开蓄电池，断开用电器等，因此除了需要拔掉有问题的熔丝（灯光开关 E1 的熔丝和稳压器 J532 的熔丝）以外，还要拔掉收音机 R 和仪表 J285 的熔丝、灯光开关的插头，并且操作几次座椅调整开关，以放掉整车电路中剩余的电量。就在拆灯光开关 E1 的过程中，突然发现在其后方加装了一个非原厂的部件，仔细一看，原来是 GPS 通信模块（图 10-37），这才恍然大悟。

那是不是在稳压器 J532 这条线路上也加装了 GPS 模块呢？用万用表测量 SF3 至 SD3、SD4 的电阻，发现有 21kΩ 的电阻，检查这段线路后发现，还有另一个较大的 GPS 模块位于前排乘员脚坑处，如图 10-38 所示。

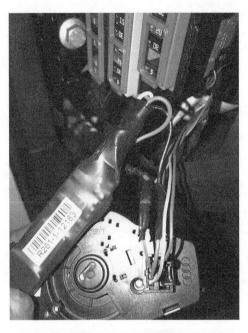

图 10-37　GPS 模块

图 10-38　GPS 模块

拆除这两个加装的 GPS 模块，重新测量静态电流，发现电流值为 80mA 左右，比标准值还是多了几十毫安。难道还有其他 GPS 模块？按照上述方法，确认在稳压器 J532 的线路上还有接地电阻，于是仔细检查，终于在 B 柱下方找到了第三个 GPS 模块（图 10-39）。

拆除所有的 GPS 模块后，重新检测静态电流，一切正常。

故障分析：这三个 GPS 模块中，最大的那个是北斗 GPS 双模定位器（GM902），内置流量卡，可以把定位数据传输到相关平台上，工作电压为 9~36V，工作电流为 90mA；另两个模块为小型北斗 GPS 定位器（KM-02），工作电流为 25mA。当服务人员与车主沟通后，车主这才不情愿地说出真相，这些 GPS 模块由借贷公司安装。

维修方法：拆除 3 个 GPS 模块，修复线束。

图 10-39　GPS 模块

10. 2016 年奥迪 A6L 2.5 仪表多个故障灯亮

故障现象：客户反映仪表有多个故障灯亮。
故障分析：
（1）控制单元本身损坏。
（2）线路故障。
（3）编码错误。
故障诊断：

用 VAS6150B 读取故障码，多个控制单元中有故障码，地址 19、01、03、09 都存储有故障码。做引导性故障查询，提示做在线对比，做完在线对比后故障依旧。由于客户反映加装配置后才出现此故障，拆除加装件后故障依旧。加装的配置在左侧仪表台熔丝处，会不会是熔丝熔断呢？在 ELSA 中查找前照灯光程控制单元、转向控制单元、ABS 控制单元的熔丝时发现前照灯光程控制单元的熔丝插座上没有熔丝。找了一个 10A 的熔丝装上后仪表故障灯全部熄灭。再次检查仪表左侧熔丝座时发现前照灯光程控制单元熔丝位置安装错误（图 10-40）。

维修方法：重新安装熔丝。

图 10-40 熔丝

11. 2016 年奥迪 A6L 2.5 仪表偶发性故障灯报警

故障现象：客户抱怨仪表各种故障灯报警，如 ABS 灯、废气灯、EPC 灯、胎压灯、发动机限速灯、侧滑灯、气囊灯，短时间加油无反应。
故障诊断：询问客户，客户反映故障也不是经常出现，有时好几天不出现，有时一天出现好几次。出现故障后，车辆重新起动后故障就消失了。驱动数据总线损坏的原因有

CAN 高对地短路；CAN 高与 CAN 低互短；CAN 高对正极短路；某个控制单元内部损坏。驱动 CAN 网络拓扑图如图 10-41 所示。

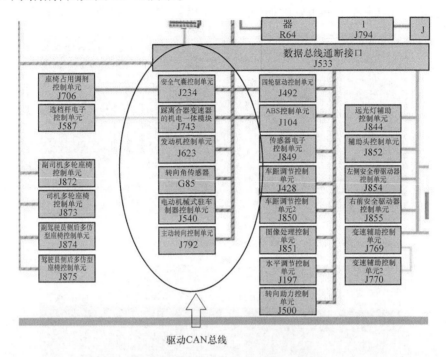

图 10-41　驱动 CAN 网络拓扑图

用诊断仪 6150C 检测，读取故障码。01 里故障码为驱动数据总线损坏。此故障为偶发性故障，而且此车只有在行驶中才会出现故障。尝试清除故障码之后进行试车，第一次试车未能试出故障，后来多次试车均无故障出现，因客户要使用车辆，就把车开走了。第二天与客户联系，询问客户故障是否出现，客户表示一切正常，结果等到第二天晚上，客户与我店服务顾问联系，说故障再次出现，并且出现了好几次。服务顾问将客户约到店内再次检查，与上次故障码一样，再次尝试清除故障码，清除之后进行试车，多次试车后并无故障出现。考虑到此车为第二次进店检修，这次无论如何都要将故障修好。

（1）根据维修手册得知，各个控制单元的终端电阻是 60Ω，用 1598-38 测试盒测得的控制单元的电阻都符合标准。

（2）测量 CAN 高和 CAN 低线路，均正常。此时考虑是不是某个控制单元内部间歇性损坏造成的，只有用示波器测量才能知道驱动总线故障是哪种原因引起的。后来再次询问客户车辆出现故障时的行驶路况、车辆的温度情况、车上乘坐的人员数量等，客户说每次开车的时候都是后排坐两个人，这句话引起了我们的注意。每次试车的时候我们都没有在后排坐过，也没有试出来故障，得知这个信息后我们就找了两个人坐在后排，利用电源逆变器将示波器连接在车上进行试车，经过反复试车，发现右转故障不会出现，直行也不会出现，只有在左转时故障才会出现，出现故障的波形如图 10-42 所示。正常的波形如图 10-43 所示。从波形上可以看出，故障是驱动总线对地瞬间搭铁引起的，这个时候我们在想，什么原因会在左转弯时造成驱动数据总线对地搭铁呢？几个人经过考虑和商讨，怀疑是线上面的某一段破损造成瞬间搭铁，在左转弯时，因惯性造成后排乘客往右偏移，是不是 C 柱下方的线磨坏造成搭铁呢？在拆开后排靠背时，发现驱动总线的 CAN 高线的绝缘层被磨破，如图 10-44、图 10-45 所示，用绝缘胶带处理好破损的线束，用固定线束卡扣固定好此线束，试车故障排除。

维修方法：用绝缘胶带处理好破损的线束，用固定线束卡扣固定好此线束。

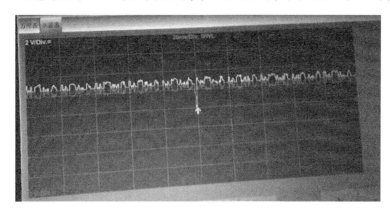

图 10-42　故障波形

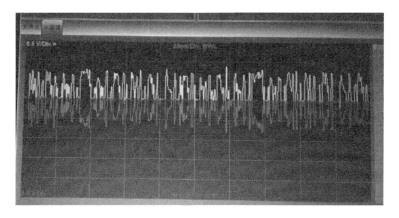

图 10-43　正常波形

图 10-44　故障位置

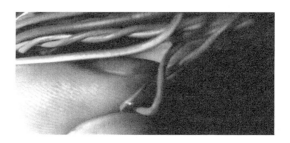

图 10-45　故障位置

12. 2016 年奥迪 Q5 安全气囊灯报警

故障现象：客户反映安全气囊灯一直亮。造成该故障现象的原因可能有：
（1）线路问题。
（2）J527 损坏。
（3）J234 损坏。
（4）气囊损坏。

故障诊断：
（1）用 VAS6150D 查询故障码。
B10001B：驾驶人侧安全气囊引爆装置，电阻过高，被动/偶发。
B10011B：安全气囊触发器 2，驾驶人侧，电阻过高，被动/偶发。
（2）查询 TPI，无相关 TPI。
（3）根据故障引导型查询，提示先测量线路，在拆检发现主插头外壳有破损，测量线路时，发现右侧端子及插头有变形导致接触不良（图 10-46）。
（4）更换线束，处理端子故障排除。

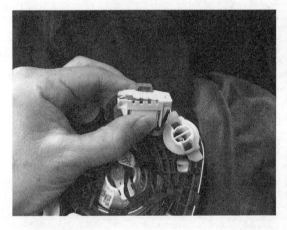

图 10-46　故障位置

维修方法：
（1）更换线束，处理端子。
（2）清除故障码。

13. 2016 年奥迪 Q5 亏电无法起动

故障现象：车辆放两三天后因蓄电池亏电而无法起动，客户描述已经有过两次这种情况。之前以为是忘记关闭用电器导致的，因此每次锁车后都检查一遍才离开，人为故障可能性很小。

故障诊断：

（1）用6150B检查未发现有意义的故障，读取蓄电池放电记录，有过几次放电情况。

（2）用蓄电池检测仪对蓄电池检测显示"蓄电池良好须充电"。

（3）排除蓄电池问题后，怀疑车辆可能有某个部件在放电导致蓄电池亏电。

（4）用放电测试仪对车辆进行放电测试，发现车辆休眠后放电电流为1.323A，说明放电电流比较大（图10-47）。

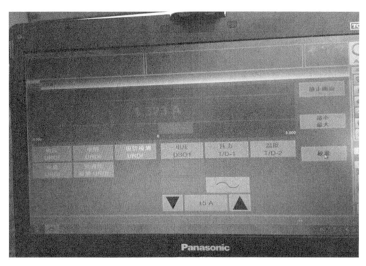

图10-47　放电电流

（5）对车辆所有部件都进行排查，检查到右侧熔丝时发现熔丝上有外接线束，共有两根。检查线路走向，发现该线为隐藏式行车记录仪线，将行车记录仪线束拆掉。发现放电电流恢复正常（图10-48）。

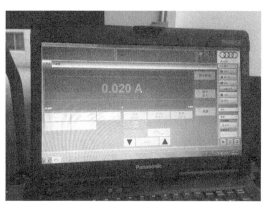

图10-48　故障位置及正常电流

（6）对行车记录仪的接线进行检查，发现该设备正极接的是常电源线，行车记录仪24h工作，锁车后也在工作。断开行车记录仪的连接线进行测试，显示放电电流为0.020A，在正常范围内。

故障分析： 该车因为外装行车记录仪接线不正确，所以24h工作，导致蓄电池亏电。

维修方法： 将行车记录仪正极接钥匙电源线，故障排除。

14. 2017年奥迪Q5 2.0T 换道辅助不工作

故障现象：换道辅助不工作。

故障诊断：

（1）经VAS6160检测，各控制单元无故障码。

（2）按压换道辅助开关，换道辅助功能打不开，使用MMI CAR中调节换道辅助警告灯的亮度却可以正常调整。

（3）按压换道辅助开关读取J769中的数据块，发现不能识别到开关信号。

（4）打开车辆小灯，发现换道辅助开关的背景灯会亮，执行元件诊断，发现开关上的LED指示灯正常，说明换道辅助开关的插头连接正常。

（5）查看电路图，因测量换道辅助开关E530需要拆卸门饰板，所以先测量左前门A柱处T27A插头到J769的线路，正常（图10-49）。

（6）拆卸门饰板，测量E530到T27A的线路，发现存在断路现象（图10-50）。

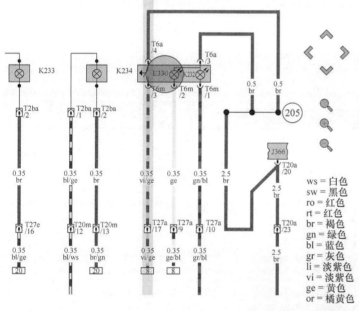

图10-49 电路图

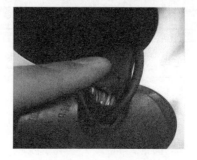

图10-50 故障位置

故障分析：新车加装 360 车周影像穿视频线时意外将 E530 的线破坏导致。

维修方法：维修线束，建议更换左前门饰板线束总成。

15. 2017 年奥迪 Q5 2.0T 左侧前照灯高度自动调节功能失效

故障现象：

（1）仪表前照灯调节故障灯报警。

（2）起动后左侧前照灯不能自动进行高度调节。

故障诊断：

（1）PDI 入库检查，发现仪表前照灯照程故障灯报警，起动后前照灯自动调节左侧不工作。

（2）用诊断仪检测。09 供电控制单元内报左侧前照灯照明距离调节伺服电动机断路。

（3）根据电路图检测，发现左侧前照灯插头 3 号端子不通，进一步检查发现 J519 连接线束 17 端子棕色插头 10 号端子损坏，更换该端子，清除故障码后测试前照灯自动调节恢复正常（图 10-51）。

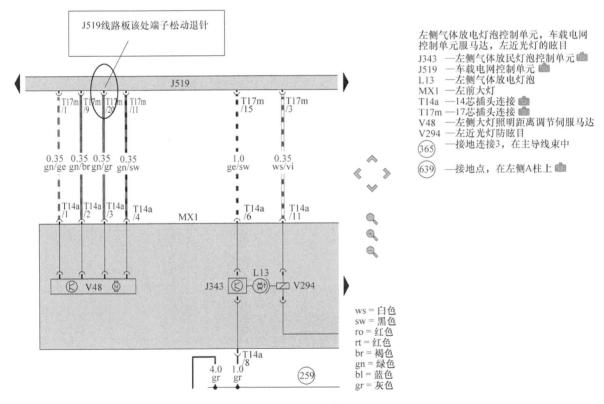

图 10-51 电路图

（4）在车辆驶入交车工位终检时，发现左侧前照灯再次出现不能自动调节故障，用诊断仪检测出现偶发故障。再次测量前照灯插头 3 号端子发现没电，拆卸左侧下护板检查该线通断时，发现晃动线束时能够恢复正常，怀疑更换的端子不匹配，拔下插头检查端子未见异常。拆卸 J519 检查，发现 17 端子棕色插头 10 号端子比边上的端子矮、拨动该端子发现松动，打开 J519 后盖发现该控制单元插头端子没有焊接，插头端子在插接时出现松动退针，产生接触不良的故障（图 10-52）。

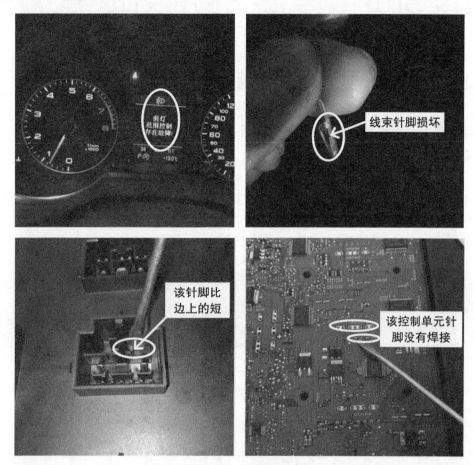

图 10-52　故障位置

故障分析：

（1）该车 J519 电路板上的插头端子没有焊接，估计在生产线安装时控制单元端子出现松动导致在插接时损坏了线束端子。

（2）出现第二次故障是在线束修复后插接过程中控制单元该端子退针，导致产生接触不良，出现偶发故障。

维修方法：

（1）更换损坏的线束端子。

（2）重新焊接松动端子。

第十一章 空调系统故障

1. 2010年奥迪A6L开空调左侧出热风，右侧出冷风

故障现象：开空调左侧出热风，右侧出冷风。

故障诊断：

（1）开空调后，左侧出热风很热，调整温度在Lo，结果都一样。

（2）检测到08空调系统内有故障记录：加热循环泵断路。故障指引暖水阀上循环泵有故障，直接报价暖水阀要求更换。

（3）用户同意后，订货回来更换，结果更换后，故障还是一样，导致返修。

（4）检查系统内无故障记录，查看数据块40，暖风阀完全关闭，但是还是一样有热风吹出；还是怀疑暖水阀不能关闭，这时刚好有一台C6在大修，把暖水阀替换后，依然一样，说明不是暖水阀的问题。

（5）查看数据，左侧出风的温度有65℃左右，右侧在25℃左右，开始怀疑风门翻板是不是有问题，导致密封不严，但密封不严也不会导致热风这么热。

（6）替换E78面板后，故障依旧。把插头C对应的暖水阀上的控制阀线路断开，却没有故障记录。这时想是不是线路存在断路？

（7）把插头拔下后，插在拆下的暖水阀上观察，发现无论如何调整温度，始终有一边是不能关闭的，而另一边却能关闭，说明循环的水能通过暖水阀进入。

（8）在查看插头时，出力拉了一下，结果发现有一根线被拉了出来，再一看，发现底下有线路已经断了，刚好是控制阀上的其中一根。问题终于找到了，修复线路后，故障得以排除（图11-1）。

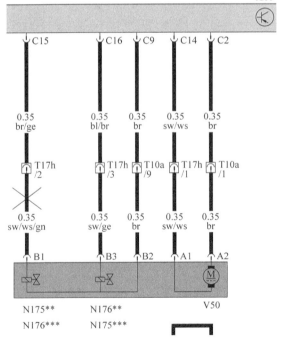

图11-1 电路图

故障分析：暖水阀控制线路断路，导致有一边阀不能完全关闭。

维修方法：更换暖水阀并修复线路。

2. 2011 年奥迪 A4L 空调不制冷

故障现象：空调不制冷。

故障诊断：

（1）接车试车，故障现象存在，诊断仪报压缩机故障。

（2）检查空调管路发现有制冷剂，且高低压一样，初步判断压缩机不工作。

（3）量取 N280 的电阻，在正常范围内，量取插头的信号，无电压，测量 N280 到 J519 之间的线路，无短路、断路情况。线束的电阻也在正常范围之内。

（4）拆下 J519 发现有大量水溢出，拆检 J519，电路板已腐蚀。更换 J519 后故障排除（图 11-2）。

故障分析：

（1）刚看到故障码时，以为是压缩机坏了，进一步确认才发现真正的故障所在（图 11-2）。

（2）以前经常遇到前风窗玻璃贴膜后 J519 进水的现象。

维修方法：更换 J519。

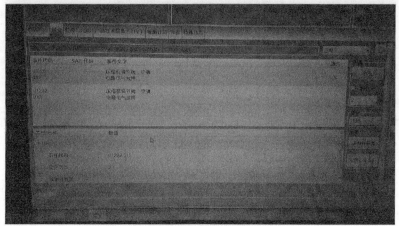

图 11-2　J519 及故障码

3. 2011 年奥迪 A6L 空调不制冷

故障现象： 温度调到 22℃总感觉有时不够凉。

故障诊断：

（1）客户进店检查空调有时不够冷。

（2）调到 22℃，读取故障码，无相关的故障码，读取出风口的温度，都在正常范围内（图 11-3）。

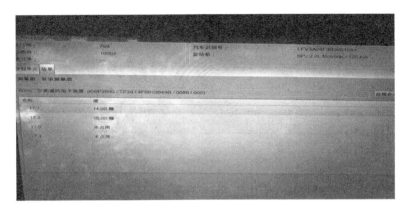

图 11-3　风口温度实际值

（3）未发现问题在哪里，将空调滤芯换掉，重新做了基本设置，建议客户将温度调低 1℃，回去试试。

（4）客户使用一段时间后，又感觉空调不制冷了，进店检查，确实不制冷，而且鼓风机声音很响，但风量很小。

（5）检查发现空调管节流阀处有结冰现象，分析结冰的原因，是节流阀堵塞、鼓风机转速不够、蒸发器出风口温度传感器信号不正常等。节流阀、鼓风机都正常，读取 G263 的测量值为 28℃，明显高于正常值，尝试更换 G263 温度传感器，故障依旧（图 11-4）。

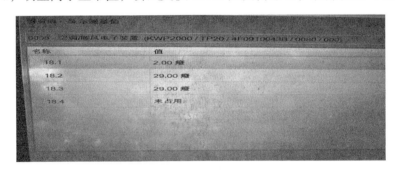

图 11-4　实际值

（6）因空调系统的数据都从 J255 中读取，于是尝试更换了 J255，发现 G263 的数据在正常范围以内了，故障现象消失。

故障分析： J255 发出了错误的数据信息，导致系统内部紊乱，引起空调不制冷。

维修方法： 更换空调控制面板 J255。

4. 2011 年奥迪 A8 D4 3.0T 空调偶尔不制冷

故障现象： 在行驶过程中空调偶尔不制冷。

故障诊断：

（1）首先进行试车，空调制冷正常，故障不能再现。

（2）用 6150 检查，有 01232 压缩机调节器电路电器故障（偶发），根据引导性故障查询、测量均正常（图 11-5）。

（3）对故障车辆进行长时间路试后，空调不制冷故障出现。

（4）脱开车载电网控制单元 J519 到空调压缩机调节阀 N280 两端的插头进行测量，发现线路有相互短路故障。

（5）查询电路图，J519 到 N280 之间有一个黑色 14 芯插头。拔下插头进行检查，发现插头内有大量水迹，判断由于插头内进水导致线路短路，于是接着查找水迹的来源，对车辆该部位进行检查和测试后发现没有漏水痕迹也未发现漏水部件，怀疑是插头上某部件损坏导致水由于虹吸作用进入了该插座内。

（6）再次查询电路图，发现黑色 14 芯插头连接着增压空气冷却泵 V188 和变速器油冷却阀 N509。拔下 V188 后，未见水迹腐蚀，在拔下 N509 插头后，发现插头内部有水并且插头已出现腐蚀情况（图 11-5）。

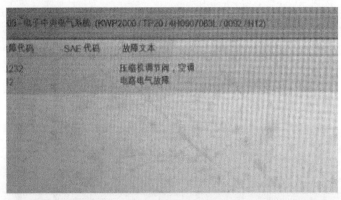

图 11-5 故障码及故障位置

故障分析： 变速器油冷却阀 N509 损坏，内部冷却液由于虹吸作用顺着线路进入插座，导致线路短路，引起该故障。

维修方法：
（1）更换 N509 并维修线路及插头。
（2）再次对车辆进行路试后，故障排除。

5. 2011 年奥迪 A8L 空调不制冷

故障现象：空调不制冷，压缩机不起动。

故障分析：客户来店检查空调不制冷。根据客户描述，用 VAS6150b 进行测量诊断。08-空调控制单元报压缩机切断激活，根据引导性故障查询，检测压缩机调节阀 N280 线路供电、搭铁，正常。检测 J519，无进水。随后检测压缩机内阻，正常范围为 8.0~13.5kΩ，此车为 10.6kΩ，在正常范围之内。检查所有线路及压缩机，正常。随后根据诊断仪所报故障，发现有变速器冷却切断阀故障，查阅 ELSA 相关电路图，发现切断阀线路与压缩机 N280 调节阀有一相同插头节点，随后检测插头，发现插头有进水腐蚀现象，清洁插头，故障排除（图 11-6）。

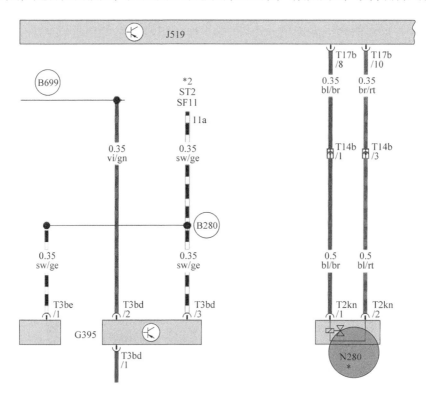

图 11-6 电路图

6. 2011 年奥迪 Q7 3.0T 空调不工作

故障现象：空调系统不能使用。

故障诊断：用 VAS6150B 检测，19 数据总线控制单元有故障码：自动空调控制单元无信号通信（图 11-7）。检查 J255 的供电发现 SC10 熔丝损坏，更换熔丝后空调工作正常，空调控制单元内无故障码。行驶一段时间后空调系统再次不能工作，故障码和故障现象与更换熔丝前一致，怀疑是空调系统中某个部件或某处线路存在偶发性短路。检查 J255 各个插头端子无水渍，排除清洗空调管路造成故障的可能性。由于故障是偶发性的，检测所有元件及线路工程太大，只能通过模拟故障的方法进行检查，在调试空调功能时，发现改变室内温度时空调系统突然失灵，故障重现。在温度调节时参与工作的空调系统部件有控制温度的伺服电动机、控制冷却液流量的冷却液循环泵 V50 等。本着由易及难的原则首先检查 V50，发现断开 V50 插头，调节温度故障不能再现，接上插头 SC10 熔丝就会熔断，使用万用表测量 V50 电阻为 0Ω，新的 V50 电阻为 10kΩ，判定冷却液循环泵 V50 损坏（图 11-8）。

故障分析：V50 冷却液循环泵短路，导致在调整车内温度时 J255 熔丝 SC10 熔断。

维修方法：更换冷却液循环泵 V50。

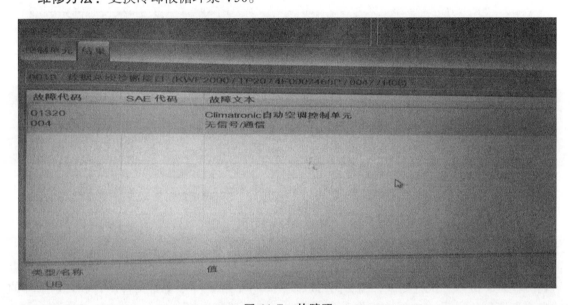

图 11-7 故障码

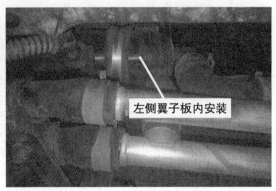

图 11-8 检查冷却液循环泵 V50

7. 2012 年奥迪 A6L C7 2.0T 将空调制热功率开启到最大，出风口出自然风

故障现象：将空调制热功率开启到最大，出风口出自然风。

故障诊断：

（1）上车测试空调性能，制冷正常，空调出风模式选择正常，可以实现风道切换，将空调选择 HI 档位，空调出风口温度为 10℃，达不到最大制热功率，不正常。

（2）可能造成空调制热功率不足的原因有风道切换伺服电动机工作不正常、暖风水阀 N82 工作不正常、电路或 J255 故障等。

（3）用 VAS6150B 读取故障码。地址码 08 内有故障记录冷却液截止阀 N82，对正极短路（静态），根据故障导航执行元件测试，发现 N82 无法正常工作需要更换，将 N82 拆下发现 N82 击穿，插头处已全是铜锈。根据 TPI 更换 N82。可以删除故障码（图 11-9）。

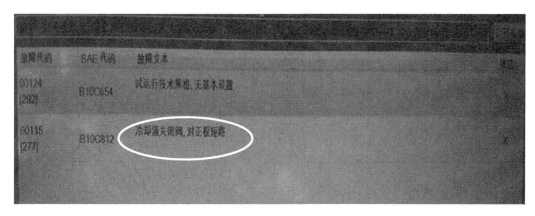

图 11-9　故障码

（4）上车测试空调制热性能，发现制热功率依然不足。再次读取故障码，08 内冷却液截止阀 N82，对正极短路（静态）再次出现，但此时却多了一个 V50 冷却液循环泵对正极短路（偶发）故障。执行测试，N82 阀可以发出"咔、咔、咔"正常工作声，和之前损坏的状态有所区别。说明 N82 阀体工作正常，可能电路上还有故障。

（5）根据电路图得知，N82 由 J255 控制电磁阀的开闭状态。打开点火开关测量 N82 的 1 号端子与 2 号端子之间的电压为 12.3V，正常。将发动机起动，使空调暖风处于 HI 模式，此时 N82 的 1 号端子与 2 号端子之间的电压仍然为 12.3V，不正常，由于 N82 是常通阀，当电磁阀通电时，电磁阀处于关闭状态，因此此时的水流被切断，造成暖风水箱没有水流循环而没有暖风。造成这一故障的可能原因是 T20C/18 至 T2t/1 之间的线路对正极短路。观察电路发现，线束都经过 T17I 这个插头进行连接，一般插头处最容易造成线路之间短路。将 T17I 插头断开测量相互之间电阻，发现 T17I/6 与 T17I/5 之间的电阻为 0.01Ω（不正常），说明是由于此处短路造成的。由于 T17I/5 是 V50 的供电线，因而说明了 V50 对正极短路故障码出现的必然性（图 11-10）。

（6）检查连接插头，发现连接插头 T17I 的背面出现了铜锈，产生短路。清理插头铜锈重新连接，空调暖风可以正常使用（图 11-11）。

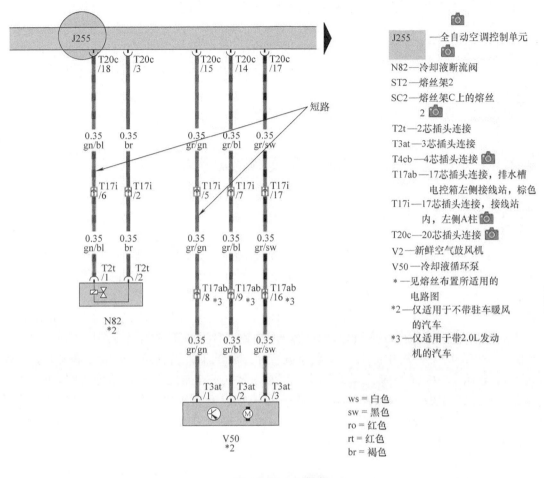

图 11-10 电路图

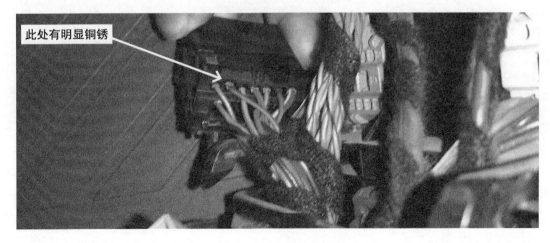

图 11-11 线路生锈位置

故障分析：由于 N82 截止阀是常通型电磁阀，受 J255 控制，在不使用暖风时此阀通电处于关闭状态，发动机冷却液不通过暖风水箱，可以实现快速预热，减少能量损失。

当打开空调暖风时，N82 断电，电磁阀处于打开状态，同时 V50 处于工作状态，增加冷却液流量以保证暖风热量，达到快速制热的目的。由于此车故障是 V50 与 N82 的供电线路之间短路，因而打开暖风时，本应断电处于常通状态的 N82 电磁阀却处于关闭状态，水流切断而无暖风。

维修方法：清理 T17I 插头铜锈。

8. 2012 年奥迪 A6L C7 3.0T 空调有时不制冷

故障现象：空调有时不制冷。

故障诊断：

（1）用 6150B 对车辆进行检测。在 08 中有故障码 B10C222：制冷剂压力和温度传感器超出上限，被动/偶发。用诊断仪读取测量值：制冷剂压力及制冷剂温度传感器 G395 的测量压力会从 1.5MPa 一直升到 3.0MPa，直至空调系统保护（断开压缩机），用 VAS6746（制冷剂加注机）测量系统压力，当 G395 读取数据升高时，VAS6746 的压力为 1.3MPa。

（2）分析故障应该为 G395 读取的数据错误导致。替换一正常的制冷剂压力及制冷剂温度传感器 G395，并对系统中的 R134a 重新进行加注后试车，当怠速 10min 左右时，故障又再次出现，检查 G395 到 J519 之间的线路，正常，替换一正常的 J519，故障依旧。

（3）重新整理思路，用 VAS6746 上的压力表查看低压压力，发现比正常车的压力低 0.05MPa 左右。检查空调系统管路时，发现该车的冷凝器更换过（非原厂备件），替换一正常的冷凝器后故障排除（图 11-12）。

图 11-12 冷凝器

故障分析：该车故障是由于非原厂备件的冷凝器内干燥剂筒堵塞，导致高压压力过高，引起空调系统过压保护。

查询制冷系统管路图，高压侧的维修接口和 G395 刚好安装在干燥器筒的两侧，当干燥剂筒堵塞时，无法正常流动，导致干燥剂筒前端的压力会过高，而在其后端的高压侧维修接口的压力接近正常值，这就是导致用 VAS6746 读出的压力和用 VAS6150B 读出的压力不一致的原因（图 11-13）。

维修方法：更换冷凝器。

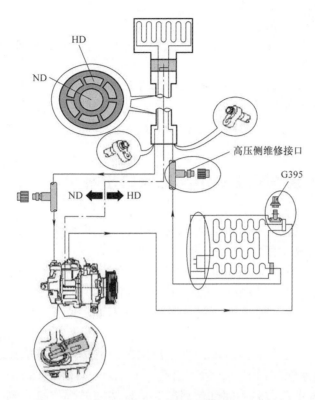

图 11-13 制冷系统管路图

9. 2013 年奥迪 A6L 2.5 空调制冷效果差

故障现象：空调制冷效果差，左右出风温度有明显温差。

故障诊断：

（1）用手感觉左侧中部出口的温度有明显的温差。

（2）自诊断读取 08 系统无故障码，读取左右出风口温度传感器数据，数据变化正常。

（3）空调温度设在 low 时，测得从左到右的出风口温度为 15.5、11.0、5.7、6.9，读取数据块，蒸发器后部温度为 2.88（正常）。

（4）对电动机进行基本设置，无效，重新按标准抽真空、加制冷剂，无效。

（5）互换左右温度传感器，无效。

（6）更换空调面板，无效。

（7）拆除仪表台，检查各电动机运动机构，无干涉现象，此时再直接测出口温度，左侧为 8.9，右侧为 5.6，仍有温差。

（8）怀疑蒸发器内部翻板有故障，分解风机机构发现蒸发器左侧有异物堵塞。

故障分析：

（1）蒸发器温度为 2~3℃，说明空调制冷系统正常，故障点应该发生在温度调节部分。

（2）空调温度调节是通过温度传感器的反馈后，由电动机来改变风门翻板角度大小来调节冷热风的通过量实现的。

（3）由于蒸发器左边被异物堵住，导致鼓风机吹过来的风无法通过蒸发器进行热交换，造成左边的制冷效果变差。

（4）询问客户得知，该车之前在外面做过保养并清洁过空调滤网。可能是在安装空调内滤网的过程中将PM2.5的过滤网装反了，被吸进去后堵在蒸发器外侧左边，导致故障。

维修方法：取出蒸发器内部异物，故障排除。

10. 2013年奥迪A6L 2.5中间出风口出冷风

故障现象：2.5四驱，空调右侧中间出风口出冷风，其他出风口正常。

故障诊断：确认故障存在，检查冷却液温度、冷却液及冷却液颜色，正常。用手触摸暖风水箱，进出口的水管烫手，用6150B读取故障码，J255无故障码。进行功能测试，V50正常，读取J255左右温度翻板电动机的开度测量值，都可以达到100%，对J255做基本设置，故障依旧。当时怀疑即使右侧温度电动机能达到极限位置，但是无法证明控制温度的翻板能达到极限位置。拆开温度电动机，手动直接转动翻板，故障依旧。决定拆下暖风水箱进行检查。拆开后，目视暖风水箱，看不出问题，把暖风水箱单独装到车辆上着车，用红外测温仪测量暖风水箱表面温度，故障出现（图11-14、图11-15）。

故障分析：暖风水箱右侧中间部位堵塞，恰好堵塞的部位给右侧中间出风口供热，但是其他出风口的热风正常。

维修方法：更换暖风水箱，重新更换冷却液。

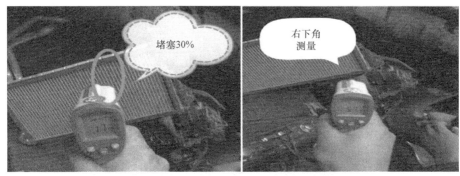

图11-14 暖风水箱温度（一）

图 11-15 暖风水箱温度（二）

11. 2013 年奥迪 A6L C7 2.0T 空调不制冷

故障现象：空调不制冷。

故障诊断：用 6160 读取故障码。在 08 空调/暖风电子装置中有故障码：空调压缩机激活，不可靠信号。09 电子中央电气系统中有故障码：压缩机调节阀，空调电路电气故障，静态。根据导航引导，要求检查调节阀 N280 内阻、相关线束，以及控制单元 J519。查询电路图，发现根据车型此调节阀连接控制单元 J519，中间在排水槽左侧有个白色分接插头。利用万用表测得调节阀内阻为 11.6Ω（2.8~14Ω），正常。测量调节阀至控制单元之间的线束，均无任何断路或短路现象。怀疑白色分接插头有接触不良现象，拆卸后也未发现问题。此时只剩下控制单元 J519，但考虑到是新车，也无任何加装件和进水现象，J519 故障可能性不大。仔细对线路又进行了检查，当从分接插头处测量调节阀内阻时显示无穷大，拔下调节阀插头发现其端子内部已经呈空旷状态，和调节阀端子基本无接触。询问得知，此车在修理厂检查过，导致端子受损（图 11-16）。

图 11-16 故障位置

故障分析：不正规的检测方式造成故障。
维修方法：更换故障插头端子，故障排除。

12. 2013 年奥迪 R8 空调不制冷

故障现象： 空调不制冷。

故障诊断：

（1）试车发现故障确实存在，用 6150B 检查。08 报 VAG01232：压缩机调节阀，空调断路/对地短路，静态（图 11-17）。

图 11-17 故障码

（2）读取数据流，空调压缩机电流为 0，AC 功能打开。查询电路图（图 11-18）。

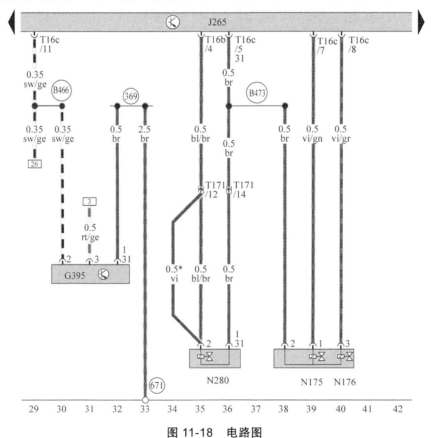

图 11-18 电路图

（3）根据电路图检查 N280 电压，用万用表测量压缩机插头电压为 0，测量 J255 棕色 16 芯插头第 4 和第 5 端子电压为 8.82V（图 11-19）。

图 11-19　测试电压

这说明 N280 电磁阀线路断路，拆检线路时，发现空调泵插头附近线束断路（图 11-20）。

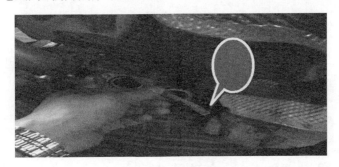

图 11-20　故障位置

（4）修复线束，故障排除。

故障分析：
曾经更换过发动机，线束没有按规定位置卡住。空调电磁阀 N280 线束与驱动轮干涉，导致线束在工作过程中磨破。

维修方法： 修复线束，重新固定位置。

13. 2015 年奥迪 A8L 空调不制冷

故障现象： 空调不制冷。

故障诊断： 经诊断仪检测，08 空调控制单元无故障；09 电子中央电器系统报前照灯故障，静态。检查 08 空调控制单元测量值，N280 电流为 0.3A，正常值是 0.28~0.8A，制冷剂压力为 1MPa，都正常，判断为空调压缩机故障，更换空调压缩机后故障依旧。经查找电路图发现 N280 应由 09 电子中央电器系统供电，并且发现编码不对。询问车主得知他刚刚改完 LED 灯，经在线比对，把编码改回原车编码，故障排除（图 11-21）。

故障分析： 该故障是由改装 LED 前照灯，改编码造成的。

维修方法： 在线比对改回原车编码，故障排除。

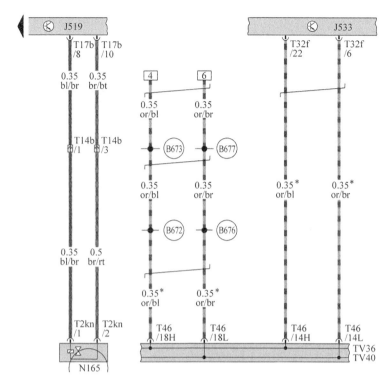

图 11-21 电路图

14. 2016 年奥迪 A3 1.4T 空调不制冷

故障现象：空调不制冷。

故障诊断：

（1）用诊断仪检测，地址码 08 空调系统内无故障码，检查空调系统制冷剂量，正常，打开空调时读取测量值块，空调压缩机的实际电流值与规定电流值均为 0.475A，制冷剂压力为 10Pa，在正常范围，说明压缩机工作正常。

（2）在打开空调时，读取蒸发器下游温度的测量值，为 5℃，也在正常范围内。此时分析可能是调节冷热的温度风门控制出现故障，在拧转空调面板上的温度调节旋钮时，读取温度风门伺服电动机的测量值块，可以从最大到最小范围内变化，分析温度风门电动机工作也正常。

（3）在快速来回转动空调面板上的温度调节旋钮时，偶尔听到空气分配箱处有"咔"的一声，分析是温度风门电动机打滑或是调节机构脱出。拆下左侧仪表板护板检查发现温度调节翻板的确已脱出（图 11-22）。

故障分析：由于温度风门调节机构脱出，导致调节电动机与翻板齿轮打滑，无法调节翻板（图 11-23）。

维修方法：按维修手册重新安装温度调节风门机构。

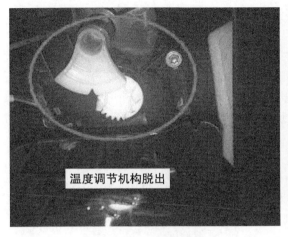

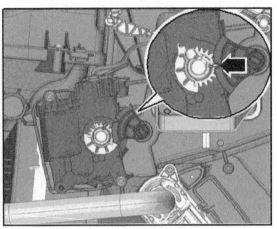

图 11-22　故障位置　　　　　　　图 11-23　翻板原理图

15. 2016 年奥迪 A3 1.4T 右侧出风口不制冷

故障现象：开制冷空调左侧出热风。

故障诊断：车辆在开启空调制冷后，左侧出风口能正常出冷风，但右侧出风口则出热风。左侧制冷效果明显。用 6150B 检测无相关故障，空调泵正常工作，08 数据块均正常。考虑到单边出热风，分析为出风口温度传感器故障；冷热风翻板电动机存在故障；翻板机械卡死。读取该车出风口温度，左侧为 18℃，而右侧为 28℃，符合故障现象。拆下右侧杂物箱检查，发现有一处翻板的齿轮脱开（图 11-24）。

调节空调面板温度，翻板电动机能够正常工作，但翻板保持在热风位置。将翻板齿轮件卡回槽内发现较松动，检查发现齿轮的卡子比较松软，无法正常卡在翻板上，考虑到齿轮还是有脱开的可能，用胶水将其固定。

故障分析：新车装配时齿轮可能未推到底，导致卡子没有完全撑开卡住。

维修方法：重新固定齿轮。

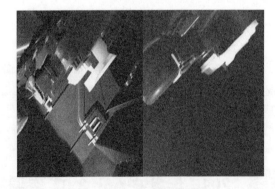

图 11-24　齿轮脱开位置

16. 2016 年奥迪 A4L B8 2.0T 空调不制冷

故障现象：PDI 空调不制冷。

故障诊断：

（1）PDI 时空调不制冷，验证故障现象确实存在。

（2）用诊断仪检测，08 空调暖风电子装置控制单元报 00256，制冷剂压力温度传感器不可靠信号；01592，空气质量传感器无信号/通信。

（3）查询电路图，检测 G238 和 G395 的插头供电电压，正常，接地也正常，两传感器共用的 LIN 线电压为 0V，不正常。分别检测 G238 与 G395 的信号线到车载电网控制单元 T16b/4 的导线电阻为 0.2Ω，对地无穷大，说明该 LIN 导线正常，无断路或短路现象，故障点应该是 J519 车载电网控制单元。拆下该控制器，发现车载电网控制单元插头 T16b/4 插针弯曲（图 11-25）。

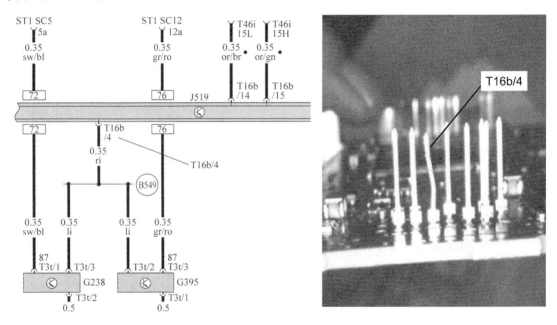

图 11-25　电路图及故障位置

故障分析：

由于车载电网控制单元 T16b/4 的端子弯曲，导致 G238 与 G395 的信号不能传递到车载控制单元 J519 内，造成空调控制单元 J255 无法通过 CAN 线接收到信号，空调制冷不工作。

维修方法： 修复 J519T16b/4 的端子。

17. 2016 年奥迪 A6L 3.0T 空调右侧中央出风口不出风

故障现象： 空调右侧中央出风口不出风，右侧出暖风。

故障诊断：

（1）空调右侧中央出风口不出风。

（2）使用 VAS6150D 进行引导性故障查询，有故障码。

（3）查询无相关的 TPI。

（4）使用 VAS6150D 进行空调基本设置，因为存在故障码，基本设置无法进行。

（5）查找对应车型电路图，发现空调出风口控制电动机为 LIN 线连接，一个空调出口控制电动机出现故障,会影响后面空调出风口控制电动机的工作(图11-26)。

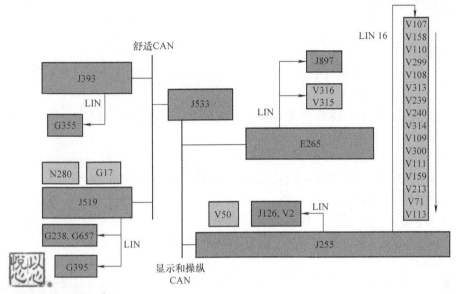

图 11-26 空调电路图

(6)用 VAS6356 读取出风口控制电动机 V107 的 LIN 线波形,LIN 线波形正常,供电为 12V,接地正常,电阻为 50Ω;用 VAS6356 读取出风口控制电动机 V159 的 LIN 线波形,LIN 线波形不正常:根据电路图,检查 V159 之前的出风口控制电动机电路,用 VAS6356 读取出风口控制电动机 V111 的 LIN 线波形,发现波形正常。根据电路图,V159 的 LIN 线信号是 V111 提供的,尝试替换 V111 电机后再次测量 V159 的 LIN 线波形,此时波形正常(图 11-27)。

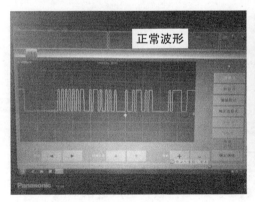
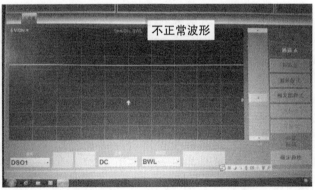

图 11-27 波形测试

(7)进行空调基本设置后,空调工作正常。

故障分析:首先要了解空调操作控制系统的原理,查询电路图掌握出风口控制电动机 LIN 连接顺序,LIN 线类故障读取波形比测量电压更可靠。

维修方法:更换出风口控制电动机 V111。

18. 2016 年奥迪 A6L 1.8T 冬季暖风温度手动模式调至 26℃时出风口出凉风

故障现象：
（1）C7 PA 冬季手动模式暖风调至 26℃时出风口吹一段时间暖风后，便一直出凉风，温度调高后才出暖风且风量不变。
（2）当按下"AUTO"键自动模式时，风量变小，出风口出风温度升高。

故障诊断：
（1）客户反映暖风温度调至 26℃后用手感觉仪表台四个出风口温度都不同，吹一段时间暖风后一直吹凉风，只有温度调高或关闭空调重新打开又开始吹暖风。
（2）空调自动模式正常。
（3）用诊断仪检查无故障，读取数据流正常。
（4）在同样配置其他车辆上测试，与客户反映故障现象一样。

故障分析：
（1）对于装配有自动空调的车型，车辆室内温度不能根据出风口温度衡量。
（2）空调控制单元监测空调控制面板上的室内温度传感器，调节经过暖风水箱的风量或暖风水箱的温度，使室内温度保持在各区域所设定温度范围内。
（3）手动模式下，当室内温度达到设定温度时，是不会改变手动调节的出风口风量及风向的。

维修方法： 从方便或节能上考虑，建议客户空调尽量使用自动模式。

19. 2016 年奥迪 Q3 空调无暖风

故障现象： 开暖风时空调无暖风。

故障诊断：
（1）空调无暖风，只出自然风。进入系统无相关故障码；检查冷却液液位，正常；检查发动机冷却液温度，正常。怀疑冷却系统有空气，尝试排空冷却液并重新加注冷却液，故障依旧。用手摸热交换器的进水管和出水管，温度都很高，证明热交换器没有堵塞。此时怀疑控制冷热风的温度翻板卡死在冷风状态。拆下仪表台检查温度翻板工作，正常（图 11-28）。
（2）此时拆除热交换器的塑料外壳，让热交换器裸露出一部分，用手摸热交换器的表面，一点也不热，而进水管及出水管却很热，这是什么原因造成的？只有拆下热交换器一探究竟。拆下热交换器，检查发现热交换器进水口内部少一个挡板，造成进水口与出水口互通，冷却液从进水口进入后就直接从出水口排出，没有流经热交换器内部，没有形成热交换，从而导致空调无暖风。这就是热交换器的进水管和出水管都是热的，而热交换器表面是冷的原因（图 11-29~图 11-31）。

故障分析： 该故障原因为热交换器生产厂家在生产过程中遗漏工序造成的。

维修方法： 更换热交换器。

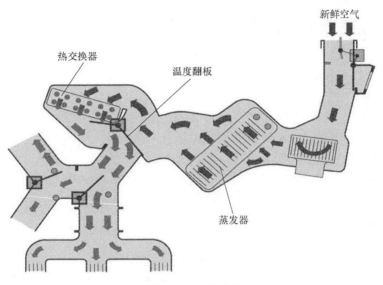

图 11-28　原理图

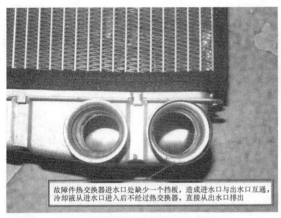

图 11-29　缺少挡板的进水口

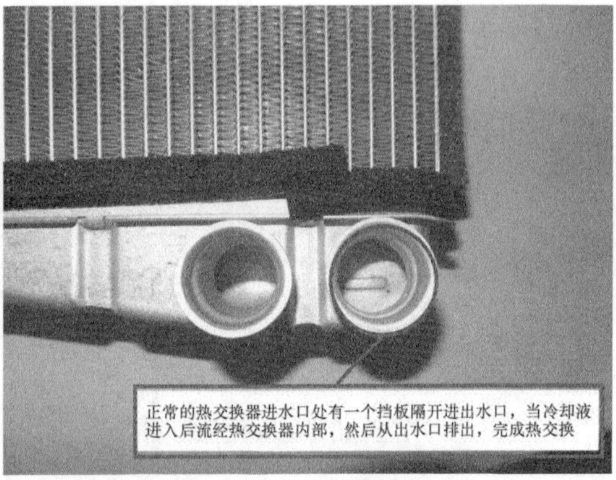

图 11-30　正常的进水口

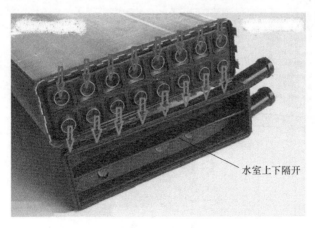

图 11-31　水室内部结构

20. 2016 年奥迪 Q5 2.0T 开空调无风

故障现象：客户反映开空调无风。

故障诊断：

（1）确认故障存在，开空调时无任何反应，但控制面板显示正常（温度、鼓风机转速），用 6150 检测有故障码，本地数据总线对正极短路。

（2）根据故障码显示，很明显故障点是在 LIN 线上。

（3）空调系统的 LIN 线无外乎就是翻板电动机，根据空调 LIN 线和翻板电动机的结构，查询电路图。根据电路图，从最后一个电动机逐一往前开始断开翻板电动机插头（图 11-32）。

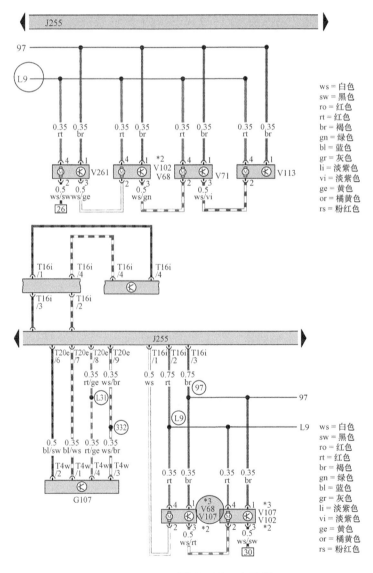

图 11-32　电路图

（4）断开 V68 插头后，发现插头有水迹且电动机端子处也有水迹，并且断开 V68 插头以后故障排除。清理插头水渍，更换 V68，出现新的故障码 V68 断路。重新寻址，进行基本设置，故障排除（图 11-33）。

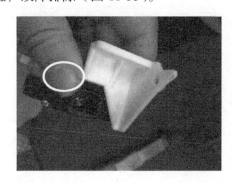 

图 11-33 故障位置及故障码

维修方法：清理插头水迹，更换翻板电动机 V68。

21. 2016 年奥迪 Q7 3.0T 空调无暖风

故障现象：空调无暖风。

故障诊断：

查询 ELSAPRO，未能发现相关 TPI。使用 VAS6150B 对 08 空调系统进行检测，未能发现故障存储，读取测量值，发现在正常温度下，把空调温度调节至 HI，空调出风口无热风，空调出风口温度传感器显示数值正常，室外温度传感器温度显示正常。

故障分析：

怀疑是暖风水箱的冷却液未能循环。检查发现暖风水箱的进水管和出水管温差很大，而该车才行驶 4000km，暖风水箱不可能堵塞。根据 ELSAPRO 冷却液连接管路图检查发现：右前侧减振器上座处的前部暖风水箱的回水管在出厂时未能安装到位（橡胶软管拧了一圈），从而导致暖风水箱的冷却液不能正常循环（图 11-34）。

维修方法：重新安装扭曲的水管。

图 11-34 故障位置

第十二章　信息娱乐系统故障

1. 2012年奥迪A8 D4 3.0T MMI偶尔黑屏

故障现象： 客户抱怨MMI显示屏有时黑屏。

故障诊断：

（1）经过故障验证后发现，在收折显示屏之后故障现象频繁。在开关MMI显示屏过程中出现黑屏故障（图12-1）。

（2）使用VAS6150B检测信息控制单元，有故障记录：显示屏控制单元无通信，静态。从故障记录初步分析，显示屏线束可能存在连接故障。

（3）结合引导性故障查询进一步进行检查，拆装检查确认为显示屏线束断路故障（图12-2）。

 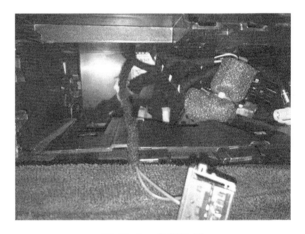

图12-1　MMI黑屏　　　　　　　　图12-2　故障位置

故障分析： 拆装屏幕后，检查发现显示屏线束即将折断，稍一用力就断开了。进一步检查发现线束布线位置不当及线束长度不够长，导致开启后线束有拉伸现象，埋下故障隐患。

维修方法：

（1）重新维修MMI断开的导线，并检查其余导线使用情况。

（2）重新优化布线位置，避免造成开启干涉。

2. 2013 年奥迪 A6L 2.0T MMI 黑屏

故障现象：

（1）客户反映行驶停车熄火后，再次起动，仪表与 MMI 显示都黑屏，收音机也没有声音。

（2）用 VAS6150 检测，很多系统报故障码，5F 和 17 报仪表无法识别，19 报光纤断路和仪表无通信，静态故障（图 12-3）。

系　　统	事件
0019- 数据总线诊断接口（UDS/ISOTP/4G0907468AC/0037/H12/EV-GatewpkoUDS 001018）	6
0001- 发动机电控系统（UDS/ISOTP/4G0907115/0004/H09/EV-ECM20TFS0114G0907/115 001007）	7
0002- 变速器电控系统（UDS/ISOTP/4G1927155K/0002/H05/EV-TCMVL381 A02433）	3
0003- 制动电子装置（UDS-ISOTP/4G0907979L/0450/H09/EV-ESPPemiAU5/X004039）	4
0004- 转向角传感器（不存在运行时间数据）	正常
0005- 进入及其起动许可（KWP2000/IP20/4H0907064CQ/D433/H33）	2
0008- 空调/暖风电子装置（UDS/ISOTP/4G0820043AB/0037/H11/EV-amCondbasiststUDS 002045）	3

图 12-3　故障码

故障诊断：

（1）查看网络拓扑图，J794 与仪表 J285 在一个 MOST 环上。如果 MOST 环断开，可能会出现上述故障现象。在 19 里面执行断环诊断，执行结果 J794 和仪表 J285 存在问题。

（2）首先检查 J794 和 J285 的熔丝以及供电。

（3）检查 J285 熔丝 ST1 SC6 时，发现熔丝处电压为 3.6V，不正常，正常应该为 12V 左右。

（4）测量该熔丝支架其他熔丝发现 SC2、SC4、SC6 都为 3.6V，查看电路图，这三个熔丝都由插头 T17o/16 供电（图 12-4）。

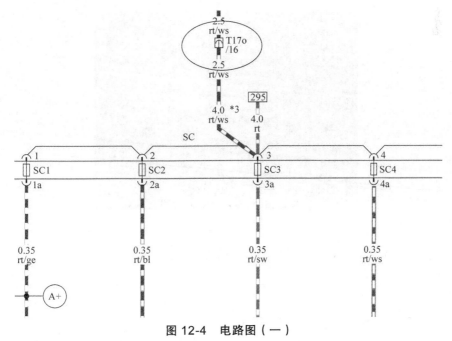

图 12-4　电路图（一）

（5）拔下 T17o/16 插头，测量熔丝供电电压为 12V，取电试灯测量为虚电。继续向上查看电路图，由稳压器 J523 上 7 号端子供电，测量 7 号端子电压，正常，查看电路图发现稳压器到 T17o/16 插头之间有一节点，打开线束检查，节点进水腐蚀（图 12-5、图 12-6）。

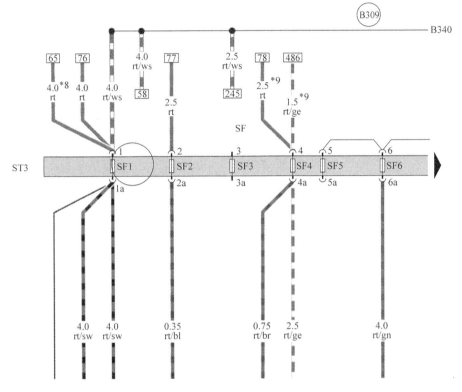

图 12-5　电路图（二）

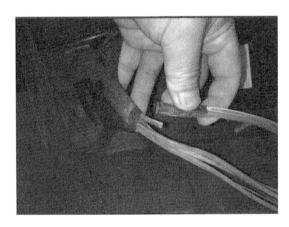

图 12-6　故障位置

故障分析：由于车辆进水导致线束腐蚀造车供电问题。
维修方法：
（1）修理线束。
（2）检查维修车辆进水。

3. 2013 年奥迪 A6L 2.0T 倒车影像不显示

故障现象：倒车影像不好用（图 12-7）。
故障诊断：用诊断仪检查故障码（图 12-8）。

图 12-7　倒车影像不显示

0010- 停车辅助设备 2（UDS/ISOTP/4GD919475A/1072/H01/EV-EPHVA18AU57X0000/003008）		
故障码	SAE 代码	故障文本
10FC13【1113107】	B10FC13	前部停车辅助设备传感器，断路

图 12-8　故障码

检查各线路，正常，替换驻车辅助控制单元 J446，故障依旧。通过客户了解到车右前方有过事故维修，于是决定对驻车辅助传感器线路重新进行逐步排查。测量 J446 至 T8i 之间的线路，接地线路正常，但供电线路为断路（图 12-9）。

最终发现 T8i 插头 20cm 部位导线折断（图 12-10）。

修复损坏的线路，删除故障码进行试车，倒车影像功能恢复正常了。
故障分析：事故维修时检查不仔细，没有发现故障所在。
维修方法：重新焊接、包扎导线。

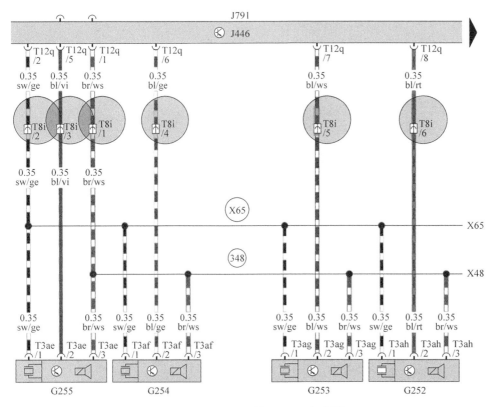

图 12-9 电路图

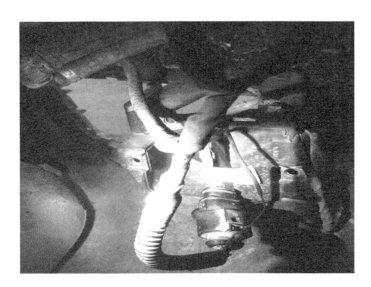

图 12-10 故障位置

4. 2013 年奥迪 Q5 2.0T 组合仪表不工作

故障现象： 打开点火开关组合仪表不显示。

故障诊断：

（1）用诊断仪进入车辆系统，在网关内查询到组合仪表和驻车辅助控制单元无通信，同时故障显示组合仪表总线损坏。使用诊断仪逐个进入组合仪表总线上的所有控制单元，都显示无法到达（图 12-11）。

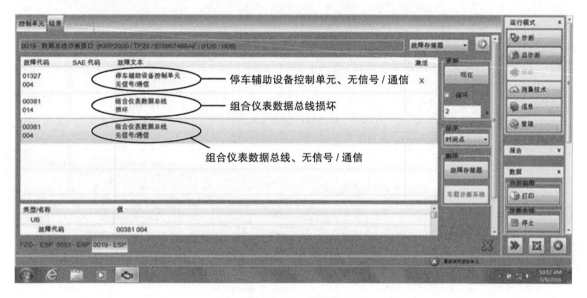

图 12-11　故障码

（2）分析导致整条组合仪表总线上的控制单元都无通信的原因是两条高低通信线出现了短路，使用示波器量取两条总线的工作波形（图 12-12）。

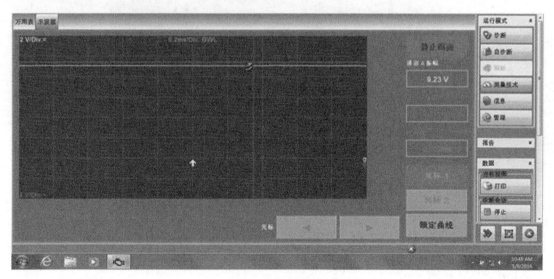

图 12-12　故障波形

从故障波形图上看是低位导线对 10V 电压产生了短路，但是车上的供电电压为 12V，这个 10V 电压很可能是某个控制单元内部的电压，可能是某个控制单元内部短路导致的故障。

（3）使用 1598/38 连接在右侧 CAN 分离插头上，通过查看电路图得知，右侧分离插头的 1 号连接左侧分离插头的 1 号，其最主要的目的是把左侧的 J104 连接在组合仪表 CAN 上，右侧 2 号连接的是 J791 和 J540，3 号连接 J533，4 号连接 J285，5 号连接 J527，逐个拔掉 1598/38 上对应的插头，当把 2 号拔除后组合仪表 CAN 恢复正常，并且此时仪表能够开启（图 12-13）。

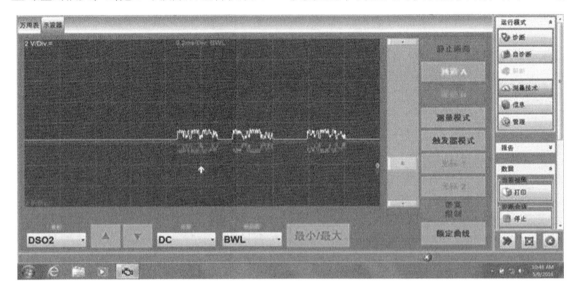

图 12-13　正常波形

（4）2 号位置连接的是 J791 和 J540，分别拔下两控制单元的插头，当拔下 J791 后，仪表显示正常，分解 J791 外壳后发现内部严重腐蚀，部分元件已经烧毁（图 12-14）。

图 12-14　J791

故障分析：由于 J791 进水腐蚀导致 J791 的信息收发器存在短路现象。
维修方法：更换 J791。

5. 2014年奥迪C7倒车雷达故障

故障现象：倒车雷达不工作。

故障诊断：

（1）用 VAS 6150B 读取故障码为驻车辅助传感器供电电压断路/对地短路，主动/静态（图12-15）。

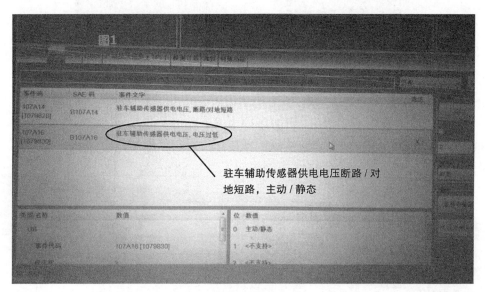

图 12-15　故障码

（2）因为此车之前因此故障维修过，更换过停车辅助控制单元雷达传感器以及传感器线束一套，但是行驶一段时间后，故障依旧。

（3）怀疑是因为线路问题导致控制器的损坏，根据 ELSA 线路图检查熔丝，正常。偶然一次试车发现，晃动后排座椅靠背时，用万用表检查 J446 的供电线（黑黄）偶尔存在对地短路的现象（图12-16）。

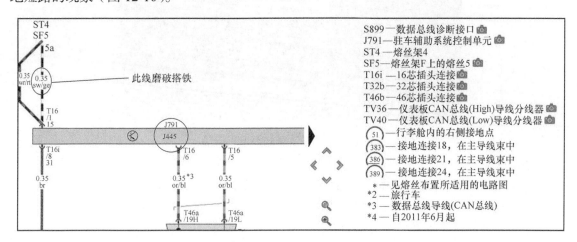

图 12-16　电路图

（4）卸掉后排座椅靠背，找到 J446 的供电线，发现此（黑黄）线已经被靠背的金属支架磨破（图 12-17）。

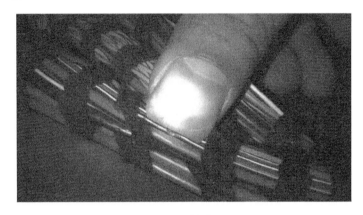

图 12-17　故障位置

故障分析： J446 供电线偶尔对地短路，导致倒车雷达控制单元损坏。
维修方法： 处理线束，更换 J446 控制单元。

6. 2015 年奥迪 A3 导航不能正常显示

故障现象： 客户描述原车导航不能正常显示，屏幕显示"导航数据未启动"。刚开机时可以正常显示 2min 左右，之后就一直显示导航数据未启动（图 12-18）。

图 12-18　显示导航数据未启动

故障诊断：
（1）用诊断仪检测 5F 有故障码 B126CF2：导航系统，导航数据库未开通（主动/静态）。
（2）查看 MMI 启动密钥，暂时非法（图 12-19）。
（3）无其他相关故障码（图 12-20）。
（4）进行引导型故障查询，尝试做在线对比，无需改变。

第十二章 信息娱乐系统故障

故障状态

正常状态

MMI快捷键
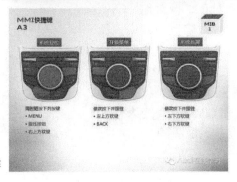

图 12-19 查看启动密钥

地址：005F 系统名：5F - 信息电子装置1（高） 协议改版：UDS/ISOTP (Ereignisse: 1)

- 识别：
  - 硬件零件号： 8V0035037B
  - 零件号： 8V0035037B
  - 硬件版本号： H44
  - 软件版本号： 0355
  - 制造日期： 10.11.2014
  - 编码：
  - 编码： 01730305FF0000002115001001A00002F0004040100010006
  - 可擦写性： 未知
  - 系统名称： MU-H-N-CN
  - ASAM 基本型号： BV_InforContrUnit1UDS
  - ASAM 2D/ODX 数据记录： EV_MUHig4CAW7
  - ASAM 2D/ODX 数据记录版本： 001060
  - 使用的 ASAM/ODX 控制单元型号： EV_MUHig4CAW7_001
  - 目标数据库： 8VD909545C
  - 目标数据库版本： 0013
  - 装备代码： 00 00 00 00 00 00 00 00 7B 66 21 34
  - 系统简称： J794

- 故障存储器记录：
  - 故障存储器记录
  - 编号： B126CF2: 导航系统 导航数据库未开通
  - 故障类型 2： 主动/静态
  - 症状： 2571
  - 状态： 00001001

  - 标准环境条件：
    - 日期： 15-11-28
    - 时间： 17:55:09
    - 里程（DTC）： 17
    - 优先等级： 6
    - 频率计数器： 254
    - 遗忘计数器/驾驶周期： 135

  - 高级环境条件：
    - 动态环境数据 02 86 86
    - 端子30电压 13.4 V

图 12-20 故障码

291

（5）重新解除运输模式，无效。
（6）使用特殊功能，检查车辆配置，均正常。
（7）尝试给 5F 信息电子装置解除部件保护，重启之后恢复正常。

维修方法：对 5F 信息电子装置解除部件保护。

7. 2015 年奥迪 A6L 2.0T 行驶中仪表黑屏

故障现象：仪表黑屏。

故障诊断：U10AA00 显示/操作数据总线损坏、仪表无通信。根据引导性故障查询提示进行分析（图 12-21）。

查看电路图，使用专用工具 1598/38 分别模拟总线的 5 种状态，高对正、低对地、高低互短都会出现数据总线损坏故障码。在模拟低对地时，诊断仪检测到故障码与客户到店时故障一样，查找线路确定故障点在 J533 控制单元附近。处理线束后故障排除（图 12-22）。

故障分析：由于仪表 CAN 低线绝缘皮磨破导致偶尔搭铁，出现仪表黑屏故障。

维修方法：处理 J533 处 CAN 线。

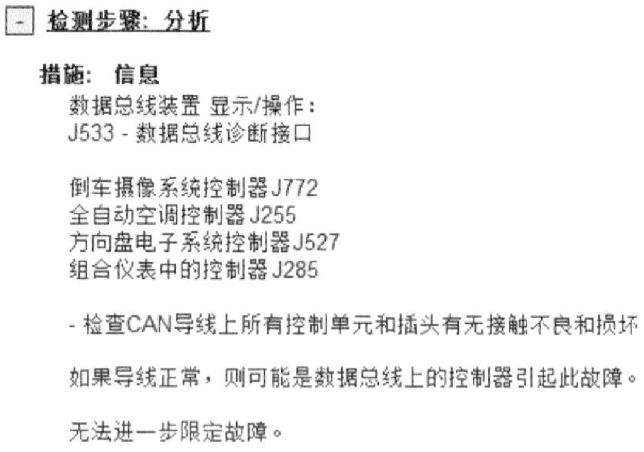

图 12-21 故障引导

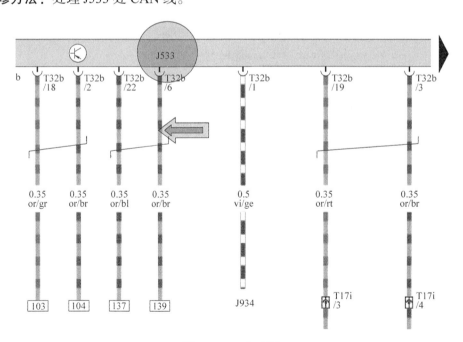

图 12-22 电路图

注：箭头为故障位置。

8. 2015 年奥迪 A6L 2.0T 组合仪表黑屏

故障现象： 行驶中组合仪表上转速表、车速表偶尔变黑、闪烁、归零（图 12-23）。

故障诊断：

（1）用诊断仪检测有故障码：19-U015500，仪表板控制单元无信号/通信；09-VAG01317，组合仪表中的控制单元无信号/通信；46-VAG01317，组合仪表中的控制单元无信号/通信。

（2）根据故障码分析，故障原因可能出现在以下几个方面：

① J285 接地有问题。

② J285 供电不好，J285 插头接触不良。

③ J285 供电熔丝接触不良。

④ 导线接触不良。

图 12-23 仪表出现故障

（3）本着由浅入深的原则，首先检查 J285 的供电熔丝。

用万用表测量 ST1 SC6 熔丝，供电正常、没有虚接。检测中组合仪表突然黑屏，再次测量发现熔丝没有供电，并且没有损坏。继续测量发现整个 SC ST1 熔丝支架都没有供电。查找电路图（图 12-24、图 12-25）。

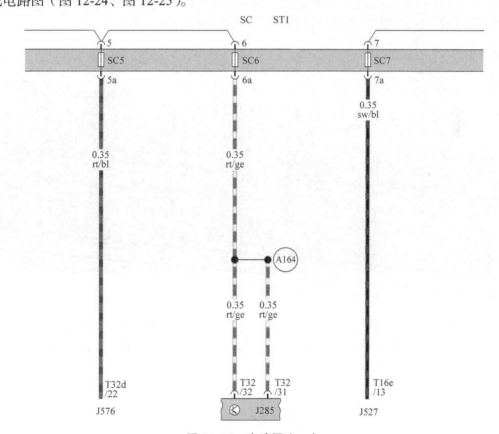

图 12-24 电路图（一）

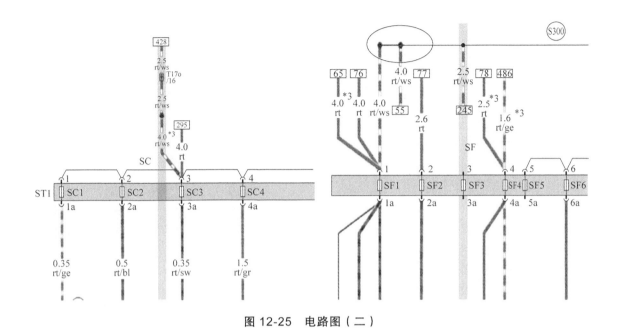

图 12-25　电路图（二）

SC ST1 的供电由 SF1 提供，测量 SF1 没有损坏，仍然没有供电。继续向上查找发现问题，图 12-26 所示电路图中圆圈位置进水腐蚀，节点虚接。

图 12-26　故障位置

（4）继续查找进水的原因（图 12-27）。右后尾灯密封不严，刷车时进水。

故障分析：尾灯密封不严造成进水，导致蓄电池附近正极线腐蚀；造成 J285 供电虚接，出现上述现象。

维修方法：处理尾灯、处理导线。

图 12-27　进水原因

9. 2016 年奥迪 A4L 2.0T 倒车影像显示暗

故障现象： 倒车影像显示暗（图 12-28）。

图 12-28　显示暗

故障诊断：

（1）用 VAS6150 检测无故障记录。因为该车是商品车，怀疑是倒车摄像头的质量问题，该车摄像头 R189 和控制单元 J772 是一体的，因此找同型号的车辆进行替换。替换后故障依旧，从而排除控制单元和摄像头的问题。

（2）倒车影像信号由 J794 接收显示，替换 J794 后故障依旧。检查供电和信号线路，正常。由于是显示暗，说明视频能够传输只是传输不全。于是尝试短接视频线路后正常。检查视频线路发现 A 柱靠近插头处的线速外层断裂（图 12-29）。

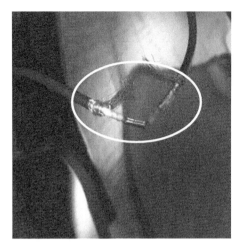 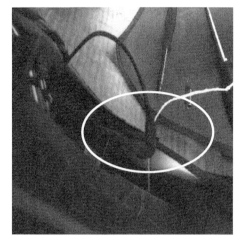

图 12-29 故障位置

故障分析：车辆在装配时就经过修理，但仍然有虚接现象，从而导致视频信号传输不全。

维修方法：更换倒车影像视频线束。

10. 2016 年奥迪 A6L 车辆行驶到有监控探头的路段时，CD 和收音机没有声音

故障现象：当车辆高速或低速行驶到有监控探头的区域后，CD 或收音机没有声音，但不是每个探头都有此现象。

故障诊断：用诊断仪检测，没有相关的故障记录，查询 TPI，没有相关的解释，检测车辆，没有相关的加装件。与客户试车，在车辆行驶到有探头的特定区域后，车速在 40~60km/h 时，CD 或收音机突然没有声音，一直保持到车辆行驶过探头后正常。观察 CD 播放进度条在一直播放，没有停止，只是没有声音。

故障分析：

（1）车辆自身故障。通过诊断仪检测没有相关故障记录，检测 CD 和收音机功能，正常。

（2）车辆有加装件产生信号干扰。通过检查和与客户沟通，没有加装件。

（3）外部信号干扰。收音机可以受到信号干扰，但播放 CD 时受到信号干扰的可能性不大。为了确定故障的可能性，使用同款、同一配置的车辆在故障发生的路段试车，发现在不使用导航的情况下，试用车会在故障发生的路段播报前方有探头和测速值的播报提示音。相比较故障车，在相同区域内没有任何声音，而且 CD 或收音机声音关闭，分析此现象可能与导航语音播报有关联。

维修方法：检查故障车导航设置发现，导航设置里速度摄像头警告选项是图标+声音，而在语音提示音量和娱乐系统音量选项是最低关闭状态。重新设置音量后试车，能够正常播报语音提示，与客户正确解释后故障排除（图 12-30）。

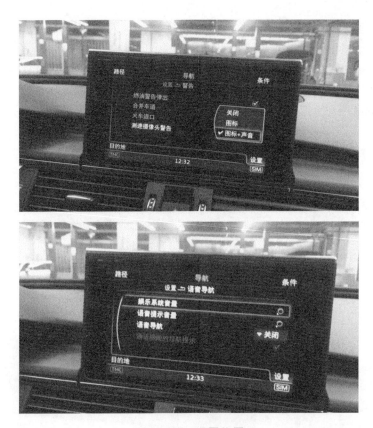

图 12-30　设置位置

11. 2016 年奥迪 A8L 3.0T 倒车影像花屏

故障现象： 倒车时 MMI 有时花屏。

故障诊断：

（1）试车，倒车影像工作时上部确有花屏现象，此车装配的是周围环境摄像机，当切换到其他位置时无此现象（图 12-31）。

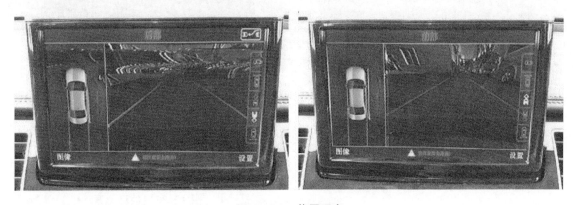

图 12-31　花屏现象

用诊断仪检测无相关故障，检查车辆无加装设备。因为其他部位无花屏现象，切换到其他界面也没有此现象，所以初步排除显示屏的原因。

（2）查询相关电路图，发现周围环境摄像机控制单元 J928 分别单独与前部、后部及两侧的摄像头连接。根据电路图显示，摄像头将数据发送给周围环境摄像机控制单元 J928，J928 再将数据发送给 J794，由 J794 传输到显示屏 J685 上，而且所有摄像头由 J928 发送到 J794 的数据线是共用的一根线，因为此车只有后部摄像头有花屏现象，所以可以排除 J928 后部线路，重点检查后部摄像头与控制单元之间是否存在故障，还有就是 J794 是否有故障（图 12-32）。

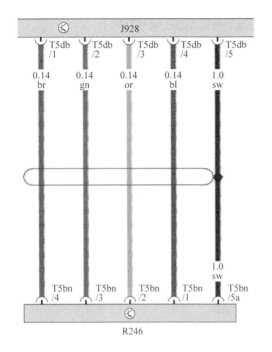 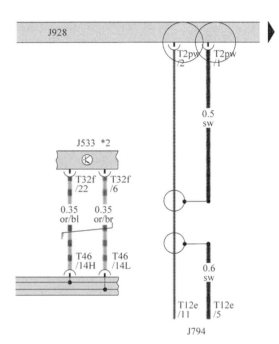

图 12-32　电路图

（3）检查摄像头，外观无明显损伤，检查摄像头线束插头，无明显异常，互换摄像头试车无效。接着检查周围环境摄像机控制单元 J928，拆插头时，发现有一个插头松动，接触不实，晃动此插头花屏现象就时有时无。查询电路图，该蓝色插头连接后部摄像头 R246。处理此插头后试车，故障排除（图 12-33）。

故障分析：
由于摄像头与控制单元之间线束插头虚接，导致花屏。

维修方法： 处理控制单元处插头。

图 12-33　故障位置

12. 2016年奥迪Q5 2.0T 泊车辅助系统不工作

故障现象：泊车辅助系统不工作。

故障诊断：本车为商品车，在做PDI时发现泊车系统不工作。用6150B检测，09中央电气系统报"泊车辅助系统无信号通信"。用手触摸雷达传感器，前后都不工作，MMI系统不显示泊车画面，泊车系统控制开关一直闪烁。本车泊车系统由J519控制。首先测量泊车控制开关到J519的线路通信，正常。之后替换泊车开关，故障依然存在。拆下J519控制单元，检查无异常、无进水现象。重新安装J519后，启动泊车系统发现刮水器在仪表提示报警。刮水器也不工作了。查阅ELSA电路图发现刮水器与泊车辅助系统控制线路都是经过T16b插头到J519控制单元，用手按住T16b插头，所有功能都恢复正常，手松开就不工作了。替换T16b插头未能排除故障，最后处理插头端子，替换一根泊车系统线路，故障排除（图12-34）。

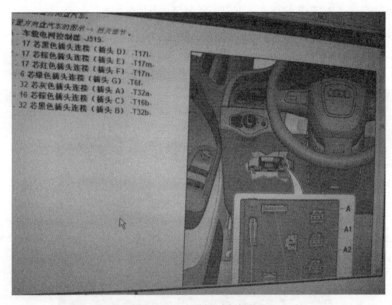

图12-34　J519插头说明

故障分析：线束端子与插座之间接触不良。

维修方法：替换故障端子线束，处理其余端子。

13. 2016年奥迪Q7 3.0T 组合仪表Audi presense报警

故障现象：新款Q7组合仪表报Audi presense系统故障以及驶离车道报警系统故障。试车时，车外后视镜内的换道辅助系统主动式警告灯变成灰色（图12-35）。

故障诊断：

（1）根据维修手册分析该故障报警为安全预警系统功能受限导致（图12-36）。

图 12-35　故障提示

图 12-36　安全预警

（2）根据奥迪预防式整体安全系统条件分析该功能受限原因：

——通过 ASR 和 ESP 按键 E256 将 ESC 设为"越野"时，奥迪预防式整体安全系统的各种不同功能会受到限制。

——通过 ASR 和 ESP 按键 E256 将 ESC 设为"关闭"。

——通过 MMI 系统设置"关闭"。

——尾部换道辅助控制单元无 J769/J770，无"基本设置"。

故障分析：分析上述问题逐一进行排除，用诊断仪 VAS6150B 对换道辅助控制单元进行基本设置，提示进行校准。查看校准条件时发现该车后保险杠有事故痕迹（图 12-37）。后保险杠 J770 位置曾被撞击。

图 12-37　事故痕迹

维修方法：拆装后保险杠发现 J770 固定支架位置脱落，维修校准后故障排除。

这个检测程序要执行以下步骤：

- 换道辅助系统校准

前提条件：

- 点火开关已接通
- 校准工装已按照维修手册中电气装置进行安装

需要的辅助工具：

- 校准工装的组成

校准工装 VAS 6350
车轮中心定位架 VAS 6350/1
激光测距仪 VAS 6350/2
直线激光发射器 VAS 6350/3
换道辅助系统校准工装 VAS 6350/4

14. 2017 年奥迪 A6L 2.5 仪表板上出现 SOS 功能故障

故障现象：车辆的仪表上出现 SOS 功能故障。

故障诊断：对此车进行引导性故障查询，发现在 75-紧急呼叫模块和通信单元 02 中有故障码 B105313：GSM 天线断路。故障导航提示检查 J949 和 R263 天线的端子是否正常。首先拆卸 J949 紧急呼叫控制单元，检查控制单元外观、插头端子及分解控制单元内部，未发现任何问题。对其断电后重新连接，故障依旧。后替换控制单元 J949，车辆行驶 15 天左右故障再次出现，未查询到相关的 TPI 文件。对车辆进行 75A003 软件升级，故障排除。

故障分析：目前奥迪车辆在仪表板上出现 SOS 报警有以下 3 种情况：

（1）B105313：GSM 天线断路。
（2）B200009：控制单元损坏。
（3）B1916F0：备用蓄电池临界充电状态。
故障 1 可升级，故障可以解决。
故障 2 无法升级，需更换控制单元。
故障 3 可升级，但是故障依旧。

维修方法：升级 J949 紧急呼叫控制单元。

15. 2017 年奥迪 A6L 紧急呼叫功能不可用

故障现象：紧急呼叫功能不可用，组合仪表上显示紧急呼叫功能故障，顶部指示灯呈红色（图 12-38）。

故障诊断：

（1）用 VAS6150B 检测到故障码：75-紧急呼叫模块和通信单元，B105313：GSM 天线断路，主动/静态。根据引导型故障查询，提示根据维修手册露出控制器（紧急呼叫模块和通信单元的控制器 J949），以便能够接触到部件（紧急呼叫模块天线 R263）。从控制器（紧急呼叫模块和通信单元的控制器 J949）上拔下天线导线，检测天线插头是否弯曲，内部导体断裂；是否进水、触点腐蚀；连接的天线导线是否被挤压、弯折、磨损。

（2）拆下右侧杂物箱，当转动紧急呼叫模块和通信单元的控制器 J949 上的天线时，顶灯上的指示灯变为绿色，紧急呼叫功能恢复正常（图 12-39）。

（3）用扎带将控制单元上的天线固定住，功能能够正常使用（图 12-40）。

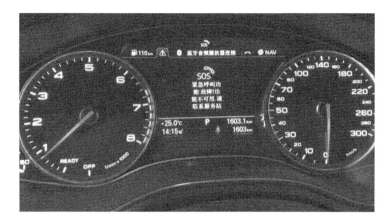

图 12-38　仪表故障提示

图 12-39　故障位置

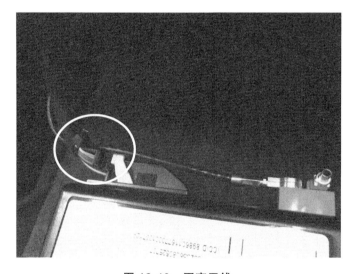

图 12-40　固定天线

第十三章 异响故障

1. 2008年奥迪A6L 4.2空气悬架在颠簸路面低速行驶时异响

故障现象：奥迪A6L空气悬架在颠簸路面低速行驶时异响。

故障诊断：

（1）试车确认故障现象。在平路行驶正常，在较为颠簸路面低速行驶时右前方发出"咯楞，咯楞"的异响。

（2）将车辆进行举升，检查相关减振传动部件，均完好。

（3）进一步分析，在颠簸较大的路面异响，一般为控制臂问题，于是将转向盘打死，检查控制臂胶套是否损坏，经检查胶套虽然有磨损、老化，但是还算正常。

（4）检查所有橡胶支撑件，均完好。对所有底盘螺栓进行紧固，路试异响依然存在。

（5）经过仔细分析故障，认为问题还是出在控制臂上，于是尝试更换，故障依旧。

（6）此时诊断思路陷入僵局，现在右边悬架部件已经全部更换完了，难道异响是空气悬架发出来的。查阅相关资料，了解空气悬架的内部构造（图13-1）。

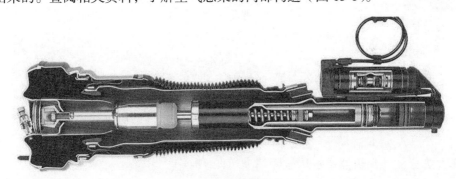

图13-1 空气悬架的内部构造

（7）空气减振器主要由减振机芯（弹簧油压部分）以及空气弹簧气室（气囊部分）组成。如果空气减振器的缓冲块老化失效，会造成在较为颠簸的路面行驶时有蹾底的感觉或异响（图13-2）。

（8）更换空气悬架，试车异响消失，故障排除。

故障分析：空气悬架缓冲块老化损坏，造成车辆过颠簸路面时发出"咯楞，咯楞"的异响。

维修方法：更换空气悬架。

图13-2 缓冲块

2. 2012 年奥迪 Q3 排气管异响

故障现象：
（1）怠速时排气管发出"噗噗"声音。
（2）排气管消声器内大量积水。

故障分析：
（1）用户长期低速、小负荷、短里程行驶造成积水无法随气流排出。
（2）排气管后段消声器内部物理结构导致冷凝水堆积。

故障诊断：
（1）试车故障可以再现，在坡道上深踩加速踏板，排气管内有大量积水排出。
（2）举升车辆，水平地拆下中间消声器接口，观察内部无积水，判断积水点在后消声器内部的消声鼓中。
（3）查询 TPI，无指导文件，SOST 指导文件建议用户定期排水（方法：坡道踩加速踏板或挂 S 档急速行驶一段距离）。
（4）该车用户群体主要是女性，对上述方法接受度不高，多次投诉到厂家。
（5）在征得用户同意后，将后部消声器消除应力的小孔钻通，消声器中的积水全部排出，试车也无异常声音，出厂后跟踪客户表示异响再未出现过（图 13-3）。

图 13-3　在消声器打孔排水

维修方法： 钻通消声器排水后故障消失（图 13-4）。

图 13-4　排水

3. 2013 年奥迪 A6L 2.5 着车怠速发动机前部异响

故障现象：着车怠速发动机前部异响。

故障诊断：

（1）试车发现怠速时发动机前部发出明显哨声。将发电机传动带断开后声音依旧存在。检查发现异响声音来自于燃油系统。

（2）检查燃油系统相关部件：

　　－燃油管路及油轨无变形挤压；

　　－燃油泵及燃油滤清器正常；

　　－燃油低压传感器及高压油泵燃油计量阀拔下插头声音无变化。

检查各个相关部件没有发现明显异常。因为故障现象是异响，所以开始并没有用诊断仪进行检测，而现在可以确定异响就是燃油系统发出来的，所以用诊断仪进行检测。

检测发动机控制单元内有如图 13-5 所示故障。

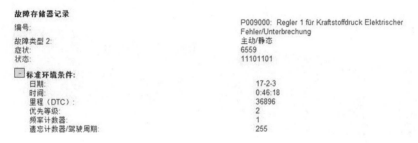

图 13-5　故障码

根据引导提示，P009000 故障码即燃油计量阀电气故障。于是按引导对燃油计量阀进行元件诊断，发现此阀不工作。接着检查燃油计量阀 N290 的内阻，测得内阻为 14.9Ω，而正常值范围是 1.2~1.6Ω。测得的内阻超出正常值范围，需更换 N290，N290 集成在高压泵上，因此直接更换高压泵。试车，故障依旧。

（3）用诊断仪检测依旧是上述故障码，检查发现高压泵内阻值正常，读取此时燃油压力，有故障时的燃油压力如图 13-6 所示。而正常的燃油压力如图 13-7 所示。

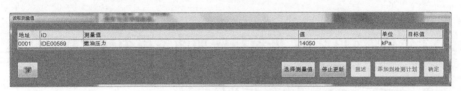

图 13-6　故障时燃油压力

图 13-7　正常燃油压力

由此对比可以看出，出现故障时高压泵一直以最大供油量工作。高压泵在什么条件下会一直以最大供油量工作？查询自学手册 SSP411："在没有触发燃油计量阀 N290 时（比如拔下了 N290 的插头），高压泵是以最大供油量来供油的。因此，压力会达到压力限制阀的控制压力，应该听到控制噪声。"将此车的 N290 插头拔下后没有反应，说明现在的状况就是拔下后插头的状态。重新进行引导型故障查询，测量泵的内阻，正常。接着检查 N290 的供电电压，侧得电压只有 2.6V，正常值应该在 11~15V 之间，供电电压明显低于标准值，根据导航提示检查 N290 的供电电路图（图 13-8）。

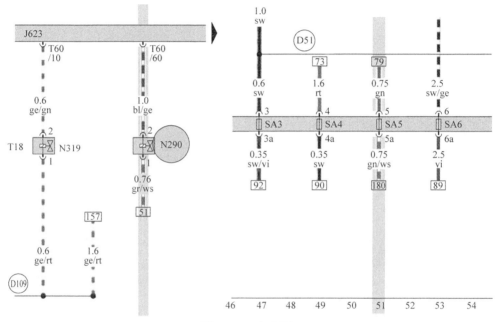

图 13-8　电路图

查询电路图可以看出 N290 供电由熔丝 SA5 提供，检查 SA5 熔丝发现烧蚀，重新更换熔丝后试车，故障排除。

故障分析：由于原高压泵损坏，导致熔丝烧蚀，造成更换新高压泵后故障无法排除。

维修方法：更换高压泵及熔丝。

4. 2013 年奥迪 Q3 2.0T 低速行驶加油过程中有"嗒嗒"响

故障现象：低速行驶加油过程中有"嗒嗒"响。

故障诊断：

（1）用户抱怨低速直线行驶加油过程中有"嗒嗒"响，经过试车确认异响明显存在。

（2）举升车辆检查底盘、变速器油、差速器油、悬架系统，紧固相关螺栓，都正常，底盘也没有碰撞过的痕迹，在举升车辆状态下挂档行驶异响没有出现。

（3）尝试把后差速器的电动机插头拔下试车，故障仍然存在。为什么在举升车辆状态下不响，在着地状态下才会响呢？是否与受负荷有关系？反复试车，在烂路、转弯、直路行驶时松开加速踏板或滑行状态下是没有异响的，只有在加速过程中异响才出现。

（4）经过反复试车，坐在后面听感觉声音是从前面发出来的，而坐在前面听感觉声音是从后面发出来的，初步判定后差速器不可能发出这种声音，于是把异响锁定在变速器上。尝试替换变速器总成后试车，故障依然存在。

（5）最后经过详细拆检，发现底盘的中间传动轴与隔热板有干涉，在低速行驶加油过程中产生"嗒嗒"响。

（6）对与隔热板的干涉点进行修复处理，异响解决（图 13-9）。

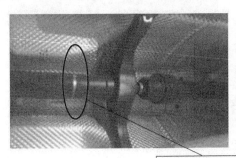 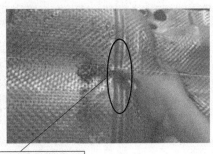

传动轴与下面的隔热板的干涉点

图 13-9 故障位置

故障分析：底盘的中间传动轴与下面的隔热板有干涉，导致在低速行驶加油过程中产生"嗒嗒"响声。

维修方法：拆下隔热板并对与隔热板的干涉点进行修复处理，异响故障解决。

5. 2013 年奥迪 Q5 行驶异响

故障现象：
（1）用户反映颠簸路面行驶前部异响。
（2）试车发现车辆前部在颠簸路面行驶时脚部区域有"嘎嘎"异响。

故障诊断：
（1）将流水槽盖板拆下，没有发现异常。
（2）替换右前悬架，故障依旧，拆下流水槽内支架再进行试车，故障依旧存在。
（3）将车辆举升，检查底盘，无异常，替换变速器支架、发动机支架、挂档机构，故障依旧没有排除。
（4）此时怀疑声源可能是车内发出，拆下工作台、蒸发箱再次试车，发现声源来自前排乘员脚窝位置，仔细查看有一处车身连接位置焊点距离较远，将此处重新焊接再次试车，故障排除（图 13-10）。

故障分析：由于车身连接焊点距离较远，车身摆动发出异响。

维修方法：将异响发出部位重新焊接。

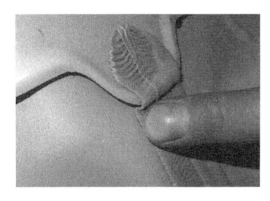

图 13-10　故障位置

6. 2014 年奥迪 Q5 2.0T 颠簸路面后部异响

故障现象：客户反映行驶在颠簸路面时，后轮有异响。

故障诊断：

（1）接车后试车，发现后轮确实有异响，两后轮都有，尤其是车身发生倾斜的时候异响较为明显。

（2）将后轮的减振器拆下一根，异响消失。异响原因和减振器有关系。

仔细检查发现是减振器上座发出的异响。更换两减振器上座后，故障排除。

故障分析：查询车辆维修历史，之前出过事故，导致减振器上座受力，产生异响。

维修方法：更换两后轮减振器上座。

7. 2015 年奥迪 A3 车辆停机后空调异响

故障现象：用户反映车辆时常在关机后（大约 0.5min），坐在车里会听到比较明显类似于汽笛的"嗡嗡"声，声音会持续 5~6s。通过现场试车，发现用户反映的声音偶尔存在，声源位于仪表台正前方处，但出现这种异响的概率不是很高，只有在行驶了 1~2km，停车关闭发动机后才有可能出现。

故障诊断：

（1）通过对此车异响的确认，在试车时对车辆功能进行测试，结合此车装备情况，初步判断可能有以下几种情况会产生类似声音：汽车音响系统故障（此车用户自行改装了音响系统）；DSG 变速器机电单元油泵泄压；ABS 泵意外起动；空调系统故障。

（2）因为此车故障为偶发性现象，而且异响出现后持续时间较短，不容易对产生部位进行仔细判断，所以只能采取排除法来进行判断。

（3）断开汽车音响系统，因为此部分为用户自行加装，我们先行考虑并加以验证，接着试车，异响声依旧，基本上可以证明与音响系统没有直接关联。

（4）其余三种可能都是原车系统，DSG 机电单元泄压方面通过现场试听，可以排除，

ABS 泵通过断开供电验证，也没有太大关联，所以重点放在空调系统方面。

用故障诊断仪对空调系统进行诊断，系统没有故障存贮。

（5）接着读取空调系统的数据组，空调在制冷时的数据都正常，空调的制冷效果也无异常，但当关闭空调后，通过读取空调系统压力发现空调系统压力过高。

（6）为了判断空调系统是否因有空气或制冷剂加注过多而导致故障，对空调进行抽空并按标准加注 500g 制冷剂，用压力表测试压力，结果关闭发动机后空调压力仍为 1.3MPa。

（7）为了验证异响与空调压力间的关系，连接各种压力表，关闭发动机后进行观察，这时发现，当车辆产生异响时，空调高压会随着快速下降，一直降到 0.9MPa 左右声音消失。

（8）根据空调基础原理，在空调液压循环通路中，空调压缩机和膨胀阀把空调这个循环通路分成高低压两部分，压缩机负责产生高压，膨胀阀则进行高低压转换。结合本车情况，在压缩机停转的情况下，高压端压力过高，基本上判断为膨胀阀故障。

（9）更换膨胀阀后，试车故障消失，同时停机后读取空调压力值，则恢复正常。

故障分析：此车因空调膨胀阀故障，在空调停机后高压端仍保持着较高的压力，膨胀阀是一个机械结构的阀门，压力达到一定程度便产生泄压，不正常的泄压过程产生了"嗡嗡"的异响。

维修方法：更换空调膨胀阀。

8. 2015 年奥迪 A3 在颠簸路面行驶时底盘异响

故障现象：用户抱怨在有连续坑洼的乡镇道路上行驶时，车轮左侧悬架发出"咔咔"异响。

故障诊断：在连续坑洼的道路上试车，以 30~40km/h 速度行驶，当左侧车轮过坑时底盘发出一声很尖锐的"咔"的声音，右侧车轮过坑时无此声音。举起车辆检查底盘，减振器、平衡杆、控制臂并无异常，重新紧固底盘螺栓时发现，在紧固发动机与副车架连接的摆动支撑胶套螺栓时，发动机整体向下动了一下，紧固后试车，故障排除（图 13-11）。

图 13-11　故障位置

故障分析：发动机与副车架连接的摆动支撑胶套固定螺栓受力产生异响。

维修方法：松开发动机与副车架摆动支撑胶套固定螺栓后，再用标准力矩拧紧。

9. 2015 年奥迪 A4L 2.0T 车辆在颠簸路面行驶时左前部有"嘎嘎"的声音

故障现象：车主反映车辆在颠簸路面或是通过隔离带时，车身左前部附近有"嘎嘎"的敲击声音。

故障诊断：

（1）首先试车检查故障是否再现。车辆经过颠簸路面或是隔离带区域时能够听见车身左前部发出"嘎嘎"的敲击声音。根据以往的维修经验判断分析，此响声大概有以下几个原因：

① 左前悬架螺栓松动。
② 左前悬架支臂有间隙。
③ 左前减振器或稳定杆吊耳连接件故障。
④ 左前悬架本身与车辆其他部件发生干涉。

（2）举升车辆，初步观察左前悬架件外观没有磕碰的痕迹，根据先易后难的原则，首先检查悬架螺栓没有松动的现象，左侧悬架支臂和球头没有间隙。由于此车过颠簸路面时才出现异响，因此怀疑是平衡杆吊耳或减振器故障的可能性大一些，替换备件后，故障仍然存在。继续替换左前下导向臂和下直支臂后发现响声依旧存在。

（3）在替换上支臂时，不经意间发现左侧翼子板内衬与上支臂球头有摩擦的痕迹，抱着试试看的想法简单地处理了一下左前翼子板内衬后，经过反复试车响声不再出现，故障排除（图 13-12）。

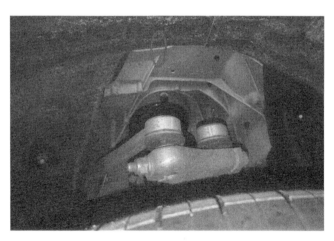

图 13-12 故障位置

故障分析：左前翼子板内衬与上支臂球头发生刮擦产生噪声。

维修方法：在内衬顶部拿刀片轻微切掉一点，使得球头和内衬在车辆上下浮动比较大的时候不发生刮擦。

10. 2015 年奥迪 A4L 2.0T 路颠时后部异响

故障现象：路颠时后部"嘎嘣"异响。

故障诊断：试车时发现在过坎时向左打一点方向响声特别明显，驾驶人位置能听到正后方发出特别清脆的"嘎嘣"声，但坐在左后听时无法确定声音来源，把左后减振器及悬架与右后对调后试车，故障依旧。拆除左后门板及左后台板紧固螺栓后故障未排除，多次试车发现声音像是来自车辆顶部，打开天窗后反复试车故障消除，关闭天窗后试车故障出现。拆除车辆顶篷调整天窗位置后故障还是未排除，用手按压天窗框架发现与车身连接处的部位发出"嘎嘣"异响（图 13-13）。

故障分析：当打开天窗时，天窗会使框架与车身更紧密结合，因此故障不会再现。可能是长期在比较坏的路面行驶，使得天窗框架连接处疲软，导致异响。

维修方法：涂抹玻璃胶处理后试车，故障排除（更换天窗框架不一定能排除此异响）。在左侧 B 柱与 C 柱之间的车顶涂胶。

图 13-13　故障位置

11. 2015 年奥迪 A4L 2.0T 转弯或在颠簸路行驶时前部"嗒嗒"异响

故障现象：车辆行驶时前部"嗒嗒"异响。

故障诊断：试车，车辆在转弯或过颠簸路时，车辆前方有"嗒嗒"异响。检查底盘未发现异常，通过反复试车，排除底盘异响，判断异响声源来自驾驶室仪表台内。和客户沟通后，拆下仪表台后进一步路试检查，异常比以前更加明显，确定检查方向没有错，再进一步拆解蒸发箱及防火墙隔音棉试车，发现声音来自于防火墙的焊接接口处（图 13-14、图 13-15）。

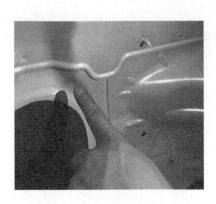

图 13-14　故障位置（一）

图 13-15　故障位置（二）

故障分析：此位置两个焊点距离较长，且此处为钣金拐角处，车身晃动时此处发生异响。
维修方法：焊接此位置并涂胶处理。

12. 2015 年奥迪 A4L 2.0T 左转向、上坡、下坡或左转向、过减速带时左前部有异响

故障现象：左打转向盘倒车过减速带或上坡、下坡时有"咯嘣"异响。
故障诊断：
（1）与客户试车，可以清晰地听到异响，声音明显。
（2）松开底盘上螺栓再进行紧固，故障依旧。
（3）在上坡左打转向状态下停车，下车查看底盘状态，发现轮衬与上支撑间发生摩擦（图 13-16）。

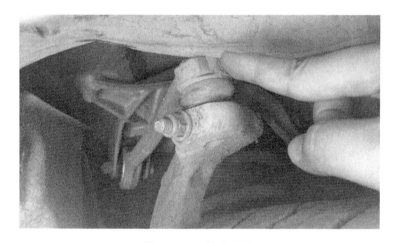

图 13-16　故障位置

故障分析：在左打转向盘上坡、下坡或左打转向盘快速过减速带时左前悬架跳动较大，使上控制臂与轮衬发生摩擦，发出异响。
维修方法：裁剪轮衬。

13. 2015 年奥迪 A6L 1.8T 颠簸路面左前轮处异响

故障现象：低速行驶在鹅卵石状的颠簸路面时，左前部"咕噜咕噜"响。
故障诊断：与客户试车确定故障现象，异响只在特别小的颠簸路面出现，并且车速在 10km/h 左右。了解到此车在其他 4S 店换过左侧下弯控制臂的胶套及左侧减振器。因异响声音较小，无法确定具体故障部位，于是将此车悬架部件与试驾车互换，全部替换后异响依然存在，是不是所有车都有该声音呢？于是找到不同里程的多辆车进行试车，发现只有一辆行驶了几百千米的新车没有声音，里程多的有的左边响，有的右边响，看来异响普遍存在，只是异响出现的路面比较少，很多客户没有发现。但客户并不认同此故障是正常的解

释，他认为左右悬架一样，如果是正常的左右应该都响才对。既然新车没有异响，是不是悬架老化就会出现异响呢？尝试更换一个新的下弯控制臂后异响消失。

故障原因：异响在里程数比较多的车上普遍存在，刚开始替换的控制臂也存在异响，因此最初没有确定异响部位。换上新的下弯臂后异响消失，但此控制臂可以用多长时间还有待观察。

维修方法：更换下弯控制臂。

14. 2015 年奥迪 Q5 2.0T 行驶中有时仪表台中央发出"嗒嗒"声

故障现象：行驶中有时仪表台中部会传来"嗒嗒"声（大约响 5 声）。

故障诊断：

（1）与客户一起试车 80km，未能发现故障。使用 VAS6150B 检测未能发现故障存储。和客户商谈，希望客户能在发生异响时拍摄视频或录音，以便我们能听到异响，对故障能有个大概判断。

（2）大概一周后客户再次进店，通过观看客户拍摄的视频，发现异响确实存在，但是还是不能确定准确的故障点，初步怀疑是空调翻板电动机。再次和客户沟通，客户表示该异响无规律，异响发生时感觉声音来自仪表台中间偏右，不过最近该异响比较频繁，无法预测会在什么时间响，客户抱怨较强烈。

（3）因为该车配备的是舒适自动空调，翻板电动机较多，无法判断是哪个翻板电动机或是风门出现了故障，尝试调整空调风门风向及对翻板电动机进行基本设置，未能再现故障。

（4）尝试拆卸下前排乘员侧翻板电动机并检查风门，比较好检查的全部检查完毕，只有 V159 右侧温度风门伺服电动机检查起来比较麻烦，使用内窥镜未能发现异常，由于客户抱怨较强烈，决定拆卸 V159 对其进行进一步检查。拆卸 V159 后仔细观察，发现外部一个固定白色支架已断裂（图 13-17）。

故障分析：由于 V159 固定支架断裂（断裂的那个脚是固定风门齿轮），导致 V159 电动机工作到极限位置时跳齿，从而引起该故障。

维修方法：更换 V159 固定支架。

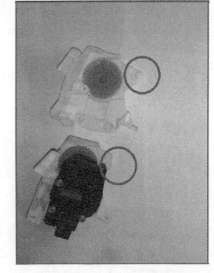

图 13-17　V159 损坏位置

15. 2015 年奥迪 Q5 2.0T 起步踩加速踏板前部异响

故障现象：低速行驶踩加速踏板前部异响。

故障诊断：经过和客户共同试车，此车在起步行驶中轻踏加速踏板时，听见有"咻咻"

声。经过询问客户，此异响声在其他站曾经检查过，替换了发电机和空调压缩机以及带和张紧轮，故障依旧。当时听声音来源于发动机前部发电机带轮和带之间，于是给带上滴水，声音无变化；当拆除发电机带后异响声消除，故确定声音与带连接的相关件有关。但之前在其他站已经替换过发电机和带以及张紧轮和空调压缩机了。在用诊断仪检测时，突然发现此车加装了音响系统；在进一步检查发现行李舱加装了大功率的功率放大器。此时心里已经明白过来，为了验证自己的想法，先断开了发电机调节器插头，故障依旧，当断开发电机输出供电线后异响声消除。于是恢复了发电机连接线，彻底断开了客户加装的音响用电设备后试车，故障排除（图 13-18）。

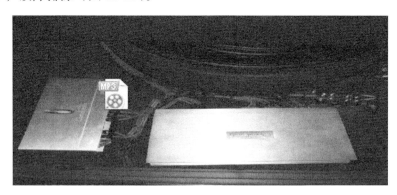

图 13-18　加装部件

故障分析：因加装大功率用电器引起发电机负荷加大而产生异响。

维修方法：彻底断开了客户加装的音响用电设备后试车，故障排除。

16. 2015 年奥迪 Q5 行驶中有异响

故障现象：车辆行驶中有异响。

故障诊断：车辆在起步加速的过程中右前部有"咯噔、咯噔"的响声。与客户试车时响声并不是很明显，在经过一段时间试车后发现响声有所增大，根据响声部位判断出声音来自右前轮附近。开车回厂区，用举升机把车举起来以后检查车辆右前悬架，并无任何异常，转动轮胎也没有发现任何异常，故再次试车。在试车的时候与客户沟通得知，该响声在颠簸路面时并不出现，于是抱着试试看的心理找了一段颠簸路面进行尝试，并未出现异响。于是准备返厂，在刚行驶到一段有墙体的路面时，客户说有声音了。仔细辨别，此声音来自右前轮。返厂后再次举升车辆，转动右前轮发现有"咯咯"的响声，通过这个声音判断位置来自右前轮制动盘和制动盘防溅板中间。反向转动轮胎看异物能否被带动出去的时候，出现了客户描述的"咯噔"响，到此问题已经明朗。随后将异物取出，发现是一个平衡用的铅块掉了进去，并且已经变形。客户也说是前段时间在外面非奥迪服务站更换完轮胎后出现了响声。将铅块取出转动轮胎，故障消除。

故障分析：

（1）前期诊断的时候由于该铅块已经在间隙里存在了一段时间，有的时候并不会发生剐蹭现象导致异响的产生，在颠簸路段行驶后铅块移位重新被剐蹭到，异响才会重现。

（2）在拆卸轮胎的时候，维修工人由于不够仔细，使钢圈内壁的平衡块与制动盘防溅板发生了剐蹭，导致有平衡块掉进了制动盘和防溅板的间隙里，引起了这次故障的发生。

维修方法：取出掉落的铅块。

17. 2016年奥迪A3 1.4T冷车起步"吱吱"异响

故障现象：车辆冷起步之后，加速状态下前轮会发出刺耳的"吱吱"尖叫声音，行驶一段距离后声音消失。

故障诊断：

（1）第一次进场打磨前轮制动片，打磨制动盘，故障消失5天。

（2）第二次进场未处理时拍的照片如图13-19所示。拆下制动片之后，发现制动片和支架的接触部位均有黑色异常痕迹（图13-20）。

（3）对比制动片和支架。

（4）分析发现，此黑色痕迹是制动片表层上的油漆，油漆在制动片和支架之间起到粘连的负面效果，这就是为何行驶一段距离故障消失的原因（图13-21）。此处的阻力应该是越小越好。

图13-19 制动片和导轨之间间隙非常小

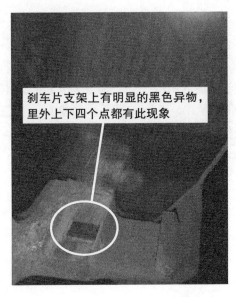
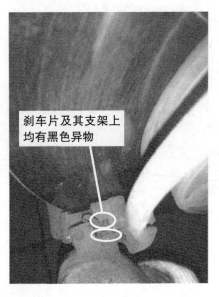

图13-20 异常痕迹

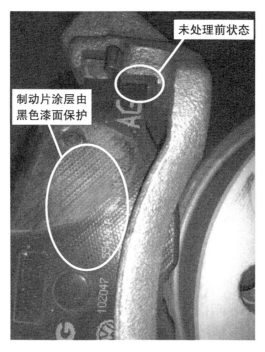

图 13-21 故障位置

维修方法：处理支架上的黑色油漆，同时处理制动片对应处的油漆，建议手工打磨，否则间隙过大会造成颠簸路面异响。卡入制动片之后应测试一下间隙，最好有小于 1mm 的间隙。

18. 2016 年奥迪 A4L B9 2.0T 70km/h 以上速度行驶异响

故障现象：以 70km/h 以上速度行驶，前部"嗡嗡"异响。

故障诊断：

（1）试车确认故障现象存在。

（2）70km/h 以上速度行驶声音明显，试车判断声音明显从转向盘处传出，耳朵贴在转向盘上声音特别明显，在 70km/h 行驶时打转向异响有所改变。判断异响可能的部位在前轮轴承、转向机、其他底盘部件。举升车辆听轴承声音，右前轮轴承声音明显高于左前轮轴承，订货更换。但更换后故障依旧。由于是新车，找其他 B9 车对比，发现其他车也有异响，但声音没有该车明显，此时维修陷入僵局。多次试车可以听到故障并没有解决，判断声音在左前部稍明显，由于左前轮轴承没有更换，试更换左前轮，异响消除。

维修方法：更换两前轮轴承。

19. 2016 年奥迪 A4L B9 行驶中下部异响

故障现象：从起步开始车辆下部出现"咕咕"异响。

故障诊断：

（1）异响只出现在行驶过程中，原地加油没有异响，行驶中熄灭发动机滑行，异响依旧，由此可以判断异响非发动机传出。

（2）起步和即将停车时异响依旧存在，异响频率与车辆行驶速度（车轮转动频率）没有直接关系，20km/h 时声音最为明显，行驶速度高时异响声音会被其他噪声覆盖，反而会变小。

（3）举升车辆无负载行驶，驾驶室内依旧可以听到异响，外部没有异响，轴承位置未发现异响。

（4）怀疑是飞轮或变速器应力造成，重新拆装飞轮和变速器，异响声音没有变化。可以排除以上疑点。

（5）为确定是否与变速器有关，互换除变速器以外可以转动的部件（车轮轴承、传动轴），异响消失。

（6）经过多次互换，确定故障点为两侧车轮轴承。

故障分析： 车轮轴承内部滚珠故障，而非常见磨损造成。

维修方法： 更换两侧车轮轴承。

20. 2016 年奥迪 A5 2.0T 开空调异响

故障现象： 开空调（制冷）时会发出"呜呜"声，关闭 AC 后异响立即消失。

故障诊断：

（1）由于关闭 AC 后异响立即消失，使用 VAS6150B 检测，08 空调系统无故障存储，读取测量数据块发现只要 N290 有控制电流，就会出现异响，说明异响和空调系统高压部件有关。

（2）异响发生时在车外使用听诊器听高压部件，发现车内有节奏的"呜呜"声和空调泵的声音相似，尝试回收并重新添加 R134，无效，尝试与试驾车对换空调泵，无效。

故障分析：

（1）仔细分析了一下整个过程，感觉问题还是和空调高压部件相关，为什么 AC 开关一关，异响立即就消失了呢？会不会是某段空调管和车身有干涉，导致开空调时异响传到车内呢？

（2）对车辆外部管路进行检查，发现空调泵至冷凝器的高压管中的一段橡胶管由于装配不当拧在一起且贴在左前纵梁下部，仔细检查车辆：没有任何事故痕迹，尝试把高压管复位后，异响消失（图 13-22）。

维修方法： 更换空调泵至冷凝器的高压管（由于车辆里程数较少且客户抱怨强烈）。

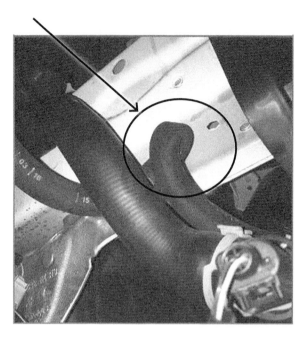

图 13-22　故障位置

21.　2016 年奥迪 A6L 2.0T 高速异响

故障现象：高速行车右前部异响，更换过右侧倒车镜右前门，在钣金接口处涂胶，故障都未解决。经过数次试车无意中发现外循环翻板打不开，不管使用内外循环都是处于关闭状态，最后把翻板打开再试车，故障消失，最后发现翻板卡在里面了。替换翻板并进行基本设置，功能正常，再次试车，故障排除（图 13-23）。

维修方法：更换翻板。

图 13-23　外循环翻板故障

22. 2016 年奥迪 A6L 空调异响

故障现象： 开空调，档位在 2 档调节温度时，显示屏下的中央出风口有时会发出吹哨声。

故障诊断：

（1）查看是否有 TPI，发现有类似 TPI，但是比较 TPI 2040245/1 附件中的录音，发现音频不一致。

（2）使用 VAS6150D 检测电器系统，无故障码。

（3）检查出风口内没有异物（商标、名片）。

（4）拆检中央出风口，无异常。检查内部的导风管，发现出风管松动，重新安装，但始终安装不到位。将前排乘员侧杂物箱拆下，发现出风管上的卡子丢失，导致无法安装到位产生缝隙，从而漏风产生吹哨声（图 13-24）。

图 13-24　导风管

（5）更换新的导风管后，故障依旧。

（6）重新将仪表台拆下继续检查，拆下导风管后发现出风口两侧的翻板打开的开度不一致，右侧的开度始终要比左侧大（图 13-25）。

（7）将右侧的管路进行处理，重新安装后，故障排除。

图 13-25　出风口两侧的翻板

故障分析： 因出风口翻板开度偏差，导致关闭不严，漏风产生风哨声。

维修方法： 用毛毡处理风口，以补偿右侧翻板的角度偏差。